Michael Norton

RITUALE, DIE DEIN LEBEN VERÄNDERN

Aus dem amerikanischen Englisch
von Johanna Wais

HarperCollins

Die US-amerikanische Originalausgabe erschien 2024 unter dem Titel
The Ritual Effect bei Scribner, einem Imprint von Simon & Schuster, New York.

1. Auflage 2024

Deutsche Erstausgabe

Gesetzt aus der Cormorant
von GGP Media GmbH, Pößneck
Druck und Bindung von GGP Media GmbH, Pößneck
Printed in Germany
ISBN 978-3-365-00819-5
www.harpercollins.de

Für Mel

Inhalt

I.
Was Rituale bewirken

Vorwort: **Wiederverzauberung** 11

1 **Was sind Rituale?** 15

2 **Je mehr du hineinsteckst, desto mehr bekommst du heraus** 43

3 **Rituale, die dein Leben verändern** 55

II.
Rituale für uns selbst

4 **Für eine gute Performance** 69
Weshalb es nichts bringt, »Ganz ruhig!« zu sagen, bevor du ins Scheinwerferlicht trittst

5 **Wie Genuss geht** 83
Größtmögliche Freude am Weintrinken und Wohnungwischen

6 **Dranbleiben** 109
Die Freuden der Selbstdisziplin

7 **Werden** 123
Riten (und Nieten) des Übergangs

III.
Rituale und Beziehungen

8 **Wie man in Übereinstimmung bleibt** 139
Warum Rituale Beziehungen gedeihen lassen

9 **Wie Sie die Feiertage überstehen** 165
Rituale für das Auf und Ab mit Kind und Kegel

10 **Richtig trauern** 183
Mit Verlust zurechtkommen

IV.
Rituale bei der Arbeit und in der Welt

11 **Wie man Sinn in der Arbeit findet** 211
Vertrauensübungen und andere Teamrituale

12 **Wie man spaltet** 233
Wenn Rituale Spannungen und Ärger erzeugen

13 **Heilen** 249
Rituale und Versöhnung

Nachwort: **Ein Leben voller Rituale** 267

Dank 271

Anmerkungen 273

I.

Was Rituale bewirken

Vorwort

Wiederverzauberung

Flannery O'Connor beginnt ihren Tag vor Sonnenaufgang mit einem Morgengebet und einer Thermoskanne Kaffee, die sie gemeinsam mit ihrer Mutter leert. Täglich um 7 Uhr besucht sie die katholische Messe. Zur selben Zeit kommt Maya Angelou unweit ihres Hauses in einem Motelzimmer an, in dem auf ihre Bitte hin sämtliche Kunstwerke von den Wänden abgehängt wurden. Irgendwann im Laufe des Vormittags zieht Victor Hugo sich aus und weist seinen Diener an, seine Kleider zu verstecken, bis er das Schreibziel des Tages erreicht hat. Exakt um 15:30 Uhr (*so* exakt, dass die ganze Stadt die Uhr nach ihm stellen kann) tritt Immanuel Kant mit seinem Spazierstock in der Hand aus der Tür und beginnt seinen Nachmittagsspaziergang. Am Abend steigt Agatha Christie in die Badewanne und isst dort einen Apfel.[1] Und am Ende eines langen Tages holt Charles Dickens den Kompass hervor, den er immer bei sich trägt, um sich zu versichern, dass sein Bett nordwärts ausgerichtet ist, bläst die Kerze aus und schläft ein.[2]

Der Absatz, den Sie gerade gelesen haben – ein Tag im Leben von sechs weltberühmten Autorinnen und Autoren –, mag wie eine Parade kreativer Verrücktheiten oder zumindest Schrulligkeiten wirken. Diese großen Geister führen jedoch zutiefst bedeutsame Handlungen durch, die sie etliche Male wiederholten. Ihnen mögen sie völlig willkürlich erscheinen, doch diesen Menschen erschienen sie durch und durch richtig – und sie *funktio-*

nierten für sie. Sie alle legten eine Form ritualisierten Verhaltens an den Tag.

Vielleicht denken Sie, dass ein exzentrischer Lebenswandel bei Kreativen wie Dichterinnen, Schriftstellerinnen und Philosophen Teil des Jobs ist. Aber ich hätte genauso gut jede andere Kategorie von Menschen wählen können, die Bemerkenswertes leisten. Kurz bevor Keith Richards mit den Rolling Stones auf die Bühne geht, muss er ein Stück Shepherd's Pie essen, und zwar immer das erste.[3] Chris Martin würde nie die Garderobe verlassen, um mit seiner Band Coldplay aufzutreten, ohne vorher Zahnbürste und Zahncreme zur Hand zu nehmen und seine Zähne kurz, aber präzise zu putzen.[4] Marie Curie konnte – tragischerweise – nur mit einer Ampulle Polonium neben dem Bett einschlafen.[5] Und Barack Obama überstand den Wahltag nur, indem er ein sorgfältig geplantes Basketballspiel mit bestimmten Freunden spielte.[6]

Nun raten Sie einmal, wer hinter diesen zwei Performance-ritualen steckt:

Ich lasse meine Finger knacken und klopfe bestimmte Teile meines Körpers ab. Danach gehe ich im Geiste meinen Körper von Kopf bis Fuß durch.

Ich schließe die Augen und stelle mir vor, mit meinem Hund zusammen zu sein. Ich liste vier Dinge auf, die ich sehe, drei Dinge, die ich rieche, zwei, die ich höre, und eins, das ich spüre.

Serena Williams? Tom Brady? Keine schlechten Ideen – und wir werden uns Rituale dieser beiden später noch anschauen. Aber die hier beschriebenen wurden von zwei Unbekannten in Fragebögen von mir und meinen Kolleg*innen aus über zehn Jahren, in denen wir Rituale wissenschaftlich erforscht haben, berichtet.

Meine Kolleg*innen aus Harvard und aller Welt – Psychologen, Wirtschaftswissenschaftlerinnen, Neurowissenschaftler und Anthropologinnen – und ich hatten das Privileg, ein wirklich erstaunliches Spektrum von individuellen und kollektiven Ritualen zu untersuchen. Unser Ziel war es, besser zu verstehen, was Rituale sind, wie sie wirken und wie sie uns dabei unterstützen, Herausforderungen gewachsen zu sein und Möglichkeiten wahrzunehmen. Mehr als ein Jahrzehnt lang haben wir weltweit Zehntausende Menschen befragt, haben Experimente in unseren Laboren durchgeführt und uns sogar mittels Gehirnscans die neurologischen Mechanismen hinter Ritualen angeschaut.

Dieses Buch handelt davon, was wir dabei entdeckt haben. Im persönlichen wie im beruflichen Zusammenhang, im Privatleben und in der Öffentlichkeit stellen Rituale emotionale Katalysatoren dar, die uns in Schwung bringen, inspirieren und erheben. Unsere Forschung legt die Logik des Rituals offen, indem sie nach und nach verschiedene Elemente bestimmter Rituale isoliert, um deren Wirkung je für sich zu betrachten. Einige unserer Fragen lauten beispielsweise: Was genau ist der Unterschied zwischen einem Ritual, einer Gewohnheit und einem Zwang? Wie entstehen Rituale? Und wie stellen wir sicher, dass Rituale uns nutzen, statt uns zu schaden?

Wir werden außerdem der Frage nachgehen, warum es Freude machen kann, Ihre Socken *genau so*, gekringelt wie auf der Seite liegende Schnecken, in die Schublade legen; wie Familien das lästige Abendessen zum Vergnügen werden lassen können; wieso Marken wie Starbucks davon profitieren können, wenn sie ihre Kundschaft dazu auffordern, »Geborgenheit in Ritualen« zu suchen. Wir werden ergründen, weshalb offene Büros keine gute Idee sind; warum traditionelle Regentänze und diese nervigen, scheinbar sinnlosen Teambuilding-Übungen *tatsächlich* funktionieren können; und weshalb ein Effekt von Ritualen, nämlich das Erzeugen einer größeren Vielfalt von Emotionen – ein Phänomen, das ich als *Emodiversität* bezeichne –, nachweislich wichtig für unser psychisches Wohlbefinden ist.

Diejenigen unter Ihnen, die der Meinung sind, keine Rituale zu haben, werden sehen, dass diese in Wahrheit eine Rolle dabei spielen, wie Sie Geschäfte machen, sich gegenüber anderen Menschen verhalten, Meilensteine zelebrieren und Ihren Alltag erleben, bis hin zur Frage, was Sie essen und trinken und sogar, wie Sie sich die Zähne putzen.

Rituale operieren häufig unter dem Radar, doch sie ermöglichen uns, unsere Alltagserfahrungen auszukosten. Wir werden sehen, wie Rituale uns helfen, den Tag richtig zu beginnen und friedlich zu beenden; wie sie Beziehungen im Privatleben und bei der Arbeit fördern; wie sie sich im Krieg und im Frieden auswirken und wie sie eine automatisierte in eine lebendigere Daseinsform verwandeln können.

Ich möchte Sie zu einer wissenschaftlichen Reise einladen, auf der Sie entdecken werden, dass Rituale den Strukturen unseres Alltags zugrunde liegen. Am Ende dieses Buches werden Sie sich hoffentlich ermutigt und gerüstet fühlen, eigene Rituale zu entwickeln und einzuführen, um die vielen Herausforderungen, denen wir uns alle stellen müssen, immer besser zu meistern und mehr von den Dingen zu tun, die das Leben lebenswert machen.

Dieses Buch erzählt von den zahlreichen Arten und Weisen, auf die Rituale unser Leben erweitern und verzaubern – kurz, verändern.

1

Was sind Rituale?

Maeby: Wo kriege ich so 'ne Halskette her,
eine mit 'nem T?
Michael: Das ist ein Kreuz.
Maeby: Schreibt man das mit T?
- Arrested Development[1]

In meiner Kindheit fochten meine irisch-katholischen Eltern und ich einen erbitterten Kampf aus, in dem ich tapfer zu erklären versuchte – und daran scheiterte –, weshalb es für mich keinen Grund gab, zur Messe in St. Theresas zu gehen. Mich störte nicht so sehr, was während des Gottesdienstes gesagt wurde (»Alles, was ihr wollt, dass euch die Leute tun sollen, das tut ihnen auch« erschien mir immer wie ein vernünftiger Rat). Es war der Ablauf: reingehen, hinsetzen, aufstehen, Kreuzzeichen machen, hinsetzen, aufstehen, gehen, Kerzen anzünden, trinken, knien, sitzen, stehen, Hände schütteln, sitzen, aufstehen, singen, rausgehen. Die Menschen in den Bänken um mich herum, darunter einige, für die ich so viel Liebe und Respekt empfand wie für niemanden sonst, sahen eine tiefe Bedeutung in dieser Abfolge. Aber ich fühlte mich wie ein Roboter, der das alles buchstäblich mechanisch mitmachte.

Diese speziellen religiösen Rituale funktionierten für mich nicht, andere hingegen schon. Was meine bevorzugten Rituale angeht, war ich, wie die meisten Menschen, wählerisch. Die heilige Messe war nichts für mich, Heiligabend aber mochte ich – oder vielmehr die ganze Reihe von Feiertagen von Halloween über Thanksgiving bis Weihnachten mit dem krönenden Abschluss Silvester. Nun denken Sie sicher schlau: Na klar, Kerzen, Süßigkeiten, liebevolle Verwandte, lange aufbleiben, Geschenke. Natürlich waren dir diese Rituale als Achtjähriger lieber. Und es ist nicht zu leugnen, dass Süßigkeiten und Spiele eine gewisse Zauberkraft besitzen.

Aber ich weiß auch, dass das, was mir daran am meisten gefiel – und was mir in Erinnerung geblieben ist –, die besondere Art und Weise war, wie meine Familie diese Feiertage beging. Dazu gehörte das zerkratzte Weihnachtsalbum von Johnny Mathis, das auf dem Plattenspieler meines Vaters abgespielt wurde (der nur einmal im Jahr und ausschließlich zu diesem Zweck hervorgeholt wurde), und dass wir an Thanksgiving drei Arten von Truthahnfüllung hatten (obwohl mir keine davon schmeckte). Es gab auch viele Rituale, die nichts mit den Feiertagen zu tun hatten. Beispielsweise saßen wir jahrzehntelang an denselben Plätzen am Esstisch (meiner war gegenüber meiner Mutter, zwischen meinem Vater und einer meiner Schwestern). Es gab einen Riesenaufstand, wenn jemand es wagte, diese Ordnung durcheinanderzubringen. Hatte meine Mutter genug von uns fünf Kindern, zählte sie bis drei, damit wir uns beruhigten. Fing sie jedoch an zu zählen: »Once, twice …«, stimmte irgendwer von uns ein und sang: »Three times a lady«. Das machte sie noch wütender. Jahrzehnte später jedoch tanzte sie zu diesem Song mit meinem Bruder auf dessen Hochzeit. Nun, nach ihrem Tod, ist sie für einen Augenblick wieder bei mir, wenn ich das Lied höre. Diese individuellen Verhaltensweisen sind irgendwie wichtig geworden. Im Laufe der Zeit haben sie sich zu Ritualen entwickelt, die meine Familie zu *meiner Familie* machten. Sie machten uns aus.

Jahre später ist leicht zu erkennen, dass mein Widerstand gegen traditionelle religiöse Rituale wie den Kirchgang und im Gegensatz dazu meine Begeisterung für viele weltliche Rituale – insbesondere die speziellen Varianten meiner Familie – den allgemeinen kulturellen Tendenzen entsprechen, die unser »säkulares Zeitalter« ausmachen, wie es der Philosoph Charles Taylor genannt hat.[2]

In den Vereinigten Staaten beispielsweise sagen inzwischen drei von zehn Erwachsenen, sie würden »keiner Religion« angehören, während sich in den 1990ern beinahe 90 Prozent als christlich identifizierten. Schätzungen zufolge wird sich die Zahl derer, die sich als »keiner Religion zugehörig« definieren, im Jahr 2070 der annähern, die sich als christlich bezeichnen.[3] Eine Gallup-Meinungsumfrage von 2022 hat gezeigt, dass sich das Vertrauen der amerikanischen Bevölkerung in Institutionen wie den Obersten Gerichtshof und organisierte Glaubensgemeinschaften auf einem Rekordtief befindet.[4] Diese Zahlen bezeugen eine einfache Wahrheit: Im 20 und 21. Jahrhundert hat der Glaube sowohl an die traditionellen Autoritäten, die einst das Muster unseres Lebens vorgaben, als auch an die Einrichtungen, die dafür sorgten, dass wir diese Muster einhielten, überall nachgelassen.

Vor mehr als einem Jahrhundert entwickelte der deutsche Jurist und Wirtschaftswissenschaftler Max Weber ein kühnes Narrativ, in dem er diese Entwicklungen vorwegnahm. 1897, nachdem er sich in weniger glamouröse Themen wie die römische Landwirtschaft vertieft hatte, erlitt Weber einen Nervenzusammenbruch und wurde bettlägerig. Umsorgt von seiner Frau und Cousine Marianne begann er dort zu dokumentieren, was er als die »Entzauberung« der modernen Welt bezeichnete.

Er argumentierte, technische Systeme und Bürokratie seien die neuen gesellschaftlichen Organisationsprinzipien. Wo einst Bräuche, religiöse Verpflichtungen und Rituale diktierten, wie wir unsere Tage und Leben ordnen, befand sich die Gesellschaft Weber zufolge nun unter der Herrschaft rationalisierter Abläufe und Verfahren. Wissenschaft und Technologie – und die von ihnen beeinflussten Institutionen – ersetzten die Lehren des Glaubens, Aberglaubens und anderer Formen des magischen Denkens. In *Wirtschaft und Gesellschaft*, seinem (unvollendeten) Hauptwerk, warnt Weber, dass sich eine »Polarnacht von eisiger Finsternis und Härte« auf die Menschheit herabsenke.[5] Er war der Ansicht, dass diese sich in eine Welt ohne Licht und Wärme begab, ohne Sinn und Magie. Das Ergebnis? Eine entzauberte Welt ohne Rituale.

Die große Wiederverzauberung

In mancher Hinsicht waren Webers Worte prophetisch. Die etablierten, traditionellen Rituale, die er vor Augen hatte, haben im vergangenen Jahrhundert an Bedeutung verloren. Doch unsere Welt ist weit entfernt von kühler Rationalität und Desillusion. Der Glaube an Gott ist nach wie vor auf der ganzen Erde verbreitet, unter anderem in den Vereinigten Staaten, wo sich 2022 etwa 81 Prozent als Gläubige bezeichneten.[6] Wenngleich einer von sechs Menschen weltweit angibt, konfessionell ungebunden zu sein, praktizieren doch immer noch viele religiöse Rituale. In China sagten beispielsweise 44 Prozent der konfessionell ungebundenen Erwachsenen, sie hätten an einem Grab oder an einer Gruft gebetet.[7] Der Glaube an andere übernatürliche Wesen wie Außerirdische ist sogar auf dem Vormarsch.

Betrachtet man Rituale außerhalb des Einflussbereichs offizieller Religion, wird schnell klar, dass das späte 20 und frühe 21. Jahrhundert unzählige säkuläre oder spirituell angehauchte Rituale hervorgebracht haben. Zu den sich neuerdings verbreitenden Arten von Gruppenzugehörigkeit, die rasch ritualisiert wurden, gehören die zahlreichen Varianten des Pilgerns in die amerikanischen Wüsten: angefangen beim Burning Man über Coachella und die Bombay Beach Biennale, ein Kunstfestival, in der kalifornischen Umweltwüste Salton Sea.[8] Yoga- und Sportgruppen haben Initiationsriten wie die »Hell Week« der Fitnesskette Orangetheory entwickelt – gespickt mit High fives für den sozialen Zusammenhalt[9] – und die von Kerzen erleuchteten Räume von SoulCycle, in denen sich während der Kurse predigtartige Coachingmomente und »beseelte« Augenblicke abspielen.[10] In den Jahren der Coronalockdowns befriedigte Peloton als führendes Unternehmen in der Fitnesswelt das kollektive Bedürfnis, sich zu versammeln und sich im Gleichtakt mit anderen Menschen zu bewegen.[11] Das Heimworkout bot einen virtuellen Raum, in dem sich Menschen jeglicher Konstitution und Gewichtsklasse versammeln und in der Simulation eines schwitzigen Studios atmen konnten. Überall in den Vereinigten Staaten sieht man Menschen, die die aus dem Internet bekannten T-Shirts mit dem Slogan GYM IS MY CHURCH (»das Fitti ist meine Kirche«) tragen.[12]

Rituale bieten den Menschen aber auch sinnvollere Möglichkeiten, um sich aus dem technologischen Optimierungswahn und der von ihm beanspruchten Aufmerksamkeit zu lösen. »Digitaler Sabbat«-Rituale bilden einen heiligen Raum, in dem sich die Praktizierenden mit dem gegenwärtigen Augenblick verbinden können, während »I am here«-Tage einladen, ohne digitale Geräte zusammenzukommen. Der Journalist Anand Giridharadas, der gemeinsam mit seiner Frau, der Autorin Priya Parker, die »I am here«-Tage initiiert hat, beschreibt diese Treffen als besondere Zeiten, in denen man »Freundschaft und Gespräche in einer Weise genießt, wie man sie auf Facebook nicht findet; ganz und gar an einem Ort ist statt überall, aber nirgendwo ganz«.[13] Dasselbe Bedürfnis nach Verbundenheit lässt sich auch bei einer Gruppe Jugendlicher beobachten, die sich jeden Sonntag an derselben Stelle im Brooklyner Prospect Park verabredet. Sie rücken Baumstämme zu einem Kreis zusammen, legen ihre Handys weg, sprechen über analoge Bücher und zeigen sich Skizzenbücher. Es handelt sich um die Mitglieder des Luddite Club. Sie haben Rituale entwickelt, um sich gegenseitig darin zu unterstützen, sich von allen Social-Media-Plattformen loszusagen und ein Prä-iPhone-Leben zu führen – und sei es nur für einige Stunden.[14]

Denken Sie auch an den Aufstieg der Seattle Atheist Church, in der sich Atheist*innen sonntags versammeln, um all das Gute mitzunehmen, das eine konfessionelle Kirche bietet – Gemeinschaft, Einkehr, Gesang –, und bloß den Teil mit Gott auslassen. Nach dem Nichtgottesdienst setzen sich die Mitglieder in eine Runde und reichen einen »Sprechhasen« herum. Wer seine Gefühle und Gedanken teilen möchte, hält ihn in der Hand, während er zur Gruppe spricht. Die offizielle Mission dieser Kirche ist es, mithilfe solcher Rituale die Vorzüge einer religiösen Gemeinschaft zugänglich zu machen – ohne die »kognitive Dissonanz«, die der Glaube an übernatürliche Wesen mit sich bringt.[15]

In all diesen Beispielen sind Rituale lebendig, sie funktionieren und gedeihen. Sie haben bloß Formen angenommen, die traditionellen Vorstellungen von Ritualen widersprechen. Aus diesem Grund werden sie oft als hippiemäßig, als »typisch Millennial«, ichbezogen oder einfach nur seltsam abgetan. Doch das Wort »Ritual« hat eindeutig eine Aura beibehalten, einen Gestus des Heiligen oder Magischen, der von der Wellnessindustrie äußerst erfolgreich monetarisiert wurde. Man kann nun »Ritualexperten« buchen, die Unternehmen beraten,[16] und unzählige Apps und Onlineplattformen für tägliche Meditationen, Dankbarkeitspraktiken, Affirmationen und Bullet-Journaling nutzen, um nur ein paar Auswüchse zu nennen. Was sagen uns diese neuen Bewegungen über die Bedeutung von Ritualen im 21. Jahrhundert?

Die Geschichte eines Ritualskeptikers

Ich bin diesen neuen, säkulären Ritualen gegenüber häufig genauso skeptisch wie den vielen traditionellen, mit denen ich aufgewachsen bin. Anfangs fand ich sie auch gar nicht sonderlich interessant. Obwohl sich Rituale ihre Plätze in der Kultur eroberten, lag mir in meiner Anfangszeit als Verhaltensforscher nichts ferner als der Gedanke, mich mit ihnen zu beschäftigen. Ich mochte es, streng kontrollierte Laborexperimente zu entwickeln, in denen ich Phänomene auf ihren Kern herunterbrechen, wesentliche Variablen isolieren und die Effekte dieser Variablen auf irgendeine Ergebnismessung auswerten konnte. Mein Fokus lag darauf, die exakte Wirkung der Form unseres Geldausgebens (beispielsweise ob wir es für uns selbst oder andere tun) auf unser Glück zu messen,[17] unsere Wahrnehmung von Politikern und Politikerinnen zu evaluieren, indem ich die Art von Informationen variierte, die politische Berater in Umlauf bringen,[18] und zu zeigen, welche spezifischen Gehirnregionen die weitverbreitete Neigung unserer Gedanken zum Abschweifen fördern[19].

Die Herausforderung, Effekte von Ritualen in einem Labor zu messen, schüchterten mich (und viele meiner Kolleg*innen in den Verhaltenswissenschaften) bestenfalls ein. Denn die Praktiken, die mir in den Sinn kamen, wenn ich an »Rituale«

dachte, waren höchst detailreich, aufwendig, mit bestimmten Kulturen verbunden und häufig mit jahrhundertealter Bedeutung aufgeladen. Deshalb erschien es mir unmöglich, dasselbe altbewährte methodische Strickmuster anzuwenden wie immer. Wie entfernt man Kultur und Geschichte aus Praktiken dieser Art? Würde dann überhaupt noch irgendetwas übrig bleiben, das man erforschen könnte?

Selbst bei meinen frühesten Untersuchungen der Frage, wie und weshalb Rituale wirken, betrachtete ich mich noch als Ritualskeptiker. Was bedeutet das? Vielleicht ahnen Sie es bereits. Viele von uns kennen Menschen, die ihre Tage – möglicherweise ihr ganzes Leben – durch Rituale strukturieren. Wie Flannery O'Connor beginnen sie beispielsweise ihren Tag stets zur selben Zeit in einer bestimmten Weise und fahren so fort, bis sie ihn, wie Charles Dickens, auf eine andere spezifische Art abschließen. Ganz im Gegensatz zu mir. Ich stand zu unterschiedlichen Zeiten auf, frühstückte zu unterschiedlichen Zeiten, machte Pausen zu unterschiedlichen Zeiten und ging zu unterschiedlichen Zeiten ins Bett – nichts an dem, wie ich mein Leben führte, war ritualisiert. Dachte ich jedenfalls.

Bis eines Tages etwas in mein Leben trat. Oder, besser gesagt, jemand. Meine Tochter. Nachdem sie geboren worden war, verwandelte ich mich augenblicklich und ohne nachzudenken in einen schamanischen Wahnsinnigen. Dem Zubettgehen – das früher ein paar langweilige, aber funktionale Handlungen wie Zähneputzen und Handyaufladen beinhaltet hatte – ging nun bald ein ungefähr siebzehnstufiges Ritual voraus. Es hatte nur ein Ziel: mein Kind zum Einschlafen zu bringen. Darin gab es Schlüsselfiguren: mich, meine Frau, Piggy, das braune und (besonders wichtig) das graue Häschen. Es gab wichtige Lieder: eins, das meine Frau im Sommerlager gesungen hatte, der Buddy-Holly-Song »Everyday« (meine Tochter nannte ihn »das Achterbahnlied«), James Taylors »Sweet Baby James« (alias »das Cowboylied«). Es gab heilige Texte: *Gute Nacht, lieber Mond, Die kleine Raupe Nimmersatt, Oh, the Thinks You Can Think!* Es gab essenzielle Handlungen: Wir mussten sie langsam ins Bett tragen, damit sie allen Treppenstufen eine Gute Nacht wünschen und sie fragen konnte, ob sie vor dem Schlafen noch etwas brauchten, und dann so oft leise *Pscht* machen, bis sie einschlief. (Ich war so überzeugt, dass meine Art und Weise, *Pscht* zu machen, die beruhigendste auf der ganzen Welt war, dass ich mich dabei aufnahm und das loopte, damit wir immer zehn Minuten davon zur Verfügung hatten.)

Ich glaubte, ich würde diese Schritte Monat für Monat, Abend für Abend durchführen, weil meine Tochter sie brauchte. Wie bei jedem Ritual hielt ich mich strikt an die genaue Reihenfolge der Handlungen und wiederholte sie. Ließe ich irgendetwas aus, würde meine Tochter die ganze Nacht wach bleiben, davon war ich überzeugt. Und wie bei den meisten Ritualen waren meine Handlungen zu einem gewissen Grad willkürlich – warum zwei Häschen, aber nur ein Schwein? Warum nicht *Pu der Bär*? Warum die Treppenstufen und nicht die Haushaltsgeräte? Wir wussten es nicht. Dennoch wichen wir selten von den einzelnen Schritten ab. Es stand zu viel auf dem Spiel. Das vorherrschende Gefühl war, wenn wir versuchen würden, Varianten einzubauen oder – weil wir unbedingt selbst ins Bett wollten – hier und da etwas auszulassen, könnte das ganze Unternehmen scheitern. Eine Abkürzung oder Variation könnte nicht die notwendige müde machende Geborgenheit vermitteln – und dann müssten wir wieder ganz von vorn anfangen.

Mit der Zeit betrachtete ich dieses abendliche Theater mit einem analytischeren Blick. Was tat ich da? Das Ritual fand nicht nur für meine Tochter statt, sondern auch für mich. Ich hatte diese Reihe strikter, exakter Schritte ausgeführt in dem

Glauben, dass sie etwas *bewirken* könnten und würden. Nachdem wir das Ritual Abend für Abend ausgeführt hatten, glaubten wir allmählich an seine Macht, uns vom Abend in die Nacht zu geleiten und Schlaf heraufzubeschwören. Irgendwie hatte ich mich, ohne mich bewusst dafür zu entscheiden, von einem überzeugten Ritualskeptiker zu einem Ritualgläubigen entwickelt.

Als mir diese Entwicklung bewusst wurde, begann ich mir Gedanken zu machen: Verließen sich die Menschen, an denen ich an einem ganz normalen Tag auf der Straße vorbeilief, ebenfalls auf selbst ausgedachte Rituale? Und funktionierten sie? Falls ja, warum und wie? Verließen sich – jenseits von ritualisierten Gruppenidentitäten und Fitnessgruppen wie Peloton und Orangetheory und ganz abgesehen von Menschen, die den kollektiven Rausch auf dem Burning-Man-Festival suchten – andere erklärte Skeptiker wie ich in ihrem Alltag ebenfalls auf die Macht von Ritualen, ohne dass es uns bewusst war?

Die Anforderungen des Zubettgehrituals meiner Tochter konfrontierten mich mit der überraschenden Möglichkeit, dass fast alles, was ich über Rituale gedacht hatte, bestenfalls von Unkenntnis zeugte und schlimmstenfalls einfach falsch war. Ja, Rituale sind religiöse Traditionen und Zeremonien, die von einer Generation zur nächsten weitergegeben werden. Sie sind aber auch sehr individuelle Verhaltensweisen, die unwillkürlich entstehen können. Ich war der lebende Beweis dafür, dass anscheinend jede Kombination von Handlungen zum Ritual werden kann. Der Antrieb hinter jedem Ritual ist der Bedarf danach – Tradition und ein langer Stammbaum sind kein Muss.

Der frischgebackene Vater in mir hatte sich instinktiv eines Rituals bedient, um den jüngsten Menschen in seinem Leben so zu beruhigen, dass er einschlafen konnte, doch nun verlangte der Wissenschaftler in mir Antworten darüber, was da unter der Haube geschah. Wenn Menschen sich auf der einen Seite spontan eigene Rituale ausdenken können und auf der anderen ihre Erfahrungen und Emotionen durch sie geformt werden: Was genau sind Rituale dann, und wie funktionieren sie? Diese Fragen weckten eine brennende Neugier in mir. Ich war entschlossen, es herauszufinden.

Woher Rituale kommen

Abgesehen von meinen Kindheitserfahrungen mit religiösen Ritualen stammt vieles von dem, was ich über Rituale weiß, aus der anthropologischen Forschung und anderen deskriptiven sozialwissenschaftlichen Bereichen. Die Idee hinter den ethnografischen Methoden der Anthropologie ist, zuerst zu beobachten, was Menschen tun, und dann zu versuchen herauszufinden, warum sie es tun. Ein großer Teil dieser mittlerweile zum Kanon gewordenen Wissenschaft wurde von westlichen Forschenden produziert, die nichtwestliche Kulturen untersuchten, und das meiste konzentrierte sich auf eine bestimmte Art von Ritual: altbewährte Riten, die als Traditionen gelten. Dabei handelt es sich um die strikten gemeinschaftlichen Praktiken, die einem als Erstes in den Sinn kommen, wenn man das Wort Ritual hört. Ich bezeichne sie als überlieferte Rituale.

Von dieser Forschung, auch wenn sie faszinierend war, half mir nichts in irgendeiner Weise, mein Erlebnis mit dem Zubettgehen meiner Tochter zu verstehen. Keine Vorfahren hatten ihr Wissen über Kuscheltiere an mich weitergegeben; in keinem uralten Text wird Buddy Holly erwähnt. Ein Ritual konnte, so begriff ich schließlich, eine individuell gestaltete Erfahrung sein.

Als ich meine stillschweigenden Annahmen über Rituale dahingehend veränderte, dass nicht nur unveränderliche traditionelle Riten dazugehörten, sondern auch spontan von Individuen erschaffene Praktiken, sah ich sie plötzlich überall. Genau wie bei meinem Versuch, die nötige Ruhe zur Schlafenszeit meiner Tochter herzustellen, bedienen sich Einzelpersonen und Gruppen häufig der Requisiten, Ausstattung und Bühnentechnik, die sie spontan zur Hand haben. Manchmal übernehmen sie Aspekte eines überlieferten Rituals, dann wieder denken sie sich ein völlig neues aus, und häufig werden die beiden Techniken auch kombiniert.

Im konventionellen Verständnis von Ritualen geschehen solche Dinge nicht aus dem Nichts heraus. Das Ritual ist das Ritual: Man setzt sich, steht auf und kniet, wenn man gesagt bekommt, man solle sich setzen, aufstehen und knien. Man isst, was einem aufgetischt wird, weil es das ist, was die eigenen Leute immer getan haben und für immer tun werden. In meiner Erfahrung mit meiner Tochter entdeckte ich den Schimmer einer völlig anderen Art und Weise, über Rituale nachzudenken. Menschen haben ihre Rituale schon immer so angepasst, dass sie die Ressourcen und Materialien nahmen, die ihnen im Augenblick zur Verfügung standen. Vielleicht hat das überlieferte Ritual, das über Generationen weitergegeben worden war, nicht für alle funktioniert – wie die Rituale, die ich als Kind in der Kirche praktiziert habe. Oder vielleicht existierte in manchen Fällen, wenn die Menschheit mit einem völlig neuen Problem konfrontiert war – beispielsweise einer Pandemie im 21. Jahrhundert[20] – das, was benötigt wurde, noch nicht.

Diese Herangehensweise an die Ritualforschung – die Idee, dass ein Individuum an irgendeinem Punkt sagen könnte: »Ich mache das jetzt anders« –, versetzte mich geradewegs in die Domäne der Verhaltensökonomie, also der Wissenschaft dessen, wie Individuen Entscheidungen treffen. Ich hatte einen Doktor in Sozialpsychologie und arbeitete als Postdoc im Bereich der Verhaltensökonomie an der Sloan School of Management am

MIT. Als ich dort direkt nach der Verteidigung meiner Dissertation anfing, entdeckte ich ein intellektuelles Paradies, eine Welt voller interessanter und großzügiger Menschen, die alle möglichen überraschenden, spitzfindigen Fragen dazu stellten, warum Menschen Entscheidungen treffen. Aus diesem Geist intellektueller Freiheit heraus kam ich erstmals mit einem möglichen Weg in Berührung, wie man die Wirkung von Ritualen messen könnte.

Die vorherrschende Annahme über Rituale war, dass sie untrennbar mit Gruppen und Kultur verbunden waren. Dadurch war es unmöglich, sie mit empirischen Methoden wissenschaftlich zu untersuchen. Man kann nicht willkürlich einige Studienteilnehmenden im Labor einer Kultur zuweisen und andere einer anderen (»Okay, in dieser Gruppe sind nun alle Ghanaer*innen, und in jener Brasilianer*innen«). Näherte ich mich Ritualen jedoch auf der Ebene individueller Entscheidungen, konnte ich auf einmal ihren Nutzen untersuchen, indem ich den Maßstab der Verhaltensökonomie anlegte: »Ist es dumm oder klug?« Wenn das Ziel ist, sich anders zu fühlen, ist das Ritual dann eine dumme oder kluge Verwendung Ihrer Zeit? Was, wenn Sie die Absicht haben, sich stärker mit Ihren Lieben verbunden zu fühlen oder Ehrfurcht und Transzendenz zu erleben? Ergeben Rituale Sinn im Hinblick darauf, was Sie erreichen möchten? Mit diesem einfachen Ansatz – Menschen nach ihren Zielen zu fragen und den Erfolg von Ritualen, ihnen beim Erreichen dieser Ziele zu helfen, zu messen – sah ich nun einen möglichen Weg, eine Spur aus Brosamen, die mich zu einer anderen Methode führte, die Wirkung von Ritualen zu erfassen.

Während ich mich in die Logik der Verhaltensökonomie vertiefte, stieß ich auf einen weiteren wesentlichen Einfluss auf mein Denken. Als ich am MIT begann, bekam ich einen Büroraum im dortigen Media Lab zugeteilt. Dieses Labor war und ist eine legendäre Kreativwerkstatt für Technolog*innen, Künstler*innen, Träumende und Erfinder*innen. Ein Ort, an dem es wichtiger ist, etwas zu machen – sei es etwas Technisches, eine menschliche Erfahrung oder die Entwicklung eines Systems –, als etwas zu studieren oder einen Aufsatz darüber zu schreiben. Der Geist des Labors – ein Ethos des Ausprobierens[21] – hat immer dazu geführt, etwas im realen Raum mit realen Materialien zu kreieren. Zum ersten Mal in meiner akademischen Karriere nahm ich Sozialwissenschaften nicht nur als Bemühen wahr, den Menschen in seiner natürlichen Umgebung zu verstehen, sondern als Prozess, in dem diese Umgebung aktiv gestaltet und verändert wird. Das, so dämmerte mir, könnte eine alternative Betrachtungsweise von Ritualen sein. Im 21. Jahrhundert schaffen Menschen ritualisierte Erfahrungen aus allem, was ihnen in ihrer Umgebung zur Verfügung steht – Johnny Mathis und Dr. Seuss, Äpfel und Shepherd's Pie zum Beispiel.

Doch erst in meiner aktuellen Position als Professor an der Harvard Business School erwog ich ernsthaft, die Wirkung von Ritualen zu erforschen. Während ich über mögliche neue Konzepte für unsere Erfahrung von Ritualen nachdachte, entdeckte ich das Werk einer zeitgenössischen Soziologin aus Berkeley, Ann Swidler. In ihrem Buch *Talk of Love*, das achtundachtzig Interviews mit nordkalifornischen Männern und Frauen – verheiratet, Single und geschieden – aus den 1980er-Jahren enthielt, analysierte Swidler, wie Menschen spontan Rituale erschaffen, um Liebe und Verbindlichkeit auszudrücken. Die Quellen dafür sind vielfältig: Religion, New-Age-Ideologien, Texte von Popsongs und Hollywoodfilmbilder.[22]

Diese eher informelle, improvisierte Herangehensweise an Rituale – bei der ihre einzigartige Fähigkeit, unterschiedliche emotionale Zustände zu erzeugen, genutzt wurde – schien mit dem Bastel- und Schaffensgeist des Media Lab übereinzustimmen. Und vor allem entsprach sie meinem Erleben, dass Rituale scheinbar aus dem Nichts auftauchen können. Meine Bemühungen, Rituale zu erschaffen, fühlte sich an wie Bastelei – ich verwendete, was mir zur Hand war (Stofftiere und Treppenstufen). Swidlers bahnbrechende Theorie darüber, wie Menschen die Welt um sich herum nutzen, bescherte mir einen Rahmen, um besser zu verstehen, dass Rituale alte Traditionen genauso wie ganz neue Verhaltensweisen enthalten können. Sie bezeichnete dies als »Kultur in Aktion.«

Kultur in Aktion – wie Sie Ihr rituelles Repertoire erweitern

Swidlers Analyse zufolge gehören Rituale – selbst die ältesten und traditionellsten – zu der Auswahl an Ressourcen, die jeder Mensch in seinem »kulturellen Werkzeugkasten« hat. Die Menschen schustern Reaktionen und Handlungen aus ihrem kulturellen Repertoire zusammen, wählen aus und verwerfen auf jede erdenkliche Art und Weise. Nehmen Sie beispielsweise das Ritual einer traditionellen Hochzeit mit Smoking, weißem Tüllkleid und klassischem Ehegelübde. Für einige von Swidlers Interviewpartner*innen fühlte es sich richtig an, die Schritte des konventionellen Eherituals durchzuführen. Es rief die für den Augenblick angemessenen Emotionen hervor – Liebe, Verbundenheit, Freude. Andere erlebten eine traditionelle Hochzeit als unangenehm – als unecht, verschwenderisch oder beides. Es hinderte sie eher daran, die ganze Bandbreite ihrer Gefühle zu erleben, die bei diesem Anlass passend wären. Swidlers Argument ist, dass diese unterschiedlichen Reaktionen exakt spiegelten, wie Kultur in Aktion funktioniert. Statt unsere individuellen Handlungsmöglichkeiten zu ignorieren und uns gehorsam dem Kollektiv einer monolithischen »Kultur« zu unterwerfen, bestücken wir unsere kulturellen Werkzeugkoffer dynamisch und taktisch aus dem Inneren heraus: Manchmal üben wir Rituale mit echter Inbrunst aus, dann wieder langweilen sie uns, oder wir vollführen sie zwiegespalten oder gar ironisch distanziert und rebellisch, wie der Musiker Kurt Cobain, der bei seiner Hochzeit an einem hawaiianischen Strand eine gebügelte Schlafanzughose trug.[23]

Das Konzept von Kultur in Aktion eröffnete eine mögliche Vorgehensweise für mich. Anders als bei den Ethnograf*innen und Anthropolog*innen der Vergangenheit galt mein Interesse weniger dem Katalogisieren etablierter Rituale rund um große gemeinschaftliche, häufig religiöse Ereignisse. Ich wollte wissen, wie Menschen Rituale im Alltag verwenden und erleben. Wenn so viele unserer liebevoll gepflegten Rituale persönlich sind – individuell und idiosynkratisch –, was macht ein Ritual dann genau aus? Wie unterscheiden wir ein Ritual von allen anderen Routinen und Aufgaben, die wir im Laufe eines Tages verrichten? Und sind Rituale dumm oder klug? Können sie wirklich unser Leben verbessern?

Mir wurde klar, dass der beste Weg, um zu beantworten, was ein Ritual ist, darin bestand herauszufinden, was es nicht ist: Ein Ritual ist keine Gewohnheit.

Gewohnheit oder Ritual? Automatisierung versus Animierung

Eine meiner frühesten Erkenntnisse zum Unterschied zwischen Ritual und Gewohnheit gewann ich beim Zahnarzt. In einem Gespräch – ich murmelte meine Antworten, so gut ich konnte, durch seine Finger – über seine Theorie zu Zahnputzgewohnheiten sagte er mir, ein rascher Blick in jemandes Mund genüge ihm, um das Putzmuster einer Person zu erkennen. Viele beginnen mit Schwung, die ersten Zähne haben also weniger Plaque, aber dann geht ihnen die Puste aus, was mehr Plaque an den hinteren Zähnen zur Folge hat. Als ich daraufhin über meine eigenen Putzgewohnheiten nachdachte – *gehöre ich zu den Menschen, die vielversprechend anfangen und dann aufgeben? Fange ich links an oder rechts? Vorn oder hinten?* –, kamen mir zahlreiche weitere alltägliche Praktiken in den Sinn, vom Anziehen bis zum Abwasch, vom Pendeln bis zur PC-Arbeit. Auch folgende Frage, die ich inzwischen Menschen auf der ganzen Welt gestellt habe:

FRAGE: Was tun Sie, wenn Sie morgens aufstehen (oder sich abends bettfertig machen)?

A: Zuerst Zähne putzen und dann duschen?
B: Zuerst duschen und dann Zähne putzen?

Ich frage das bei all meinen Vorträgen vor einem größeren Publikum. Von Deutschland über Brasilien bis nach Norwegen, von Singapur über Spanien nach Kanada, von Cambridge, Massachusetts, bis nach Cambridge in Großbritannien und selbst in einem Raum voller Verhaltensökonom*innen (darunter die zwei Nobelpreisträger Daniel Kahneman und Richard Thaler). Und jedes Mal sind die Antworten etwa gleich verteilt auf A und B. Es scheint keinerlei Konsens darüber zu herrschen, welches die »richtige« Reihenfolge dieser Aktivitäten ist. (Ein kleiner Anteil putzt sich die Zähne in der Dusche, aber diese im Minzschaum watenden Individuen sind natürlich zutiefst gestört.)

Dann bitte ich das Publikum, die beiden Aktivitäten im Geiste in umgekehrter Reihenfolge durchzuführen. Als Duschen-dann-

Zähneputzen-Person stellen Sie sich vor, mit dem Zähneputzen zu beginnen, als Zähneputzen-dann-Duschen-Mensch beginnen Sie mit der Dusche.

FRAGE: Wie fühlt sich diese Umkehrung an?

A: Hat keinen Unterschied gemacht.
B: Fühlte sich seltsam an, aber ich weiß nicht, warum.

Haben Sie mit (a) geantwortet, dann sind diese Aktivitäten für Sie eher eine Morgenroutine. Sie müssen duschen, und Sie müssen sich die Zähne putzen; die Reihenfolge, in der Sie das tun, ist Ihnen jedoch gleichgültig. Sie tun diese Dinge regelmäßig mit dem ausdrücklichen Ziel, *sie zu erledigen*. Haben Sie jedoch mit (b) geantwortet, kam Ihnen die umgekehrte Reihenfolge also auch nur ein kleines bisschen falsch vor, selbst wenn Sie dafür keine Erklärung haben, ist die Abfolge dieser Aktivitäten für Sie eher zu einem Ritual geworden. Ihre Morgenroutine ist mehr als eine automatisierte Gewohnheit, für die Sie mit Sauberkeit und Gesundheit belohnt werden. Sie ist ein Ritual, das neben den praktischen Vorteilen emotionale und psychologische Anklänge hat. Für Sie ist nicht nur wichtig, dass Sie diese Aufgaben (Zähneputzen und Duschen) von der To-do-Liste streichen können, sondern auch, wie Sie sie durchführen – in diesem Fall heißt das, in welcher Reihenfolge.

Was also macht ein Ritual zu einem Ritual statt zu einer Gewohnheit?

Das Wesen einer Gewohnheit ist das Was

Eine Gewohnheit ist ein *Was*. Etwas, was wir tun: die Zähne putzen, das Fitnessstudio besuchen, dunkelgrünes Blattgemüse zu uns nehmen, E-Mails lesen, Rechnungen bezahlen, zu einer vernünftigen Uhrzeit ins Bett gehen (oder auch nicht). Gelingt es uns, eine schlechte durch eine gute Gewohnheit zu ersetzen, möchten wir die gute automatisieren. Mühe-, ja, gedankenlos führen wir Routinen durch, die uns von Punkt A nach Punkt B bringen. Wir vermeiden es, unsere Tiefs an Arbeitstagen durch Schokokekse mit extra viel Schokostückchen zu bekämpfen; wir reduzieren unseren Social-Media-Konsum und treiben stattdessen jeden Morgen als Erstes eine halbe Stunde Sport; wir räumen auf – und das Ergebnis ist, das wir wichtige Ziele erreichen (Gewicht verlieren, uns konzentrieren, Chaos zu Hause vermeiden).

Das Wesen eines Rituals ist das Wie

Ein Ritual ist nicht bloß eine Handlung, sondern die Art und Weise, wie wir sie ausführen – das *Wie*. Für uns ist nicht nur relevant, dass wir die Handlung begehen, sondern die spezifische Struktur, in der wir das tun. Rituale sind außerdem zutiefst und grundsätzlich emotional. Im Gegensatz zu den meisten Gewohnheiten rufen Rituale Gefühle hervor, gute wie schlechte. Führen Menschen ihr Morgenritual korrekt aus, haben sie das Gefühl, »den Morgen richtig begonnen« zu haben, sie fühlen sich »bereit, den Tag in Angriff zu nehmen.« Werden diese ansonsten unmerklichen Morgenrituale jedoch gestört – ist beispielsweise die Lieblingszahnpasta leer oder das bevorzugte Müsli aus, sodass man sich bei der Partnerin oder dem Partner bedienen muss, oder ist ein Gast als Erstes duschen gegangen und beansprucht das heiße Wasser für sich, fühlen sich Menschen den ganzen Tag »neben der Spur«. Forschungen mittels Gehirnscans von mir und meinen Kolleg*innen haben gezeigt, dass sich unsere Rituale für uns so richtig anfühlen, dass es mit Bestrafung assoziierte Hirnregionen aktiviert, wenn wir Menschen dabei beobachten, wie sie sie anders durchführen als wir.[24]

Indem wir die Unterschiede zwischen Ritual und Gewohnheit herauskitzeln, stellen wir fest, dass es keine festgelegten Verhaltensweisen gibt, die nur zu Ritualen gehören und andere, die ausschließlich Gewohnheiten charakterisieren. Vielmehr geht es um die Emotionen und die Bedeutung, die wir mit dem Verhalten verknüpfen. Zwei Menschen können exakt dasselbe tun, zum Beispiel etwas so Alltägliches wie Kaffee kochen. Für den einen ist das Ziel, so schnell wie möglich eine Dosis Koffein zu bekommen. Das Was. Für die andere dreht sich alles um das Wie. Grober Mahlgrad, nie medium oder fein. French Press. Für den einen ist es eine automatisierte Gewohnheit. Für die andere ein bedeutungsvolles Ritual.

Die Forschung zu Verhaltensänderungen kann helfen, den Unterschied zwischen dem Was einer Gewohnheit und dem Wie eines Rituals zu verstehen. In den 1930ern hat der Psychologe B. F. Skinner, ein selbst ernannter »radikaler Behaviorist«, als Erstes die dreistufige Abfolge von »Stimulus, Reaktion und Belohnung« als wesentlich für ein System beschrieben, das unser Verhalten formt – die sogenannte operante Konditionierung. Wir alle lernen durch positive und negative Verstärkung aus unserer Umwelt.[25] Wenn wir eine befriedigende Belohnung erhalten – sagen wir, wir gehen joggen und werden danach von Endorphinen geflutet –, wird unser Verhalten positiv verstärkt. Wir wiederholen dieses Verhalten dann in der Erwartung, dieselbe Belohnung wieder zu erhalten. Werden wir erneut in Form weiterer Runner's Highs belohnt, werden wir süchtig danach.

In *Die Macht der Gewohnheit* identifiziert Charles Duhigg dieses Verlangen als die treibende Kraft hinter der Gewohnheitsschleife.[26] Gute Gewohnheiten sind frustrierend schwer aufrechtzuerhalten, bis wir in diese Schleife geraten. Ab diesem Punkt sind sie automatisiert, laufen also mühelos und ohne Nachdenken ab. Sie können sich Gewohnheiten als bewährte Lösungen für die Herausforderungen und Versuchungen vorstellen, denen wir Tag für Tag begegnen: Textnachrichten stören uns bei der konzentrierten Arbeit, der Geruch nach frischem Croissant verlockt uns, über ein zweites Frühstück nachzudenken, oder ein harter Tag lässt den Sirenengesang eines Bingewatching-Abends vor dem Fernseher unwiderstehlich werden. Stimmen unsere Gewohnheiten mit positiven Ergebnissen wie Fitness, Produktivität und Wohlbefinden überein, können wir diese Botschaften aus unserer Umgebung getrost ignorieren. Wie ein gut programmierter Algorithmus – *wenn dies, dann jenes* – lässt unser Gehirn uns die vertraute Handlung ausführen. Brummt das Smartphone während der Arbeitszeit, stellen wir es lautlos. Macht uns der aus der Bäckerei wehende Croissantduft hungrig, wechseln wir rasch die Straßenseite und entfernen uns so von dem Geruch, der uns das Wasser im Mund zusammenlaufen lässt. Solche Gewohnheiten sind enorm hilfreich. Im Bereich der Verhaltensökonomie prägen die Interventionen, die heute unter dem Begriff »Nudges« bekannt sind, unser Handeln auf ähnliche Weise. Nudges stärken gute Gewohnheiten, indem sie »Entscheidungsumgebungen« schaffen, die sicherstellen sollen, dass unser Tun zu unseren langfristigen Zielen passt – automatische Überweisungen auf das Sparkonto beispielsweise oder kleinere Teller und Schüsseln, um die Menge, die wir zu uns nehmen, zu reduzieren.[27]

Wir profitieren sehr von dieser mühsam errungenen Automatisierung. Wir haben keine Zeit, uns über jede Entscheidung den

Kopf zu zerbrechen, der wir im Alltag begegnen. Ich denke jedoch immer häufiger darüber nach, was dabei verloren gehen könnte. Ist eine algorithmische Reaktion im Sinne eines »wenn dies, dann jenes« der beste Weg, um Glück oder Liebe zu finden? Ist es immer ein Fehler, wenn es einem nicht gelingt, die guten Gewohnheiten durchzuhalten, oder ist das Erlebnis, ein dekadentes Dessert zu genießen, schlicht eine andere Form des Erfolgs? So sinnvoll Gewohnheiten zur Optimierung bestimmter Aspekte unseres Lebens sind, haben sie inhärente Grenzen, die uns fest im mechanistischen Reich der Reize, Routinen und Belohnungen verankern. Wie Tom Ellison es auf *McSweeney's* in seiner Wellnesssatire formuliert: »Ich habe meine Gesundheit derart optimiert, dass mein Leben so lang und unangenehm wie möglich ist.«[28] Unsere Fixierung auf optimale Effizienz hält uns davon ab zu sehen, wie die idiosynkratischen Verhaltensweisen, die so viele Rituale kennzeichnen, ein wichtiger Bestandteil dessen sein können, was das Leben lebenswert macht. Es gleicht dem Wechsel von Schwarz-Weiß zu Technicolor. Gute Gewohnheiten automatisieren unsere Abläufe, helfen uns, Dinge zu erledigen. Rituale beseelen uns, bereichern und verzaubern unser Leben durch ein gewisses Extra.

Rituale als Emotionserzeuger

Die emotionale Natur von Ritualen verleiht ihnen eine beseelende Macht. Laut den Psychologen Ethan Kross und Aaron Weidman sind Emotionen Werkzeuge, die wir für gewisse Bedürfnisse und Aufgaben nutzen: Sind wir traurig, schauen wir vielleicht eine alte Folge unserer Lieblingssitcom, um wieder froh zu werden.[29] Fühlen wir uns einsam, holen wir uns vielleicht eine Umarmung, um Verbindung zu erzeugen. Doch unsere Möglichkeiten, Emotionen als Mittel zum Zweck zu nutzen, sind begrenzt: Wir können sie nicht immer nach Belieben heraufbeschwören. Sind wir traurig oder deprimiert, können wir uns nicht einfach befehlen, froh zu sein. Sind wir gestresst, funktioniert es selten, wenn wir uns ermahnen, uns zu beruhigen. Oft müssen wir aktiv werden, etwas tun (uns einen Film ansehen, einen Spaziergang machen oder unsere Lieblingsmusik auflegen), um zu verändern oder verstärken, was wir empfinden. An diesem Punkt kommen Rituale ins Spiel. Sie können sie sich als »Emotionserzeuger« vorstellen. Verbinden wir einmal eine spezifische Abfolge von Handlungen mit einem bestimmten emotionalen Zustand, können wir nun auf diese Handlungsabfolge, dieses Ritual, zurückgreifen, um die jeweilige Emotion hervorzurufen – vergleichbar einem Katalysator in der Küche wie etwa einem Starter für Sauerteigbrot.

Ein Tag voller guter Gewohnheiten kann uns ein Gefühl von Produktivität und Stolz geben. Gewohnheiten sind jedoch reduziert in ihren Möglichkeiten, die ganze Palette von Emotionen auszulösen. Diese Palette ist wichtig – wichtiger, als ich früher gedacht hätte. In von meiner Kollegin Jordi Quoidbach geleiteten Studien konnten wir zeigen, dass die Bandbreite unserer emotionalen Erfahrungen – unsere *Emodiversität* – mit messbaren Vorteilen für unser Wohlbefinden assoziiert ist. Emodiversität ähnelt der Biodiversität dahingehend, dass die Gesundheit eines physischen Ökosystems von der relativen Vielfalt und dem Variantenreichtum der in ihm enthaltenen Arten abhängt. Ein Ökosystem beispielsweise, in dem es zu viele Jäger und zu wenig Beute gibt, ist nicht zukunftsfähig, weil es sein Gleichgewicht nicht dynamisch gestalten kann.[30]

Stellen Sie sich vor, ich würde Sie bitten, alle Gefühle aufzulisten, die Sie an einem Tag durchleben, positive (zum Beispiel Freude oder Stolz) genau wie negative (wie Ärger oder Ekel), und mir außerdem mitzuteilen, wie glücklich Sie insgesamt an diesem Tag waren. Unsere Forschungsergebnisse zeigen, dass die Vielfalt unserer Emotionen – Zufriedenheit, Heiterkeit, Euphorie, Ehrfurcht und Dankbarkeit, aber auch Traurigkeit, Angst und Nervosität – zu einem reicheren Gefühlsleben führt und mit unserem Gesamtwohlbefinden verknüpft ist. Es erscheint logisch, dass drei Momente der Freude an einem Tag besser sind als zwei Momente der Freude und einer der Nervosität. Und es stimmt, dass positive Emotionen wie Freude und Zufriedenheit Indikatoren eines guten Lebens sind. Eine Reihe von Studien mit über siebenunddreißigtausend Teilnehmenden hat uns jedoch zu weniger offensichtlichen Ergebnissen geführt. Auf der Basis derselben Forschungsmethoden, die zur Erfassung der Biodiversität von Ökosystemen genutzt werden, haben wir gezeigt, dass der Variantenreichtum und die relative Vielfalt von Emotionen, die wir erleben – nicht bloß das Vorherrschen positiver Emotionen –, Indikatoren für unser Wohlbefinden sind.

Unsere Ergebnisse zu den Vorteilen eines breiten emotionalen Spektrums stehen in starkem Widerspruch zu zahlreichen Annahmen der Gegenwartskultur über die Rolle, die Gewohnheiten in der Organisation unseres Lebens spielen. Ja, wir können Gewohnheiten nutzen, um unseren gesetzten Zielen näher zu kommen – mehr Muskeln, kein spätabendliches Bingewatching mehr, weniger Plaque –, aber sie sind nicht unbedingt hilfreich, um verschiedene Gefühle zu kanalisieren. Unsere Forschung zum Thema Emodiversität zeigt, dass wir den vielen unterschiedlichen Aspekten – der Bandbreite – unseres emotionalen Repertoires möglicherweise nicht genug Aufmerksamkeit schenken. Eine Analogie zur Malerei soll das verdeutlichen: Sie können großartige Kunst schaffen, indem Sie ausschließlich Primärfarben verwenden (Rot, Blau, Gelb) – Picasso beispielsweise hat bekanntlich viel mit Blau gearbeitet.[31] Menschen können jedoch darüber hinaus unzählige andere subtile Schattierungen auf dem gesamten Farbspektrum wahrnehmen. Gewohnheiten sind die Rot-, Gelb- und Blautöne; Rituale dagegen bescheren uns das kräftige Rotorange des Mohnrots oder das tiefdunkle Vanta-Schwarz, das nahezu 100 Prozent des sichtbaren Lichts absorbiert.[32]

Unter Emotionsforschenden hat sich nach und nach die Erkenntnis durchgesetzt, dass unsere emotionale Bandbreite mehr umfasst als die sieben grundlegenden Emotionen – Ärger, Überraschung, Ekel, Freude, Angst, Traurigkeit und, die neueste Entdeckung, Verachtung –, die Paul Ekman, ein führender Experte auf dem Feld, in den 1960er-Jahren identifiziert hat.[33] Es herrscht jedoch keine Einigkeit über eine Gesamtzahl. Heute gehen manche Forschenden von siebenundzwanzig oder achtundzwanzig Emotionen aus. Andere kommen auf ganze hundertfünfzig.[34]

Ob sie eine Einladung dazu sind, sich einmal richtig auszuweinen, eine Gelegenheit, seinen Ärger umzulenken, oder Ehrfurcht und Staunen zu erzeugen – ich betrachte Rituale als eines der wirksamsten Mittel der Menschheit, die größtmögliche Vielfalt unseres emotionalen Repertoires hervorzurufen. Rituale bieten die Möglichkeit gewöhnliche Aktivitäten wie die morgendliche Körperpflege, Hausarbeiten oder das tägliche Sportprogramm von einer automatisierten in eine beseelte Erfahrung zu verwandeln und Gefühle wie Freude, Staunen oder Frieden zu erleben.

Doch wäre es möglich, die Werkzeuge der Verhaltenswissenschaft zu nutzen, um herauszufinden, wie Rituale in unserem Alltag wirken? Im Kontext der Verhaltensökonomie und inspiriert vom Schaffensgeist des Media Lab beschloss ich, dass es an der Zeit sei, die Sache anzugehen. Ich entwickelte Methoden, um die Rolle von Ritualen überall in der Welt zu ermitteln und ihre Effekte zu dokumentieren – im Labor und außerhalb.

Der erste Schritt bestand darin zu überlegen, wie die Wirkung von Ritualen, der Einfluss eines Rituals auf unsere subjektive Lebenserfahrung, zu erfassen wäre. Im Laufe meiner akademischen Karriere habe ich zahlreiche Methoden angewandt, doch meiner Erfahrung nach ist eine der besten, um subjektives Erleben zu studieren, folgende: einfach fragen. Ich begann damit, als ich mich mit Glück beschäftigte. Ich fragte Menschen: »Wie zufrieden sind Sie …?« – mit dem Geld, das sie ausgaben, mit dem Origamifrosch, den sie gefaltet hatten, oder mit ihrem Leben insgesamt.

Rituale – überliefert oder selbst gebastelt

Meine wissenschaftliche Erforschung von Ritualen folgt häufig der oben beschriebenen Logik: Ich frage die Menschen, ob sie welche nutzen, und falls ja, welche. Im Laufe der Jahre haben mein Forschungsteam und ich Tausende Amerikaner im ganzen Land interviewt, junge und alte, religiös oder nicht. Wir haben sie gefragt, ob sie in bestimmten Bereichen oder Zeiten ihres Lebens auf Rituale zurückgreifen, beispielsweise wenn es darum geht, Zeit mit dem Partner oder der Partnerin zu verbringen oder Feste mit der Familie zu feiern, vom Umgang mit Kolleg*innen bis hin zum abendlichen Abschalten vom Arbeitsstress.[35]

Viele Rituale, von denen die Menschen berichten, sind aus ihrer kulturellen, familiären oder religiösen Tradition übernommen. Sie tragen das Gewicht der Ahnen oder Religion. Diese Praktiken verbinden das Individuum über Zeit und Raum hinweg mit dem Kollektiv: Ihre Ausübung verbindet »Einzelne« mit »allen« – all jenen, die dieselben Lieder gesungen, die Hände auf eine bestimmte Art und Weise gehalten, dieselben Kerzen entzündet haben, dieselben Schritte gegangen sind. Überlieferte Rituale haben einen starken Einfluss auf unsere Imagination, weil so viele davon – vom Tanzen in den Straßen von Delhi oder Diwali,[36] Feiern des Día de Muertos (Totentags) mit Weihrauch und süßem Gebäck[37] bis zum Verzehren von Mazze am Sederabend im Rahmen des Pessachfestes[38] – mittels einer Dichte an sensorischen Erfahrungen durch besondere Kleidung, Licht, Musik, Tanz und Nahrung sozialen Zusammenhalt schaffen.

Wir beobachten jedoch immer wieder, dass Menschen nicht bei jeder Gelegenheit unveränderliche, uralte Erbrituale praktizieren, sondern ganz oder teilweise ihre eigenen entwickeln. Genau wie meine Frau und ich das strenge Zubettgehritual meiner Tochter spontan improvisiert hatten. Diese privaten neuen Praktiken bezeichne ich als DIY-Rituale.

Darunter waren Rituale intimer Beziehungen, die Paare verbanden: *Wenn wir uns küssen, dann drei Sekunden lang. Ich weiß nicht mehr, wie das angefangen hat, aber nach zweiundzwanzig Jahren fühlt es sich echt merkwürdig an, wenn es keine drei Sekunden dauert.* Trauerrituale, die so einzigartig wie rührend waren: *Ich habe einmal in der Woche das Auto eines geliebten Menschen gewaschen, so wie er selbst es getan hat, als er noch lebte.* Rituale, um sich auf Auftritte vorzubereiten: *Ich atme mehrmals tief durch und »schüttle« meinen Körper, um jegliche negative Energie loszuwerden.* Rituale, um den Tag abzuschließen: *Wenn ich nach der Arbeit dusche, muss ich mir vorstellen, dass sich das gesamte Krankenhaus verflüssigt und den Abfluss hinuntergespült wird.*

Unsere Umfragen zu den rituellen Anteilen im Leben gewöhnlicher Amerikaner*innen bestätigten, wie allgegenwärtig Rituale sind und wie individuell und emotional komplex sie sein können. Im Gegensatz zu vorherrschenden Annahmen – auch meinen eigenen – sind Rituale nicht, nicht einmal überwiegend, eine Reihe von Anweisungen oder Vorgaben, die wir passiv empfangen. Es sind Praktiken, die wir anpassen und erschaffen, wobei wir uns aus dem gewaltigen Repertoire an Ressourcen bedienen, die unsere kulturellen Werkzeugkoffer ausmachen.

Bestimmen, wer man ist – die eigene rituelle Handschrift entwickeln

Über ihre Rolle als Erzeuger von Emotionen hinaus bekommen viele dieser DIY-Rituale Bedeutung, indem sie Teil des aktiven Prozesses werden, der in der Sozialwissenschaft als »Identitätsarbeit« bezeichnet wird.[39] Diese Rituale sind persönlich; sie zu erschaffen, gibt uns das Gefühl, sie zu verantworten, sie mit unserer Individualität erfüllt zu haben und sie zu benutzen, um ein einzigartiges Selbstgefühl auszudrücken. Unsere besondere Art und Weise, etwas zu tun, selbst die kleinsten, alltäglichsten Dinge – unser Wie –, nenne ich unsere rituelle Handschrift. Vielleicht habe ich die Angewohnheit, jeden Tag laufen zu gehen, doch es ist das Ritual des Schuhebindens, mit dem ich mich meiner Identität als Läuferin vergewissere. Mein Partner und ich haben vielleicht die Angewohnheit, das Abendessen jeden Tag zur selben Zeit auf den Tisch zu bringen, aber indem wir dabei die Teller verwenden, die wir zusammen im Töpferkurs angefertigt haben, werden wir zum Paar. Meine Eltern und Geschwister feiern vielleicht gewöhnlich Weihnachten zusammen, aber das Ritual, eine Johnny-Mathis-Schallplatte zu hören, macht uns zur Familie. Kurz, das Wie des Rituals – unsere einzigartige rituelle Handschrift – ist Teil des Warums des Lebens.

Im Laufe meiner Forschung wurde mir klar, wie wichtig diese Verbindungen zu unseren Identitäten und unser Gefühl der Verantwortung für unsere Rituale wirklich sind.

2

Je mehr du hineinsteckst, desto mehr bekommst du heraus

Nothing will work unless you do.
- Maya Angelou

Auf einem Regal in meinem Büro steht eine kleine Steinskulptur, die ich selbst gemacht habe. Voller Eifer hatte ich mich in einen Kunstkurs eingeschrieben. Nach meinem ersten Abend im Studio und mit jeder folgenden Stunde wurde deutlicher, dass im Gegensatz zu mir viele der anderen Teilnehmenden Talent besaßen. Jeden Kursabend sah ich mich im Raum um, neidisch auf die begabten Bildhauer*innen aus allen möglichen akademischen Feldern, die sich hinsetzten und mit scheinbar unbeschwertem Selbstvertrauen elegante und erkennbare Darstellungen der menschlichen Gestalt aus ihren Steinbrocken hervorkitzelten. Meine kleine Steinskulptur dagegen besaß keinerlei Ähnlichkeit mit einem menschlichen Körper oder überhaupt irgendetwas.

Doch so oft ich nach der Unizeit auch umzog, wickelte ich sie doch stets sorgfältig in Luftpolsterfolie ein und packte sie in eine Kiste, um sie auch in meinem nächsten Lebensabschnitt dabeizuhaben. Mir ist klar, dass sie nicht in ein Museum gehört. Würde ich die Skulptur bei jemand anderem auf dem Schreibtisch sehen, würde ich fragen, ob ein Kind sie gemacht hat. Es ist also keine große Kunst. Für die meisten Menschen würde sie nicht einmal die Bezeichnung *Kunst* verdienen. Aber dieses aus Stein geschaffene Etwas ist meins.

Der Wert, den ich diesem von mir handgefertigten Gegenstand beimesse, lässt sich teilweise durch den von den Nobelpreisträgern Daniel Kahneman und Richard Thaler identifizierten *Besitztumseffekt* erklären. In einer Reihe von Experimenten, in denen sie Menschen nach dem Zufallsprinzip Dinge wie Becher, Schokolade und Baseballtickets gaben, bewiesen die Wissenschaftler, dass allein der Besitz eines Gegenstands dazu führt, dass wir ihm einen höheren Wert beimessen, als wenn er uns noch nicht gehört. Menschen sind bereit, mehr dafür zu bezahlen, einen Becher zu behalten, den sie bereits haben, als sie für einen identischen neuen ausgeben würden. Niemand braucht einen weiteren Becher, doch wenn einer in unseren Besitz gerät – wenn er uns gehört –, wollen wir uns nicht mehr von ihm trennen. Genauso wie ich mich nicht von meinem unansehnlichen Kunstwerk trennen kann.[1]

Mein Hängen an meiner Skulptur reflektiert jedoch noch ein anderes psychologisches Phänomen, das der Besitztumseffekt nicht ganz erfasst: Ich habe mir Mühe dabei gegeben, die Skulptur herzustellen. Auch wenn das Ergebnis unleugbar nicht herausragend ist, habe ich während der Dauer des Kurses hart daran gearbeitet. Als ich mein Werk mit einem kühlen, analytischen Blick betrachtete, fragte ich mich, ob die Arbeit, die ich dort hineingesteckt hatte, Grund für meine emotionale Verbundenheit war. Diese Frage lungerte vage in meinem Hinterkopf, trat jedoch nicht in den Vordergrund, bis ich über die Welt von Fertiggerichten und die vereinfachte Zubereitung von Lebensmitteln Mitte des 20. Jahrhunderts las – genauer, über Eier und einen frisch gebackenen Kuchen.

Wie der Kuchen, den man backt, Bedeutung bekommt

1956 nahm das Koch- und Lifestylemagazin *Living* seine Leserschaft mit auf eine Zeitreise und veranschaulichte die neue Ära modernen Komforts, indem es sie daran erinnerte, wie man im 19. Jahrhundert Kuchen gebacken hatte. In allen Einzelheiten führte das Magazin den anstrengenden Prozess auf, bei dem jegliche Hilfe notwendig war, die man heranholen konnte, und der zwei Tage Arbeit bedeutete: Zucker schlagen, Weintrauben entkernen und Milch kochen waren nur wenige von Dutzenden Schritten, die erledigt werden mussten, bevor die Backzutaten auch nur in eine Schüssel gegeben werden konnten. In der Abschlussbemerkung des Artikels wurde die Leserschaft daran erinnert, wie dankbar sie für die moderne Küche von 1956 sein konnte: »Heute öffnet man eine Schachtel mit einer Backmischung, gibt eine Flüssigkeit hinzu, steckt den Mixer in die Steckdose, stellt den Ofen auf die richtige Temperatur und liest dann ein Buch.«[2]

Doch in dieser Zeit, als dieses ermutigende Versprechen von mehr Freizeit veröffentlicht wurde, stagnierten die Verkäufe von Backmischungen. Seit ihrer Einführung nach dem Zweiten Weltkrieg hatten die Hausfrauen sie nicht schnell genug aus den Regalen reißen können. 1947 wurden Backmischungen im Wert von rund 79 Millionen Dollar in Supermärkten überall in den USA verkauft.[3] 1953 hatte sich diese Zahl fast verdoppelt, auf über 150 Millionen Dollar. Backmischungen, so schien es, entwickelten sich zu einem festen Bestandteil amerikanischer Haushalte, jeder Vorratsschrank war gut gefüllt damit.

Bis plötzlich, nur wenige Jahre später, Mitte der 1950er-Jahre die Verkäufe scheinbar grundlos stagnierten. Die jungen Frauen, die nun zu Hause ihre Kinder großzogen und ihren erwerbsarbeitenden Ehemann verpflegen mussten, erschienen wie die perfekte Zielgruppe für diese Produkte, die man einfach nur zusammenrühren musste. Doch sie zeigten wenig Interesse.

Betty Crocker, ein Tochterunternehmen von General Mills und eine der größten Firmen auf dem Backmischungsmarkt, sorgte sich wegen des starken Rückgangs der Verkaufszahlen. In der Hoffnung, er könne herausfinden, weshalb die bequemen Abkürzungen zu perfekten Backwerken nicht bei den jungen Frauen ankamen, engagierte das Unternehmen den aus Wien stammenden Psychologen Ernest Dichter. Dichter, ein Schüler von Sigmund Freud, kam von seinem eigenen Konsumforschungsinstitut, dem Institute for Motivational Research. Er nutzte bei Freud gelernte psychoanalytische Techniken, um die unbewussten Gedanken und unterschwelligen Sehnsüchte von Konsument*innen zu erforschen. Dieser neue Ansatz der Marktanalyse arbeitete mit »Fokusgruppen«, ein von Dichter selbst geprägter Begriff.[4]

Dichter entdeckte in seinen Betty-Crocker-Fokusgruppen mit jungen Frauen, dass die Backmischungen zu einfach waren. Da sie so wenig Mühe bereiteten, hatten die Frauen nicht das Gefühl, beim Backen mit ganzem Herzen dabei zu sein. »Ja, ich verwende Backmischungen«, sagte eine Frau etwas verlegen zu Dichter. »Das erspart mir eine Menge Arbeit. Aber eigentlich sollte ich es nicht tun.« In einer anderen Fokusgruppe registrierten Dichters Kolleg*innen eine Freud'sche Fehlleistung, als eine Teilnehmerin ihre Kochgewohnheiten beschrieb: »Besonders wenn ich in Eile bin, mag ich zeitaufwendige Lebensmittel.« Ihr Versprecher verriet eine Menge. Als sie das Wort *zeitaufwendig* hörten, gestanden immer mehr Frauen in der Gruppe, sie hätten Schuldgefühle, weil sie versuchten, mithilfe der Backmischungen Zeit zu sparen.[5] Zeit in der Küche – genauer, Zeit, die damit verbracht wurde, einen Kuchen zu backen – war für junge

Frauen Mitte des 20. Jahrhunderts in Amerika eine Art, ihre Liebe zu zeigen. Bei einer Gallup-Meinungsumfrage kam die Torte als Zweites hinter dem Apfelkuchen als »wahrer Test der Fähigkeiten einer Frau in der Küche«.[6]

Nach Wochen, in denen er die Träume und Wünsche dieser Frauen analysiert hatte, empfahl Dichter dem Management von Betty Crocker: Gebt den Hausfrauen mehr zu tun. Ohne mehr Mühe, sagte er, werden sie sich nie genügend mit dem Produkt identifizieren, das aus dem Ofen kommt. Basierend auf Dichters Rat änderte Betty Crocker alle Backmischungen dahingehend, dass kein Eipulver mehr enthalten war. Nun mussten die Bäckerinnen nicht nur Flüssigkeit hinzugeben, sondern auch ein Ei in die Schüssel schlagen, bevor sie die Mischung mit dem Mixer verrührten. Konsumexpert*innen führen dies als den Moment an, in dem die Betty-Crocker-Backmischungen erfolgreich wurden – einen Wendepunkt in der Geschichte von Fertiglebensmitteln. Das kleine bisschen zusätzlicher Anstrengung, nur ein weiterer Schritt, führte zu mehr innerer Verbundenheit mit dem Kuchenbacken.

Die Wirklichkeit ist nicht ganz so einfach. Betty Crocker mit seinen Fügen-Sie-nur-ein-Ei-hinzu-Backmischungen und Pillsbury mit den Komplettmischungen teilten sich in den verbleibenden 1950er- und den 1960er-Jahren den Großteil des Marktes für Fertigkuchen untereinander auf. Doch selbst wenn die Innovation mit dem zusätzlichen Ei nicht die eine rettende Zutat war oder nicht von allen Konsumentinnen geschätzt wurde, verwies Dichters Forschung auf eine sich durchziehende Wahrheit über die Erfahrung von Hausfrauen in der Küche: Er hatte verstanden, dass diese Frauen etwas von sich selbst in ihr Werk geben wollten. Der zusätzliche Aufwand, nur ein einziges Ei zu zerschlagen, verwandelte die Zubereitung von Fertignahrung in ein Werk der Liebe.

Diese Idee war so unwiderstehlich, dass wir Studien durchführten, um sie zu belegen. Meine Kollegin Ximena Garcia-Rada fiel extremer Onlinehass gegen Eltern von Neugeborenen auf, die SNOO verwendeten – eine Wiege, die das Baby schaukelt, sodass man es nicht selbst tun muss. Jemand schrieb: »Wer das braucht, sollte keine Kinder bekommen.« Jemand anderes: »Hört auf, schlechte Eltern zu sein, und fangt an, euch um eure Kinder zu kümmern.« In einer Reihe von Studien haben wir gezeigt, dass nicht nur die Menschen, die diese wütenden Kommentare geschrieben haben, ein schlechtes Gefühl in Bezug auf Produkte hatten, die dafür gemacht sind, das Leben von Eltern zu erleichtern. Diese hatten selbst den Eindruck, sie würden nicht genug Liebe zeigen, wenn sie es sich leicht machten. Aus unserer Sicht war die einzige Möglichkeit, die Bereitschaft der Eltern zu erhöhen, sich ein wenig unterstützen zu lassen, von dem Slogan »With SNOO, get ZZZs with ease« (SNOO macht das Einschlafen leicht) zu einem zu wechseln, der das Engagement der Eltern mit anerkennt: »You give the XOXOs, SNOO gives the ZZZs.« (Sie geben Ihrem Baby Liebe, wir schaukeln es.)[7]

Der IKEA-Effekt – Selbermachen erhöht den Wert

Die Geschichten von Betty Crocker und SNOO zeigen, dass Menschen eine gewisse Anstrengung der Bequemlichkeit vorziehen. Ich wollte herausfinden, ob das Bedürfnis, sich zu bemühen, dumm war oder auch manchmal klug sein konnte. Opfern wir möglicherweise etwas anderes, selbst wenn wir ein wenig Zeit sparen? Meine Kolleg*innen und ich machten uns daran, mit dem unpersönlichsten, am wenigsten liebenswerten Allerweltsprodukt, das man sich vorstellen kann, zu experimentieren: einer einfachen schwarzen IKEA-Kiste, die ursprünglich dazu gedacht war, CDs zu lagern (die zum Zeitpunkt der Studie bereits nicht mehr genutzt wurden).

Wir bildeten zwei Gruppen mit insgesamt zweiundfünfzig Teilnehmenden für unser Experiment an der Southeastern University, die pro Person fünf Dollar Aufwandsentschädigung bekamen. In der ersten Gruppe sollten sie sich eine bereits aufgebaute Kiste anschauen. In der zweiten bekamen sie eine noch nicht zusammengebaute Kiste plus Anleitung und sollten sich selbst ans Werk machen.

Nachdem die Kisten betrachtet beziehungsweise zusammengebaut worden waren, baten wir beide Gruppen zu sagen, wie viel sie für ihre – identischen – Behältnisse bezahlen würden. Diejenigen, die bloß die fertige Kiste inspiziert hatten, waren bereit, 48 Cent dafür zu bezahlen. Die anderen, die dieselbe Kiste selbst zusammengesteckt hatten, waren dagegen bereit, 78 Cent dafür auf den Tisch zu legen – 63 Prozent mehr.[8] In weiteren Studien, bei denen nicht nur IKEA-Kisten, sondern auch selbst gebastelte Origamifrösche und -kraniche sowie Lego-Sets involviert waren, stellten wir fest, dass die Teilnehmenden regelmäßig den Dingen einen höheren Wert beimaßen, an deren Herstellung sie beteiligt gewesen waren.

Der IKEA-Effekt erklärt, weshalb ich nach wie vor meine selbst gemachte Skulptur wertschätze und weshalb sich so viele von uns nicht von dem angeschlagenen Becher trennen können, den wir irgendwann einmal in einem Töpferkurs angefertigt haben. Diese Dinge gehören uns nicht nur, sie gehören *zu* uns in dem Sinne, dass wir etwas von uns in ihre Herstellung gesteckt haben. Dadurch identifizieren wir uns mit ihnen und messen ihnen einen entsprechend höheren Wert bei.

Über ein Jahrzehnt nach den Studien, in denen der IKEA-Effekt festgestellt wurde, ist er ein etabliertes psychologisches

Phänomen. Er hat sogar seinen Weg in die Popkultur gefunden. Ich war überrascht zu hören, dass der IKEA-Effekt in der TV-Gameshow *Jeopardy!* als Antwort auf den Final-Jeopardy-Hinweis Nummer 205 641 vorkam: »Der ›Effekt‹, der nach einem 1943 gegründeten Unternehmen benannt ist, beschreibt den erhöhten Wert eines Produkts für einen Konsumenten, dessen Arbeit zu seiner Entstehung beigetragen hat.«[9]

Ein entwicklungspsychologisches Team hat sogar eine Folgestudie entwickelt, um zu überprüfen, ob Kinder den IKEA-Effekt ab einem bestimmten Alter zeigen. Vierundsechzig Kinder zwischen drei und sechs bekamen zwei verschiedene Spielzeugmonster, beide aus Schaumstoff, mit denen sie spielen konnten. Die Kinder halfen das erste Spielzeugmonster zusammenzubasteln, während sie das zweite nur kurz in der Hand hielten. Würden die Kinder den IKEA-Effekt zeigen? Die Forschenden stellten fest, dass die Fünf- und Sechsjährigen ihre selbst gefertigten Spielzeuge höher bewerteten, die Drei- und Vierjährigen hingegen nicht.[10] Diese Ergebnisse deuten darauf hin, dass bei etwas älteren Kindern den IKEA-Effekt auftritt, weil sie bereits einen stärker zusammenhängenden Identitätssinn entwickelt haben: Der Wert ihrer eigenen kleinen Schaumstoffmonster war höher, weil er mit ihrer Identität verknüpft wurde.

Die Macht des Selbermachens

Als wir begannen, Menschen zu den Ritualen in ihrem Leben zu befragen, beobachteten wir, dass ihnen DIY-Rituale oft besonders wichtig waren. Sie zeigten dasselbe psychologische Phänomen, das wir als IKEA-Effekt nachgewiesen hatten. Überlieferte Rituale sind vollständig – ähnlich wie die bereits zusammengebauten IKEA-Kisten. Wir waren nicht an ihrer Entstehung beteiligt, sie wurden sozusagen von anderen zusammengebastelt. Unsere idiosynkratischen persönlichen Rituale dagegen? Sie sind maßgeschneidert. Wir machen sie selbst – nicht immer von Grund auf, sondern aus dem, was uns zur Verfügung steht. Wie dieses Paar, das ein privates bedeutungsvolles Ritual mithilfe saisonaler Bierbrausets erschuf:

Jedes Mal zu Beginn eines neuen Jahresabschnitts brauen mein Mann und ich unser eigenes Bier. Wir wählen das Bier aus einem Set und gehen dabei danach, was uns am besten für die jeweilige Saison geeignet scheint (leichtere Biere für den Sommer, um Weihnachten vielleicht ein kräftigeres Dunkelbier). Dadurch freuen wir uns auf die vor uns liegende Saison oder Ferienzeit, und wir haben etwas zu trinken, während wir sie genießen. Wir haben außerdem die Aufgaben beim Brauen verteilt, wir übernehmen also jedes Mal jeweils einen bestimmten Teil des Verfahrens.

Ob ein Kuchen, eine völlig bedeutungslose CD-Kiste oder selbst gebrautes Bier – mehr Mühe bedeutet mehr Wertschätzung. Mit der Zeit haben wir alle unsere eigenen Wege entwickelt, auch die gewöhnlichsten Augenblicke im Leben zu begehen – und diese Akte der Besitznahme bilden unsere rituelle Handschrift. Sie sind eine der Methoden, wie wir etwas von uns in die Welt um uns herum einbringen und auf diese Weise unsere Erfahrung bereichern und vertiefen.

Hier einige weitere Beispiele, die ich im Laufe der Jahre erzählt bekommen habe:

Es begann, als wir frisch verheiratet waren. Wir beendeten eine Mahlzeit im Winter, indem wir uns einen der letzten Fuji-Äpfel aus der Obstschale teilten. Wir beschlossen unser improvisiertes Dessert mit einem Stück dunkler Schokolade zu ergänzen, das noch im Kühlschrank war. Das Süße und das Bittere, das Dunkle und das Helle. Sie fand das poetisch, und wir lachten darüber. Am nächsten Abend taten wir es wieder – warum auch nicht? Und dann planten wir es ein: Wir sorgten dafür, dass die Äpfel auf unserer Einkaufsliste standen – immer Fuji – und das gleiche Stück Schokolade in der gleichen Goldfolie. Über viele Abende, Monate und schließlich Jahre wurde dieser kleine Akt des Apfel-mit-Schokolade-Essens zu unserem Wir. Es ist einfach das, was wir tun.

Als New York im März 2020 in den Lockdown ging, taten wir Freiwilligen uns zusammen und beschlossen, die Tafel geöffnet zu lassen und während der gesamten Coronapandemie weiter Lebensmittel auszugeben. Wir hatten Angst – in diesen ersten Monaten im Frühjahr 2020 war noch so wenig über das Virus bekannt –, aber die Alternative war schlimmer. Was würde mit all den Gästen passieren, die von uns abhängig waren? Als wir in der dritten Märzwoche zusammenkamen und uns darauf vorbereiteten, die Türen für die hungrigen Menschen draußen zu öffnen, fingen die meisten von uns an zu weinen. Und damit begann es: Wir stellten uns im Kreis auf und umarmten uns. Ohne darüber zu sprechen, umarmten wir uns von da an jedes Mal, bevor wir die Lebensmittel austeilten. Heute, drei Jahre später, stellen wir uns nach wie vor alle im Kreis auf und umarmen uns, bevor wir die Türen für unsere Gäste aufmachen. Nun fühlt es sich an wie das Versprechen eines Neuanfangs, aber es geht auch um Schwere, um Verlust. Weil es eine Umarmung ist, steckt darin, wie verletzlich wir in unseren Körpern waren – und noch immer sind. Jeden Dienstag um 13:55 Uhr findet man uns da. Eine Umarmung, in der so viele Gefühle stecken, all das, was wir durchgemacht haben – nicht nur hier, sondern auf der ganzen Welt.

Die Berichte der Menschen, dass ihre neueren, selbst entwickelten Rituale genauso viel – und manchmal sogar mehr – bedeuten können wie die überlieferten mit Singen, Kerzen, Musik, Ehrfurcht gebietender Architektur, Buntglasfenstern und alten Texten, war eine Erkenntnis, die ganz neue Fragen aufwarf. Und sie eröffnete neue Wege, die Rolle von Ritualen in unserem Leben zu erforschen. Warum saisonale Bierbrausets? Äpfel und dunkle Schokolade? Eine gemeinschaftliche Umarmung jeden Dienstag um 13:55 Uhr? In dem Wissen, dass auch solche Rituale eine emotionale Wirkung haben, planten wir kontrollierte Experimente mit völlig neuen Ritualen, die keinerlei kulturelle oder religiöse Bedeutung hatten. Diese Methodik erlaubte es uns, Menschen ins Labor zu holen und sie zu bitten, eines unserer Rituale durchzuführen (oder nicht) und zu verstehen, ob Rituale tatsächlich unsere Erfahrungen und damit unser Leben beeinflussen.

3

Rituale, die dein Leben verändern

> Die Tanzenden wurden für verrückt gehalten von denen,
> die die Musik nicht hören konnten.
> - Friedrich Nietzsche

Rafael Nadal gilt als einer der talentiertesten Tennisspieler. Der siebenunddreißigjährige Spanier hat so lange auf dem Platz dominiert – während ich das schreibe, hält er den Rekord der längsten Siegesserie auf dem Sandplatz seit Beginn der Open Era –, dass viele Fans in ihm den besten Spieler aller Zeiten sehen.[1]

Nadal ist daneben für etwas anderes bekannt: seine auffällige, einzigartige rituelle Handschrift. Dabei ist das wohl berüchtigtste Element, wie er seine Unterhose hochzieht – das *GQ*-Magazin kürte ihn zum »berühmtesten Unterwäschezurechtzuppler der Weltgeschichte«.[2] Doch das ist nur ein Teil einer viel ausführlicheren Abfolge von Handlungen, darunter Zupfen am Shirt, an den Haaren und Sich-über-das-Gesicht-Fahren. In einem besonders fordernden Match wiederholte er sein rituelles Muster hundertsechsundvierzigmal. Vor dem Match nimmt er immer ein Energiegel zu sich. Er reißt es auf, faltet den Beutel und drückt ihn viermal nachdrücklich zusammen. Seine Handlungen scheinen nicht einfach nur ein Ziel zu verfolgen – »Ich muss dieses Gel vor dem Match zu mir nehmen!« –, sondern wirken beliebig. Warum viermal drücken? Warum nicht drei-

oder fünfmal? Warum nicht zuerst an den Haaren zupfen und dann am T-Shirt? Warum jedes Mal die Unterhose zurechtrucken?

Wie Nadal sagt, haben diese Handlungen eine positive psychologische Wirkung: »Ich muss das nicht machen, aber wenn ich es tue, führt es dazu, dass ich mich konzentriere.«[3] Manche diskutieren darüber, ob Nadals exzentrisches Verhalten abergläubisch oder zwanghaft ist – oder beides. Doch um zu erklären, wie und warum Nadal dazu gekommen ist, diese spezifischen Schritte zu vollführen, lohnt es sich, fünfundsiebzig Jahre zurückzublicken: auf eine Entdeckung des amerikanischen Psychologen B. F. Skinner – dem Theoretiker hinter der die Gewohnheitsbildung beschreibenden Abfolge »Stimulus, Reaktion, Belohnung« – in einem seiner weniger bekannten Experimente. Dafür hat Skinner Kisten mit Hebeln und Schaltern gebaut, die Futter freigeben, wenn sie von Tauben oder Ratten angepickt oder gezogen werden.

Mit den als Skinner-Box bekannt gewordenen Kisten schuf der Forscher eine Umgebung, die das Verhalten seiner Labortiere konditionierte, indem sie für jeden Schritt in Richtung eines erwünschten Ziels belohnt wurden. Er brachte seinen Tauben bei, Hebel zu drücken und an Schnüren zu ziehen, und verstärkte ihre Handlungen jedes Mal mit Futter. Nach und nach belohnte er sie auch dafür, sich im Kreis zu drehen, und schließlich dafür, erstaunliche Leistungen zu vollbringen wie Spiele – unter anderem Tischtennis – zu spielen. Skinner wurde zum geistigen Vater eines Lernansatzes, bei dem die Rolle der Verstärkung im Vordergrund steht: der sogenannten operanten Konditionierung.[4] Führt eine Handlung zu einem negativen Ergebnis, vollziehen wir sie seltener. Ist ihr Resultat positiv, führen wir sie häufiger aus. Pickt eine Taube an einem Hebel und setzt dadurch eine Menge Futter frei, wird das Verhalten der Taube verstärkt, und sie wird weiter an dem Hebel picken.

1948 tat Skinner jedoch plötzlich das Gegenteil. Er nahm eine Gruppe zuvor gut gefütterter Tauben und ließ sie eine Weile hungern, sodass sich ihre Körpermasse auf 75 Prozent ihres Normalgewichts reduzierte. Einige Minuten am Tag wurde jede Taube in eine Skinner-Box gesetzt, in der sich ein Futterautomat befand, der, egal was die Taube tat, in willkürlichen Intervallen Futter freigab. Handlungen wie das Picken auf Hebel, für das die Vögel sonst eine Belohnung in Form von Futter erhalten hätten, beeinflussten das Ergebnis nicht mehr. Man würde annehmen, dass die Tauben angesichts dieser völligen Abwesenheit einer Möglichkeit von Kontrolle aufgeben, abwarten und das ohne weitere Mühe erhaltene Futter genießen würden, wann immer es kam. Das war jedoch nicht der Fall. Die Tauben entwickelten idiosynkratische Techniken, mit denen sie versuchten, die Futterausgabe zu bewirken:

> Ein Vogel war darauf konditioniert, sich entgegen dem Uhrzeigersinn im Käfig zu drehen, und tat dies zwei- oder dreimal zwischen den Ausschüttungen. Ein anderer stieß wiederholt den Kopf gegen eine der oberen Käfigecken. Ein dritter entwickelte eine »Wurfreaktion«, als würde er den Kopf unter eine unsichtbare Stange platzieren und diese wiederholt in die Höhe heben. Zwei Vögel entwickelten eine Pendelbewegung von Kopf und Körper, bei der der Kopf nach vorn gestreckt und mit ruckartigen Bewegungen von links nach rechts geworfen wurde, um dann etwas langsamer in die Gegenrichtung bewegt zu werden.[5]

In der Regel verrichteten die Tauben ihre Handlungen unabhängig von der Futterausgabe. Das Futter kam automatisch aus dem Trichter. Gelegentlich und zufällig fielen die Bewegungen mit einer Futterportion zusammen. So konnte eine Ausgabe beispielsweise genau in dem Moment stattfinden, indem die Taube sich zum dritten Mal gegen den Uhrzeigersinn im Käfig drehte. Geschah dies, wiederholte die Taube die Handlung aufgrund der vorherigen positiven Verstärkung in der Annahme, so weitere Futtergaben auszulösen. »Das Experiment bewies also eine Art Aberglauben«, bemerkte Skinner. »Der Vogel verhält sich, als bestünde ein kausaler Zusammenhang zwischen seinem Verhalten und der Tatsache, dass er Futter erhielt, auch wenn dies nicht der Fall war.«[6] (In gewisser Weise schimpfte hier ein Esel einen anderen Langohr: Um seine Produktivität zu erhöhen, schlief Skinner in seinem Büro in einem leuchtend gelben Plastikbecken, schlief von zehn bis eins, stand dann auf, um eine Stunde zu arbeiten, und legte sich von 2 bis 5 Uhr erneut hin.)

Was beweist Skinners weniger bekannte Taubenstudie? Aus meiner Sicht ist er hier auf die Grundlagen von Ritualen und ihrer spontanen Entstehung gestoßen. Skinners Tauben steckten in einer verwirrenden, unsicheren Situation fest, die sie nicht kontrollieren konnten – also improvisierten sie, zeigten willkürliche Verhaltensweisen, wiederholten diese und verließen sich auf sie, als würden sie bewirken, dass es Futter gab. Sie entwickelten ihre eigenen rituellen Handschriften.

Rituale als Reaktion auf Unsicherheit und Stress

Tauben sind nicht die Einzigen, die Angst, Stress und Kontrollverlust mit ritualisiertem Verhalten begegnen. Seit Jahrzehnten hebt die sozialwissenschaftliche Forschung den Zusammenhang zwischen Unsicherheit und Formen magischen Denkens, wie es Rituale sind, hervor. In seinem Klassiker aus den 1950er-Jahren *Magic, Science and Religion and Other Essays* hat einer der berühmtesten Chronisten von Ritualen, der Anthropologe Bronislaw Malinowski, festgestellt, dass Menschen, die in unruhigen Gewässern unterwegs sind, mehr Rituale haben als solche in ruhigen: Bevor die Fischer des Trobriandervolkes zu einer riskanten Reise mit dem selbst gebauten Kanu über die wilde offene See rund um die Milne Bay Province aufbrechen, vollführen sie Kula, einen komplexen zeremoniellen Austausch von Muscheln und Perlen. Kula entstand als eines von vielen Ritualen, um den Gefahren der Reisen von Insel zu Insel zu begegnen.[7]

Das Verhältnis zwischen Unsicherheit und Risiko auf der einen und Ritualen auf der anderen Seite ist ausführlich dokumentiert. Beispielsweise entwickeln Gemeinschaften in Regionen mit unvorhersehbaren Dürren Rituale, um Regen herbeizurufen: einige Native Americans aus dem Südwesten der USA trugen bei ihren Regentänzen symbolische Materialien wie Ziegenhaar und Türkis.[8] In Thailand ist die Katzenparade eine alte Tradition, bei der eine einzelne graue oder schwarze weibliche Katze in einen Korb gesetzt und durch das Dorf getragen wird, sodass jeder Haushalt sie mit Wasser bespritzen kann.[9]

Im Baseball hängt der Großteil der Rituale mit dem Batting zusammen, wo die Erfolgsrate selbst bei Weltklassespielern bei niedrigen 30 Prozent liegt. Beim Fielden hingegen beträgt die Erfolgsrate etwa 98 Prozent, und Rituale sind wesentlich seltener.[10] Sportfans sorgen ebenfalls mit größerer Wahrscheinlichkeit dafür, dass sie ihre »Glücksbringer« – spezielle Hüte, Socken oder den berühmten Rally Monkey – in Stellung bringen, wenn die Gewinnchancen besonders schlecht stehen.[11] Ist man überzeugt, dass man selbst oder das eigene Team einen Homerun erzielen, einen Fisch fangen oder dass es bald regnen wird, setzt man nicht unbedingt auf Rituale, um dafür zu sorgen, dass es wirklich geschieht.

Bei den hungrigen Tauben entstanden die rituellen Charakteristika oder Handschriften, weil sie angesichts der Unsicherheit herauszufinden versuchten, was bewirkte, dass sie mehr Futter bekamen. Denken Sie zurück an einige der willkürlichen repetitiven Aktionen der Tauben: sich gegen den Uhrzeigersinn im Käfig drehen, mit dem Kopf in die obere Ecke stoßen, Pendelbewegungen. Auf den ersten Blick erscheint es schwer vorstellbar, dass Menschen (abgesehen von Rafael Nadal) solche vollkommen aus der Luft gegriffenen Verhaltensweisen zeigen könnten. Doch viele unserer ältesten Erbrituale bestehen genau darin. Stellen Sie sich Menschen vor, die sich mit zwei Fingern gegen die Stirn tippen, diese Finger zur Mitte der Brust bewegen, dann nach links und schließlich nach rechts. Warum tun sie das? Was bedeutet es? Für viele Menschen ist diese Abfolge genauso beliebig wie die Bewegungen von Skinners Tauben. Menschen bestimmter Glaubensrichtungen gelten diese schematischen Gesten jedoch als heilig; sie symbolisieren das Kreuzzeichen.

Die rituelle Perspektive[12]

Der Harvard-Psychologe Dan Wegner – der als einer der originellsten Köpfe in der psychologischen Forschung des späten 20. Jahrhunderts gilt – war fasziniert von »dem Verhältnis zwischen dem, was Menschen tun, und dem, von dem sie *glauben*, dass sie es tun.« Wegners Schlüsseleinsicht war, dass jede Handlung durch ihre mechanischen Einzelteile identifiziert werden kann, die tatsächlichen Bewegungen, oder durch die Erwartungen an sie auf einer höheren Ebene. Gehören Sie bestimmten christlichen Religionen an, ist das Kreuzzeichen ein Ausdruck Ihres Glaubens.[13] Sie machen das Zeichen – die Demonstration Ihres Glaubens –, indem Sie mit den Fingern an vier Stellen an Ihrem Körper tippen. Wegners Forschung zeigt: Wenn möglich bevorzugen wir die Identifizierung auf einer höheren Ebene. Fragen Sie jemanden, was er oder sie tut, ist die Antwort eher: »Ich mache das Kreuzzeichen« als »Ich tippe vier Mal mit den Fingern an meinen Körper«, auch wenn Letzteres technisch betrachtet ebenso wahr ist.

Diese Eigenart der menschlichen Psyche kann erklären, weshalb so viele Rituale solche scheinbar beliebigen Handlungen beinhalten. Warum hat Agatha Christie beispielsweise einen Apfel in der Badewanne gegessen, und wieso hat die thailändische Landbevölkerung eine graue oder schwarze weibliche Katze in einen Korb gesetzt? Es ist kein Zufall, dass die mechanischen Handlungen, die so vielen Ritualen zugrunde liegen, merkwürdig sind.

Im Großen und Ganzen unternehmen wir wenig Sinnloses – wir bewegen die Beine, um irgendwohin zu gehen oder winken mit der Hand zum Gruß. Wir schließen das Fenster, weil es zieht, und löschen das Licht, weil wir ins Bett gehen. Deshalb versuchen wir, wenn jemand etwas tut, was keinem offensichtlichen Zweck dient, einen Grund dafür zu finden. Geht jemand, den wir nicht kennen, mit gesenktem Kopf auf dem Bürgersteig im Kreis, nehmen wir an, er oder sie hat etwas – Schlüssel oder Geld – fallen gelassen und sucht es nun. Gestikulieren Menschen heftig und sprechen scheinbar ins Nichts, gehen wir davon aus, dass sie über Ohrhörer telefonieren. Beobachten Kinder, dass eine erwachsene Person ein Spielzeug aus einem Glas holt, nachdem sie vor dem Abschrauben des Deckels (sinnloserweise) mit einer Feder daran getippt hat, glauben sie, die Feder müsse wichtig sein. Sind sie an der Reihe, das Spielzeug aus dem Glas zu holen, ahmen sie das Antippen mit der Feder nach.[14]

Die Sozialwissenschaftler Rohan Kapitány und Mark Nielsen haben diese Neigung als rituelle Perspektive bezeichnet: Je zweckloser und unnötiger ein Verhalten erscheint, desto eher suchen wir nach Erklärungen. Finden wir keine einfache Begründung, nehmen wir an, es gebe eine komplexere – wir glauben, diese willkürlichen Handlungen müssten irgendeine tiefere Bedeutung haben. Die Handlungen haben ein Merkmal, das in der Wissenschaft als *kausale Unklarheit* bezeichnet wird. Und genau aus dem Grund, dass wir ihren Sinn nicht erkennen oder ihr Ergebnis vorhersagen können, ordnen wir sie als besonders ein.

Um sich vor Augen zu führen, was ich meine, stellen Sie sich vor, bei Ihrer Freundin Anna wäre der Strom ausgefallen und sie würde in ihrer dunklen Küche nach Kerzen kramen. Unter diesen Umständen ergibt Annas Verhalten eindeutig Sinn: Sie muss eine Lichtquelle finden, weil keine der Lampen funktioniert. Doch was, wenn Anna, obwohl die Lampen wieder brennen, auf der Suche nach Kerzen und Streichhölzern in ihrer Küche herumkramt? In diesem Fall sind die Kerzen als Lichtquelle nicht notwendig, also nehmen wir an, dass sie einen anderen, rituellen Zweck erfüllen – beispielsweise einen Geburtstagskuchen zu schmücken oder Seder vorzubereiten oder im Gedenken an eine nahestehende verstorbene Person entzündet werden sollen.

Selbst unsere zweckmäßigsten Handlungen – zum Beispiel das Dehnen vor einem Wettlauf – können ritualisiert werden. Routineakte werden rituell, wenn wir sie auf eine bestimmte Art und Weise tun müssen. *Wie* wir diese Dinge tun, ist wichtiger für uns als das reine Tun. Das kann bedeuten, sie zu einer bestimmten Zeit oder in einer bestimmten Reihenfolge zu absolvieren. Es kann auch bedeuten, dass Sie ein bestimmtes Kleidungsstück tragen müssen, während Sie sie ausführen, so wie die Richterin Ruth Bader Ginsburg mit ihren Häkelkragen.[15] Oder Sie müssen an einer ganz bestimmten Stelle sitzen wie meine Familie früher beim Abendessen oder sich in einer ganz bestimmten Richtung positionieren wie Charles Dickens beim Zubettgehen.[16] In all diesen Beispielen verwandeln die notwendigen Details – Handlungen, die objektiv nicht unmittelbar mit Ursache und Wirkung in Verbindung stehen – die gewöhnlichen Aktivitäten, die möglicherweise als rein funktionale begonnen haben, in etwas, was für uns eine große Bedeutung hat, etwas, was vielleicht sogar dem Gewöhnlichen eine außergewöhnliche Qualität verleiht.

Die rituelle Perspektive hilft auch zu verstehen, wie einst praktische Entscheidungen als Ritual weiterleben können, lange nachdem ihr ursprünglicher Hintergrund keine Rolle mehr spielt. Als arrangierte Ehen noch verbreiteter waren als heute, durften Braut und Bräutigam einander vor der Zeremonie nicht sehen. Damit sollte verhindert werden, dass dem Bräutigam das Aussehen der Braut nicht gefiel und er die Hochzeit abblies.[17] Heute sind sich die meisten Paare lange vor der Eheschließung begegnet. Dennoch führen viele von uns diese Praxis fort, wohnen rund um die Hochzeit getrennt, obwohl wir sonst bereits zusammen leben (und schlafen). Da der ursprüngliche Zweck nicht mehr existiert, geben wir der Praxis eine neue Bedeutung – vielleicht bringt es Unglück, wenn wir sie nicht befolgen, oder die Trennung lässt uns die gemeinsame Verbindung noch mehr wertschätzen. Je weniger zweckgebunden eine Handlung ist, umso eher sprechen wir ihr einen rituellen Sinn zu.

Rituale hängen von unserer Fähigkeit – und Bereitschaft – ab, den Sprung vom rein Mechanischen zum zutiefst Bedeutsamen zu wagen. Wenn wir dem Alltäglichen einen höheren Sinn geben, nehmen wir, was uns zur Verfügung steht – Hände, Kerzen, Schleier, Äpfel, Katzen, Körbe –, um Emotionen zu wecken.

Natürlich garantieren Batting-Rituale und Regentänze keinen Erfolg, ganz gleich, wie viel Mühe wir hineinstecken und wie groß unsere Erwartungen sind. Die Neigung zu magischem Denken, die sich darin ausdrückt, dass wir unsere Hoffnungen in Rituale setzen, bemerkte B. F. Skinner auch bei seinen berühmten Tauben:

> Der Vogel verhielt sich, als herrschte zwischen seinem Verhalten und der Herausgabe von Futter eine ursächliche Beziehung, auch wenn es keine gab ... Einige zufällige Verknüpfungen zwischen einem Ritual und angenehmen Konsequenzen genügen, um das Verhalten auszulösen und aufrechtzuerhalten, trotz vieler Fälle, in denen es nicht verstärkt wurde. Die Bowlerin, die den Ball bereits geworfen hat, sich aber weiterhin so benimmt, als würde sie ihn kontrollieren, indem sie den Arm verdreht und wendet, ist ein weiteres Beispiel. Diese Verhaltensweisen haben natürlich keine tatsächliche Wirkung auf das Glück oder den Ball, der bereits über die halbe Bahn gerollt ist, genau wie im vorliegenden Fall das Futter genauso häufig erschien, wenn die Taube nichts – oder genauer gesagt etwas anderes tat.[18]

Genau wie Tauben können Menschen jede Art von Ritual vollziehen, doch sich gegen den Uhrzeigersinn zu drehen oder eine Katze in der richtigen Farbe auszuwählen, führt weder dazu, dass Futter erscheint noch dass es regnet. Warum also tun wir – wir alle, auf unsere jeweils eigenen Weisen – es dennoch? Wenn wir nicht in der Lage sind, magisch auf dem Schlagplatz einen großartigen Homerun herbeizuführen oder einen Treffer beim Bowlen, warum unternehmen wir trotzdem oft so große, ausgefeilte Anstrengungen?

Skinner liefert einen Teil der Antwort: Zumindest gelegentlich folgt dem Ritual das Ergebnis, das wir uns wünschen; unser Verhalten wird also verstärkt – gelegentlich schießt das Futter in den Trichter, gelegentlich kehren die Kanus nach einem Sturm wohlbehalten zurück an Land, und gelegentlich erleben die treuen Fans einen großen Sieg, wenn sie im Stadion ihren Glückspullover tragen. Doch das geschieht nur ab und zu. Warum entstehen also ständig Rituale und werden wiederholt, auch wenn sie häufig nicht das gewünschte Ergebnis bringen?

Verändert es uns, ein Ritual durchzuführen?

Es wäre absurd zu glauben, das richtige Ritual könne mich darauf vorbereiten, mit Keith Richards auf der Bühne zu stehen, oder ein gut ausgeführter Regentanz würde irgendwie Wolken herbeiführen, oder? Skinner jedenfalls war dieser Meinung, als er die Bemühungen seiner Tauben so zusammenfasste: »Dieses Verhalten hat jedoch natürlich keine tatsächliche Wirkung.«

Wir können uns darauf einigen, dass Regenrituale nicht wirklich dafür sorgen, dass es regnet. Aber Dürre, genau wie viele andere Formen der Knappheit (Lebensmittel, Geld, Unterkunft, Respekt), provoziert soziale Spannungen – Angst, Wut, Frustration, Gier –, weil so wenig Wasser übrig ist, dass wir es uns nicht leisten können, dieses zu teilen. Regenrituale bringen vielleicht keinen Regen, aber sie bringen eine größere Gruppe zusammen und dienen als Affirmation. Sie erinnern uns daran, dass wir dieselbe Erfahrung schon einmal gemacht haben. Die Wirkung von Regenritualen ist psychologisch und sozial. Indem in Ritualen zeitlich abgestimmte, strukturierte Verhaltensmuster ausgeübt werden, verbinden diese die Menschen, die das tun, miteinander. Dabei evozieren sie gleichzeitig eine gemeinsame Vergangenheit und geteilte Zukunftshoffnungen.

Selbst wenn Rituale nicht immer etwas in der äußeren Welt bewirken, tun sie das doch in der inneren. Und diesem Aspekt der rituellen Wirkung wenden wir uns im Folgenden zu.

II.

Rituale für uns selbst

4

Für eine gute Performance

Weshalb es nichts bringt, »Ganz ruhig!« zu sagen, bevor du ins Scheinwerferlicht trittst

See the man with the stage fright
Just standin' up there to give it all his might.
- The Band[1]

Fünf Minuten vor dem Auftritt. Sie sind backstage, das Licht ist gedimmt. Bald wird der Vorhang aufgehen, und Sie werden im Scheinwerferlicht stehen. Sie hören das Gemurmel der Menge anschwellen und verebben wie die Meeresdünung. Der Saal ist voll besetzt und das Publikum bereit, Sie zu bejubeln – oder auszubuhen. Die Leute sind heute Abend gekommen, um Sie zu sehen, nur Sie. In der Mitte der Bühne steht ein einsamer, makellos glänzender Flügel. In vier Minuten werden Sie hinausgehen, und die Menge wird wild applaudieren und dann mucksmäuschenstill werden. Sie werden auf dem Klavierhocker sitzen und die Hände auf die Tasten legen. Das Publikum ist gekommen, um Sie drei Sonaten auf dem höchsten menschenmöglichen Niveau spielen zu hören. Sie wollen hören, wie Sie das Beste aus sich herausholen, und das müssen Sie bei diesem Musikstück auch. Noch drei Minuten. Sie spüren kalten Schweiß auf Ihrem Rücken. Sie haben dafür geprobt, aber normalerweise allein, in Ihrer vertrauten Umgebung, in Ihrem eigenen Tempo.

Nun fragen Sie sich: »Habe ich genug geübt?« Noch zwei Minuten. Das Licht im Saal geht aus. Sie meinen die Menschen im Publikum auf Ihren Sitzen nach vorn rutschen zu hören. Eine Minute, bis sich der Vorhang öffnet und Sie einem endlosen Meer an Gesichtern gegenüberstehen. Sechzig Sekunden, in denen Sie Ihr wildes Herzklopfen beruhigen und die aufsteigende Panik in den Griff bekommen müssen.

Wie, zum Teufel, sollen Sie da gelassen bleiben?

Für Swjatoslaw Richter, der als einer der herausragenden Pianisten der Welt gilt, war die Antwort einfach: Denk an deinen Hummer. Vor jedem Konzert legte der Virtuose einen pinken Plastikhummer in eine mit Satin ausgekleidete Kiste, trug sie bis zu dem Moment, in dem er die Bühne betrat, mit sich herum und stellte sicher, dass der Hummer nah genug war, um Einfluss auf sein Klavierspiel zu haben. »Sollte er den Hummer mit auf die Bühne bringen?«, schrieb Errol Morris in seinem Richter-Porträt. »Vielleicht nicht. Die Leute könnten Fragen stellen. Doch eines weiß er sicher: Ohne den Hummer kann er nicht spielen.«[2] Trotz seiner gewaltigen Begabung glaubte Richter, ohne seinen pinken Plastikhummer sei er nichts. Bei keinem Auftritt wich er von seinem Ritual ab. Sein magischer Hummer war genauso wichtig wie sein fein gestimmter Flügel.

Was wir von den Ritualen der High Performer lernen können

Rituale vor Performances gehören zu den bekanntesten und schillerndsten Beispielen ritualisierten Verhaltens. Viele Stars auf dem Höhepunkt ihres Könnens verlassen sich darauf. Tennischampion Serena Williams lässt den Ball fünfmal vor dem ersten und zweimal vor dem zweiten Aufschlag aufprallen.[3] Der portugiesische Fußballer Cristiano Ronaldo betritt den Rasen immer mit dem rechten Fuß zuerst.[4] Und erinnern Sie sich an den Baseballspieler Nomar Garciaparra? Er trat in die Box und wieder heraus. Er zurrte seine Schlaghandschuhe fest, rückte das Schweißband an seinem linken Unterarm zurecht und zog die Handschuhe noch etwas fester. Nun berührte er beide Handschuhe, dann das Schweißband, den rechten Oberschenkel, die linke Schulter, den Helm, den Gürtel und wieder den Helm. Er betrat die Box erneut und tippte mit den Zehen auf den Boden.[5]

Erstaunlicherweise ist Nomah (wie ihn seine Fans nennen) keine Ausnahme. In einer Studie über Baseballspieler klassifizierten und zählten die Wissenschaftler*innen die Bewegungen jedes Spielers pro Schlag in jeder der dreiunddreißig Kategorien. Dazu gehörte beispielsweise das Berühren des Körpers oder der Kleidung, das Festerzurren der Schlaghandschuhe und das Tippen mit dem Schläger auf die Home Plate. Die Anzahl der Gesten reichte von einundfünfzig bis hundertneun, wobei der erstaunliche Durchschnitt bei dreiundachtzig lag.[6] Die Spieler wussten, dass sie Gesten machten, aber sie unterschätzten deren Anzahl um das Vierfache und waren überrascht, wenn sie auf Videoaufnahmen von sich selbst sahen, wie viele sie ausführten, die ihnen nicht bewusst waren. Sie hörten jedoch nicht damit auf. Diese Verhaltensweisen zu sehen, führte im Gegenteil dazu, dass ihnen klar wurde, wie sehr sie sich auf sie verließen, wenn sie »sich eingroovten«.

Die Bandbreite seltsamer Performancerituale ist in anderen Bereichen nicht weniger vielfältig, schillernd und kreativ. Die Ballerina Suzanne Farrell befestigte eine kleine Spielzeugmaus in ihrem Trikot, bekreuzigte sich dann und zwickte sich zweimal, bevor sie die Bühne betrat.[7] Ihr Auftritte nach diesem Ritual waren so beeindruckend, dass sie später die Presidential Medal of Freedom für ihren Beitrag zu den schönen Künsten erhielt. Die Schriftstellerin Joan Didion, Finalistin beim Pulitzer-Preis mit ihrem Buch *Das Jahr magischen Denkens*, legte ihre Entwürfe, wenn sie nicht weiterkam, in einer Tüte ins Gefrierfach.[8] Die Computerpionierin (und Flottillenadmiralin der US-Navy) Grace Hopper ging die Erschaffung ihrer innovativen Programmiersprache, die später COBOL genannt wurde, mit unbestechlicher Logik an. Doch als der erste Test bevorstand, holten sie und ihr Team einen Gebetsteppich hervor, richteten ihn gen Osten aus und beteten, dass der Code tatsächlich funktioniere. Was als ironisch-abergläubische Aktion begonnen hatte, entwickelte sich zu einem unerlässlichen Ritual – einem magischen Moment, der in auffälligem Gegensatz zu den strikten Gesetzen der reinen Mathematik stand.[9]

Doch wozu das ganze Theater, besonders bei denen, die bereits auf dem Höhepunkt ihres Schaffens sind? Errol Morris beschreibt es perfekt in seinem Richter-Porträt: »In der Lage zu sein, etwas zu tun, bedeutet, zu denken, zu glauben, dass man dazu in der Lage ist. Es reicht nicht aus, die Fähigkeit zu besitzen, Klavier zu spielen. Etwas *darüber Hinausgehendes* ist nötig.«[10] Die Fähigkeit ist die Grundvoraussetzung. Ihre Anwendung – am richtigen Ort zur richtigen Zeit auf die richtige Art und Weise – ist eine andere Frage.

Rituale helfen uns, das zusätzliche Etwas zu finden, das wir suchen

Die Macht von Performanceritualen ist, dass sie uns das flüchtige *zusätzliche Etwas* geben, damit wir unsere Nervosität überwinden und unsere persönliche Spitzenleistung erbringen können. Nicht nur die Weltbesten brauchen das. Wir kennen ihre Bedürfnisse und Rituale, weil sie berühmt sind. Doch auch wir

Normalsterblichen nutzen Performancerituale, um in zahllosen Bereichen des täglichen Lebens ruhig zu bleiben und uns bereit zu machen: etwa wenn wir eine Konferenz leiten, in einem Vorstellungsgespräch glänzen wollen, unsere Argumentation im Stadtrat präsentieren oder in anderer Form ins Rampenlicht treten. In meinen Kursen frage ich die enorm leistungsstarken Harvard-Studierenden, ob sie vor Klausuren, Sportveranstaltungen oder anderen stressigen Anlässen irgendwelche Rituale durchführen. Anfangs erzählen sie nur zögerlich davon, doch sobald einer oder eine beginnt – »Ich benutze immer dieselbe Zahncreme, trinke dieselbe Teesorte und sorge dafür, dass ich drei Bleistifte dabeihabe« –, öffnen sich die Schleusen. Alle Studierenden im Kurs scheinen ein Ritual zu haben – und jedes dieser Rituale ist anders.

Es sind auch nicht nur die Augenblicke, in denen wir viel zu verlieren haben und unter Druck stehen, die Rituale hervorbringen. Häufig ist der Auslöser banal. Einige von uns finden die Aussicht, Small Talk führen zu müssen – bei einer Cocktailparty, im Zug oder in einer Arztpraxis –, genauso herausfordernd wie ein Solo in der Carnegie Hall. Für andere genügt die Vorstellung, vor ein paar Kolleg*innen zu stehen und etwas präsentieren zu müssen, um ihnen den Schweiß auf die Stirn zu treiben. In einer Studie wurden die Teilnehmenden gebeten, eine öffentliche Rede zu halten. Dabei wurden ihre Bewegungen aufgezeichnet, um zu zeigen, wie der damit verbundene Stress ritualisierte Verhaltensweisen hervorrief. Während der Puls der Leute in die Höhe ging, bewegten sie die Hände spontan in eindeutigeren, sich wiederholenden Mustern.[11]

Durch diese Forschung wurde mir klar, dass ich bereits seit Jahren meine eigenen Performancerituale ausübte – ein weiterer Grund für mich, meine Skepsis gegenüber Ritualen aufzugeben. Eine halbe Stunde bevor ich unterrichte, spaziere ich in meinem

Büro auf und ab und gehe das geplante Skript im Kopf durch, nehme dann meine Unterrichtsplanung, die auf gelbem Papier gedruckt ist (immer), und lege sie in die schwarze Ledermappe, die mein Vater mir vor fünfundzwanzig Jahren gegeben hat – die Mappe, die ich zu jeder einzelnen Stunde mitgenommen habe, die ich jemals an der Harvard Business School gelehrt habe.

Außerordentliche und gewöhnliche Menschen auf der ganzen Welt schwören auf diese extrem persönlichen Performancerituale. Sie geben freimütig zu, dass sie ohne ihre idiosynkratischen Riten verloren wären – auch wenn die meisten gleichzeitig wissen, dass diese albern wirken und ihnen keine auch nur im entferntesten logische Erklärung dafür einfällt, warum sie glauben, dass genau diese Handlungen funktionieren. Was ist da also los? Haben sie recht? Helfen diese verschiedenen merkwürdigen Verhaltensweisen irgendjemandem – den Superstars und uns übrigen – vor einem wichtigen Ereignis? Oder beeinträchtigen manche unsere Leistung vielleicht sogar, statt sie zu verbessern?

Cool, gelassen und gefasst

Einer der Hauptgründe, warum Rituale nicht nur in besonderen Situationen wie am Spieltag, sondern auch als Reaktion auf Alltagsstress auftreten, ist, dass viele unserer anderen bewährten Strategien, ruhig zu bleiben und unsere Leistung zu verbessern, nicht wirken. Oder, schlimmer, dass sie das Gegenteil bewirken. Haben Sie je versucht sich zu sagen, dass Sie ruhig bleiben sollen – vielleicht während Sie sich in einem bereits halb panischen Zustand im Spiegel angestarrt haben? Oder haben Sie mal die Auswirkungen zu spüren bekommen, wenn Sie Ihre bessere Hälfte aufgefordert haben, sich zu beruhigen?

Was ist dabei herausgekommen?

Man könnte meinen, die direkte Erinnerung, ruhig zu bleiben, würde funktionieren oder zumindest irgendeine positive Wirkung zeigen. Wir sind umgeben von Motivationsmantras und Plattitüden, die dafür sorgen sollen, dass wir ruhig bleiben. Das vielleicht berühmteste Beispiel stammt aus Großbritannien im Zweiten Weltkrieg: »Keep calm and carry on« (Ruhe bewahren und weitermachen). Die britische Regierung begriff jedoch anscheinend, dass der Slogan den bereits verängstigten Bürger*innen während des Blitzkriegs herablassend oder zumindest nutzlos vorkommen könnte, und ließ zweieinhalb Millionen Poster mit dem Spruch einstampfen. (Sein weltweites Nachleben als Meme begann erst im Jahr 2000, als in einem Antiquariat das Original eines dieser Poster gefunden wurde, das die Menschen im 21. Jahrhundert als leicht ironische Erinnerung an eine stoische Vergangenheit ansprach.)[12] Die Entscheidung der Briten, den Slogan nicht zu verwenden, wird von einer Welle jüngster Forschung unterstützt. Neben seiner faszinierenden Arbeit dazu, wie wir unsere Handlungen klassifizieren, forschte der Psychologe Dan Wegner auch zu unserer Unfähigkeit, unsere Gedanken zu kontrollieren. Wegner forderte Menschen auf, *nicht* an einen weißen Bären zu denken. Eine scheinbar einfache Aufgabe; versuchen wir es jedoch, kann unser Geist nicht anders, als einen weißen Bären nach dem anderen zu sehen.[13] Wenn wir keine beliebig geweckten Gedanken an weiße Bären unterdrücken können, wie sollten wir dann Lampenfieber kontrollieren können? Nervosität gilt sowohl als Zustand als auch als Wesenszug:[14] Der Gedanke, vor Publikum zu stehen, kann uns nervös machen, aber wir können auch allgemein ein nervöser Mensch sein. In keinem Fall ist der Rat, ruhig zu bleiben, hilfreich.

Wenn wir uns sagen, dass wir uns beruhigen sollen, versuchen wir nicht nur unsere Gedanken zu unterdrücken. Wir versuchen auch, *Arousal* zu unterdrücken. Mit diesem Begriff wird in der Wissenschaft sowohl ein psychologischer als auch ein physiologischer Zustand gesteigerter Energie und Anspannung bezeichnet. Dazu gehört die Aktivierung des limbischen Systems und des sympathischen Nervensystems. Stellen Sie sich vor, Sie würden sich sagen, sie sollten sich »einfach beruhigen« – weißer Bär, weißer Bär, weißer Bär –, während gleichzeitig ein Arousal-Cocktail voller Stressenergie in Ihnen ausgeschüttet wird. Studien meiner Harvard-Business-School-Kollegin Alison Wood Brooks zeigen, dass uns zu sagen, wir sollten uns beruhigen, nicht funktioniert und uns im Gegenteil sogar noch mehr stressen kann: »Ich bin dann nicht nur nervös wegen des bevorstehenden Ereignisses, sondern auch weil es mir nicht gelingt, mich zu beruhigen ... Und dann bin ich nervös, weil ich deswegen nervös bin.«[15] Sie können sich vorstellen, wie gut diese negative Feedbackschleife wirkt.

Einige Menschen, die öffentliche Auftritte absolvieren, glauben, es sei eine Frage des Timings. Sie müssten bloß abwarten, bis sie in den richtigen Zustand (»*in the zone*«) gerieten, um optimal abzuliefern. Es gibt jedoch wenig Hinweise darauf, dass diese Strategie wirkt. In einer Studie wurde festgestellt, dass Menschen, die nur dann Dart spielen sollten, wenn sie »gut drauf« waren, nicht besser trafen als diejenigen, die Pfeile zu beliebigen Zeitpunkten werfen sollten.[16] Selbst Vorbereitungsstrategien, die logisch mit der Aufgabe verknüpft sind, helfen oft nicht. Trägt das Dehnen vor einer sportlichen Leistung genauso zum Aufwärmen wie zur Beruhigung bei? Die Forschungslage ist ziemlich gemischt.[17] Medikamente, die gegen Angstzustände helfen sollen, sind häufig effektiv, können aber Nebenwirkungen haben und beispielsweise die Geschwindigkeit, mit der wir Dinge verarbeiten, reduzieren – nicht besonders hilfreich, wenn wir in der Lage sein müssen, schnell zu denken und zu reagieren.[18]

Wir alle wissen, dass Nervosität vor einem öffentlichen Auftritt nicht unbedingt schlecht sein muss. Das Yerkes-Dodson-Gesetz ist ein Konzept, das uns hilft, den Zusammenhang zwischen Arousal und Leistung zu verstehen.[19] Es besagt, dass eine gesunde Dosis von Anspannung und Stress unsere Leistung bei einem wichtigen Vorstellungsgespräch, einer Prüfung oder einem sportlichen Wettkampf verbessern kann. Sie kann uns veranlassen, mehr zu üben und uns besser vorzubereiten, sodass wir tatsächlich unser Bestes geben, wenn es so weit ist, weil der Energierausch unsere Motivation und unser Durchhaltevermögen fördert. Doch es gibt einen Punkt, an dem es kippt. Wird das Lampenfieber – die Aktivierung – zu stark, macht es uns einen Strich durch die Rechnung und untergräbt und behindert unsere Fähigkeit, unser gesamtes Potenzial abzurufen.

Meine Kollegin Alison Wood Brooks ist nicht nur ebenfalls Forscherin in Harvard, sie ist auch eine gute Freundin. Gemeinsam mit einem dritten HBS-Kollegen, Ryan Buell, bilden wir die fantasievoll benannte Harvard Faculty Band (mittlerweile sind wir die Lights). Öffentlich mit einer Band aufzutreten, beschert uns Dreien die unmittelbare Erfahrung von Lampenfieber. Alison ist die am wenigsten nervöse Musikerin, mit der ich je aufgetreten bin: Sie verkörpert ihre Forschung, indem sie sich das Kribbeln im Bauch und das Lampenfieber als Vorfreude verkauft. Ryans Nervosität auf der Bühne macht sich in Form von Sprücheklopferei bemerkbar. Bei mir zeigt sich das Lampenfieber, indem ich die Auftritte als lästig betrachte: »Warum müssen wir vor Leuten spielen, nur weil wir eine Band sind?« Zum Glück ertragen mich die anderen Bandmitglieder.

Nach vorn schauen und mit Niederlagen zurechtkommen

2001, nach einer harten Niederlage gegen den Ligarivalen Miami Dolphins, kamen die Footballspieler der New England Patriots zum Training und fanden dort ein riesiges Loch im Boden. Ihr Trainer Bill Belichick stand mit einer Schaufel und dem Ball aus dem verlorenen Spiel daneben. Er warf ihn in das Loch, schaufelte Erde darauf, wandte sich zu der Mannschaft um und sagte: »Dieses Spiel ist vorbei. Wir begraben es und schauen nach vorn.« Das Team verscharrte den Ball aus dem Unglücksspiel. Als die Spieler sich von der Grube entfernten, stampfte der Quarterback Tom Brady die Erde fest und murmelte: »Es ist vorbei.«[20] Und das war es. Aus dem unterirdischen 1-3-Start entwickelte sich für die Patriots die Saison, in der sie den ersten Super Bowl gewannen.

Rituale sind keine Garantie, genau wie uns die beste Vorbereitung nicht immer vor dem Scheitern schützt. Doch wenn unsere besten Pläne nicht zum gewünschten Ergebnis führen und unsere intensiv geprobten Auftritte schiefgehen, können Rituale etwas anderes tun: uns helfen, mit den Gefühlen zurechtzukommen, die mit Enttäuschungen und Pleiten einhergehen. Starker Stress vor einer Performance bringt Rituale hervor, starke Enttäuschung nach einer misslungenen Performance jedoch noch mehr. Rituale helfen uns nämlich auch dabei, die negativen Emotionen zu verarbeiten, die das Scheitern begleiten.

Die Forschung unterstützt Belichicks und Bradys Entscheidung, den Ball zu begraben. 2017 führten die Psychologen Nick Hobson, Devin Bonk und Michael Inzlicht von der University of Toronto eine einwöchige Studie mit achtundvierzig Teilnehmenden durch, in der deren Umgang mit Scheitern betrachtet wurde. Einige von ihnen sollten eine Woche lang jeden Tag folgendes Ritual durchführen: »Legen Sie die Fäuste vor der Brust zusammen, heben Sie sie langsam über den Kopf und atmen Sie währenddessen tief durch die Nase ein. Bringen Sie die Fäuste mit einer langen Ausatmung durch den Mund wieder zurück vor die Brust. Wiederholen Sie dies dreimal.« Alle Teilnehmenden mussten im Rahmen der Studie eine Reihe schwieriger Denkaufgaben lösen, darunter eine auf geniale Weise frustrierende, die der Psychologe John Ridley Stroop in den 1930er-Jahren entwickelt hatte: den Stroop-Test.[21]

Stellen Sie sich vor, Sie sehen eine Liste von Wörtern, die Ihnen nacheinander präsentiert werden, und Ihre einzige Aufgabe ist es, die Farbe der Schrift zu benennen. Es beginnt ganz einfach: Sie sehen das Wort *Hund* in Blau und antworten »Blau«. Stroop wollte es Ihnen jedoch schwerer machen. Bei der nächsten Runde lesen Sie das Wort *Rot* in Grün. Lesen ist ein derart automatisch ablaufender Prozess, dass viele Menschen »Rot« sagen, obwohl die Schrift grün ist. Während die Studienteilnehmenden diese Aufgabe lösten, waren sie mittels Elektroden am Kopf an ein EEG angeschlossen. Dieses maß die *error-related negativity* (ERN), das elektrophysiologische Korrelat der Diskrepanz zwischen unseren Erwartungen (»Ich werde diese Aufgabe erfolgreich lösen«) und unserem gelegentlichen Scheitern daran, diese Erwartungen zu erfüllen. Dieses Scheitern ist quasi das neurologische Äquivalent zu dem Gefühl »Ich habe es verbockt.«

Diejenigen, die die ganze Zeit über das Ritual vollführten, zeigten eine weniger ausgeprägte Reaktion auf Scheitern als die Gruppe, die kein Ritual hatte. Die Ergebnisse des Experiments legen nahe, dass Rituale unsere negative Reaktion auf Fehler dämpfen – das vertraute Gefühl, etwas falsch zu machen.[22] Rituale scheinen die Gehirnreaktion auf Scheitern zu regulieren, sodass wir uns leichter von Rückschlägen erholen.

Die Gefahren von Ritualen

In *Ball Four*, seinem 1970 veröffentlichten Enthüllungsbestseller, beschrieb der Maverick Pitcher Jim Bouton, wie das Gefühl, etwas zu beherrschen, was sportliche Kompetenz vermittelt, sich leicht ins Gegenteil verkehren kann – in Besessenheit oder den Eindruck, selbst von dem Spiel beherrscht zu werden, das wir zu meistern versuchen. »Man verbringt einen großen Teil seines Lebens damit, einen Baseball in der Hand zu haben, und am Ende stellt sich heraus, dass es die ganze Zeit umgekehrt war.«[23] So viele Vorteile Performancerituale mit sich bringen, können sie doch auch Nachteile haben. Verlassen wir uns zu stark auf sie, kann es passieren, dass wir von ihnen abhängig werden und nicht mehr ohne sie zurechtkommen.

Schauen wir uns den Fall eines anderen Major-League-Baseballspielers an, den langjährigen Third Baseman der Red Sox, Wade Boggs. Wade Boggs hatte eine Fülle von Ritualen, die alle mit der Zahl siebzehn zu tun hatten. Vor jedem Spiel begann er um 17:17 Uhr mit dem Schlagtraining, und um 19:17 Uhr absolvierte er seine Sprints. Boggs' Ritual war so bekannt, dass Bobby Cox, der damalige Manager der Blue Jays, den Bediener der Anzeigentafel bat, bei einem Spiel in Toronto von 17:16 Uhr direkt auf 17:18 Uhr umzustellen, nur um Boggs aus dem Konzept zu bringen.[24]

Der Pitcher der Orioles Jim Palmer war genauso abhängig von seinen Ritualen. Jim »Pancake« Palmer hatte 1966 eine erfolgreiche Saison mit einer Siegesserie von acht Spielen hintereinander. Vor jedem dieser Spiele aß er sein typisches Frühstück, bestehend aus glücksbringenden Pfannkuchen. Doch als die Orioles Probleme mit einem Flug zu einem Spiel gegen die Kansas City Royals hatten und Palmer gezwungen war, sein Pfannkuchenfrühstück auszulassen, machte er sich Sorgen, das Spiel könne gefährdet sein. Nachdem die Orioles tatsächlich verloren, sagte er zur versammelten Presse: »Ich weiß nicht, ob es irgendeinen Effekt auf das Spiel hatte, dass es keine Pfannkuchen zum Frühstück gab. Aber ich werde einen Teufel tun, es herauszufinden.«[25] Werden unsere Rituale gestört, kann das zu starken akuten Angstzuständen führen. Palmer fühlte sich nicht nur nicht ganz wohl, weil er sein Morgenritual auslassen musste, es hatte auch Auswirkungen auf sein Spiel.

Und dann ist da das Problem mit übermäßig ausgefeilten Ritualen, die so aufwendig werden, dass sie eher hinderlich als hilfreich sind. Wie Sie sich vielleicht erinnern, führen Baseballspieler im Schnitt vor dem Schlagen dreiundachtzig Gesten aus, manche jedoch mehr als hundert. Bei Royce Lewis, einst ein hochgepriesener Kandidat der Minnesota Twins, waren es möglicherweise zu viele. Als seine Karriere stagnierte, kam ein Experte zu folgender Einschätzung: »Seine Eigenarten – Herumspielen am Handschuh auf Nomar-[Garciaparra]-Niveau, tiefe, bewusste Atmer zwischen den Würfen, ständiges Zurechtzupfen der Trikots – sind manisch und scheinen ihn eher von der vor ihm liegenden Aufgabe abzulenken, als ihm auf ritualisierte Art und Weise zu mehr Fokus zu verhelfen, und häufig wirkt es, als liefe das Spiel für ihn zu schnell ab.«[26] Werden Rituale vor öffentlichen Auftritten ins Extrem gesteigert, können sie uns behindern. Schaffen wir es nicht aufzuhören, bestimmte Rituale durchzuführen, gelingt es uns nicht, die Konzentration auf die eigentliche Performance zu lenken. Wir stecken auf der Spielerbank oder hinter der Bühne fest, während die Show ohne uns weitergeht. (Eine meiner Studentinnen in Harvard hat mir allerdings erzählt, dass sie ihre Rituale vor Spielen absichtlich zu schwierig macht, als dass sie sie perfekt durchführen könnte – so kann sie ein negatives Ergebnis auf das schlecht ausgeführte Ritual schieben, statt sich selbst verantwortlich zu fühlen.)

—

Kein Ritual hat die Macht, Rockstars oder Genies aus uns zu machen. Wir agieren trotz allem innerhalb der Grenzen unserer Talente, der Übung und der Disziplin des täglichen Trainings. Aber Rituale können helfen, unsere Nervosität in den Griff zu bekommen, und uns so ermöglichen, die hart erarbeiteten Fähigkeiten zum Einsatz zu bringen. Wie Errol Morris vielleicht sagen würde: Die Rituale vor unseren öffentlichen Auftritten bieten uns das schwer greifbare *zusätzliche Etwas* und erlauben uns, ins Rampenlicht zu treten und zu glänzen.

5

Wie Genuss geht

Größtmögliche Freude am Weintrinken und Wohnungwischen

DIE REINIGUNG: ein Bad in kaltem Wasser, um das Glas zu kühlen und einen stabilen Schaum zu erhalten.

DAS OPFER: Die ersten Tropfen werden geopfert; ein kleiner Preis, um den frischesten Geschmack zu genießen.

DIE FLÜSSIGE ALCHEMIE: Für die perfekte Kombination aus Schaum und Flüssigkeit wird das Glas in einen Winkel von fünfundvierzig Grad geneigt.

DIE KRONE: Elegant wird das Glas aufgerichtet, wodurch sich eine perfekte Schaumkrone bildet und die Frische versiegelt wird.

DAS WEGNEHMEN: ein rascher, flüssiger Abgang, während der Hahn geschlossen wird.

DAS ABSCHÖPFEN: Mit einem Messer wird die Krone in einem Winkel von fünfundvierzig Grad abgeschöpft, um die großen, übersprudelnden Blasen zu entfernen.

DAS URTEIL: drei Zentimeter Schaum, nicht mehr und nicht weniger.

DIE REINIGUNG: ein weiteres kurzes Eintauchen in kaltes Wasser, damit das Glas für eine atemberaubende Präsentation glänzt.

DIE ÜBERGABE: ein Augenblick, um das perfekt servierte Stella Artois zu bewundern.[1]

Falls Sie kein Bier trinken, müssen Sie vielleicht ein paar der Schritte lesen, bis Sie begreifen, dass es sich hier nicht um eine religiöse Zeremonie handelt, sondern um einen Bierausschank. (Menschen, die Bier trinken, fällt das leichter.) Das sogenannte Ritual ist eine halb augenzwinkernde Marketingkampagne der belgischen Brauerei Stella Artois aus den 1990ern. Wenn Sie bei dieser neunstufigen Reise ins Mittelalter die Augen verdrehen, kann ich das verstehen. Es soll übertrieben sein – und erlaubt der Megabrauereigruppe Anheuser-Busch InBev, Stella Artois teurer als viele Konkurrenzprodukte zu verkaufen.

Werbegag hin oder her, stellen Sie sich vor, wie Sie sich bei einer solchen hochritualisierten Zubereitung Ihres Lieblingsgetränks fühlen würden. Verleiht das zeremonielle Wesen des Ganzen – die ausgefeilte Disziplin dieser exakten Abfolge bestimmter Schritte – dem Erlebnis nicht ein gewisses Extra? Etwas, was dem geheimnisvollen »Geschüttelt, nicht gerührt« ähnelt, das den perfekten Martini ausmacht? In beiden Fällen macht das Wie – die präzise Abfolge, in der die ansonsten alltäglichen Handlungen durchgeführt werden – diese zu etwas Besonderem. Stellen Sie sich dagegen nun vor, ein Bier so zu servieren, wie ich es tue: indem ich den Deckel abschraube. Spüren Sie den Unterschied? Kombinieren wir ein Glas, einen

Imbiss oder einen besonderen Moment mit dem richtigen Ritual, kann sich unser Erlebnis verändern und selbst das Bier aus dem Sixpack aus dem Supermarkt in einen köstlichen Zaubertrunk verwandeln.

Rituale bescheren uns viele Gelegenheiten, mehr Genuss in unseren Alltag zu integrieren. Nehmen wir eines der einfachsten und gebräuchlichsten Genussrituale: eine Kleinigkeit zu essen oder zu trinken, die jeden Tag um die gleiche Zeit eingenommen wird. Irgendeine Variante davon finden Sie in nahezu jeder Kultur der Welt. Wenn Sie in Skandinavien leben, bedeutet dies, dass Sie Ihren Tag gegen 10 Uhr vormittags zur *fika* unterbrechen, eine Pause, in der Sie Kaffee oder Tee und etwas Süßes zu sich nehmen. An den meisten skandinavischen Arbeitsplätzen ist es keine Frage, ob man diese Pause einlegt oder nicht. Niemanden interessiert es, ob Sie persönlich gerade Lust auf *fika* haben. *Fika* macht man eben. Dabei geht es nicht um Hunger, Produktivität oder Optimierung. Der Punkt bei *fika* – zugleich Verb und Substantiv – ist, ein wenig Zeit gemeinsam zu verbringen, zusammen etwas zu essen und die Gesellschaft zu genießen.[2]

Sind Sie in Indien und ist es 6 Uhr abends, ist die Wahrscheinlichkeit hoch, dass Sie sich Chai kochen, einen Schwarztee, mit Honig oder Zucker gesüßt und gewürzt mit Sternanis, Fenchel oder Nelken. Manche fügen ein wenig Ingwer hinzu, um die Aromen noch ein bisschen stärker hervorzukitzeln. Andere geben lieber ein wenig mehr Milch hinein, um die richtige Sämigkeit zu erreichen. Die Teezeit ist eine besondere Zeit, die Schwelle zwischen dem, was Sie tagsüber getan haben, und der Person, die Sie werden, wenn Sie wieder zu Hause sind.[3]

Oder sagen wir, Sie sind in Italien und holen sich den frühmorgendlichen *Caffé al banco*. Der Espresso kommt schnell, ist billig und pur. Sie kippen ihn rasch hinunter, je nach Region mit einer Zitronenscheibe dazu. Hier liegt die Freude in der Geschwindigkeit – kein Verweilen, eine ritualisierte Zurschaustellung von Tempo. Es ist bloß ein einziger starker Schluck, aber keine Sorge, Sie können davon bis zu sieben oder acht über den Tag verteilt trinken.[4]

In den 1970er-Jahren servierten amerikanische Schulen den Schüler*innen vormittags einen Snack, bestehend aus Crackern und einer Milchtüte. Die Öffnung des Kartons war zu eng, um die leicht süßlichen Rechtecke in die Milch zu tauchen, aber die Schüler*innen fanden oft Wege, sie weiter zu machen, sodass sich die Cracker vollsaugen konnten, bis sie gefährlich und köstlich pampig waren. Der Übergang von Crackern und Milch zu einer Crackermilch war oft fließend.[5]

Falls Sie aus Frankreich stammen oder längere Zeit dort gelebt haben, kennen Sie das rituelle Vergnügen eines vormittäglichen *pain au chocolat*. Sie halten auf dem Weg zur Arbeit kurz bei der Patisserie um die Ecke und kaufen eines dieser buttrigen, blättrigen Croissants mit dem Kern aus *chocolat*. Schmecken, atmen, seufzen. Das Gefühl genießen, dass das Leben jetzt gerade, in diesem Augenblick, sehr gut ist.[6]

In jedem dieser Beispiele sind die Getränke oder Lebensmittel die Requisiten für das Erlebnis, den gegenwärtigen Moment zu genießen.

Überlegen Sie einmal, ob Genussrituale Teil Ihres Alltags sind. Habe ich Menschen diese Frage gestellt, haben sie mir von Variationen traditioneller Rituale erzählt – Tee, Kaffee, ein Cocktail nach der Arbeit –, aber auch von ganz neuen, die eine ganz und gar persönliche Erfindung waren.

Wenn ich vormittags aufstehen und mich ein wenig bewegen muss, vollführe ich in der Regel meine eigene Teezeremonie. Ich sammle schon seit Jahren Tee aus aller Welt, besitze also mittlerweile eine große Auswahl. Es begann mit einer Mischung, die so hieß, Tees aus aller Welt, aber inzwischen habe ich eine eigene Sammlung. Wann immer mich ein Tee angesprochen hat und ich ihn probieren wollte, habe ich ihn gekauft. Gegen zehn oder elf stehe ich also auf und gehe zu dem Globus, der in meinem Büro steht. Ich lasse ihn kreisen, und mein Finger tippt auf einen Kontinent oder ein Land. Dieser Ort bestimmt, welchen Tee ich an diesem Tag trinke – ob es ein Earl Grey wird, ein Golden Chai, ein Zitronen-Maté oder ein Grüntee mit Jasmin. Egal welchen Tee ich trinke, ich nehme mir immer ein paar Minuten, um zu genießen, was jede einzelne Tasse so besonders und einzigartig macht. Jeder Tee ist anders – und man braucht nur wenige Minuten, um zu erfassen, wie und warum.

Die Bäckerei am Ende der Straße holt jeden Nachmittag um 2 Uhr die Brotlaibe aus dem Ofen. Der perfekte Moment, um aufzustehen, einen Spaziergang zu machen und den Geruch von frisch gebackenem Brot zu genießen, der mir von dort entgegenweht. Wenn ich ankomme, sind die Laibe noch warm. Ich nehme einen mit nach Hause, lege ihn auf einen schönen Teller aus dem Geschirr meiner Großmutter und bestreiche ihn dick mit meiner französischen Lieblingsbutter. Ich verwende diese Butter für nichts anderes, ein Stück reicht also wochenlang. Allein die Butter auf dem warmen Brot schmelzen zu sehen, lässt mein Glücksbarometer an diesem Tag steigen.

Mitten am Tag stehe ich gern vom Schreibtisch auf und gehe spazieren. Auf der Straße halte ich Ausschau nach Münzen, denn das haben mein Vater und ich immer getan. Wenn ich eine sehe – einen Quarter oder einen Dime –, hebe ich sie auf und kaufe mir damit einen kleinen Kaugummiball in dem Spielzeugladen in meiner Straße. Es ist ein schönes kleines Geschenk für mich selbst, das mich an meinen Vater erinnert und an das Gefühl, ein Kind zu sein – die Freude, darauf zu warten, dass das bunte runde Zuckerding aus dem Kaugummiautomaten gerollt kommt. Jedes Mal, wenn ich mir einen in den Mund stecke, höre ich meinen Vater lachen. Der Geschmack bleibt nur wenige Minuten, aber es macht mir immer gute Laune und bringt mich zum Lächeln.

Es gibt unzählige Möglichkeiten, das tägliche Leben aufzuwerten und sogar zu verzaubern. Falls Sie Rituale im Zusammenhang mit Essen und Trinken haben, die den Alltagstrott durchbrechen, überlegen Sie einmal, was Sie tun könnten, damit sie nachklingen. Fällt Ihnen nichts ein, ermuntere ich Sie, die Gelegenheit zu nutzen und einen Augenblick der Pause und des Genusses einzulegen. Genussrituale wie die oben beschriebenen können kleine, aber wirkungsvolle Momente der Freude im Alltag erzeugen und sind leicht umsetzbare und häufig nicht teure Mittel, das Gewöhnliche in etwas Besonderes zu verwandeln.

Konzepte des Konsumierens

Meine liebste Pizzeria auf der ganzen Welt ist Regina's im Bostoner Nordend, und meine Lieblingspizza ist die dortige Spezialität mit Wurst und Zwiebeln. Ja, von allen Pizzas, die ich überall auf der Welt probiert habe, wird die allerbeste nur wenige Meilen von dem Ort gebacken, an dem ich aufgewachsen bin. Ich habe außerdem noch nie eine Wurst-Zwiebel-Pizza irgendwo anders probiert. Ich bin mir nicht einmal sicher, ob ich Zwiebeln besonders mag. Warum ist die Pizza von Regina's also meine Lieblingspizza? Regina's ist zudem die Lieblingspizzeria meiner Eltern. Ich verbinde sie nicht nur mit meiner Kindheit, sondern auch mit den Geschichten, die ich als Kind von meinen Eltern gehört habe. In ihrer Jugend in den 1950ern, als italienisches Essen von ihrem irisch-katholischen Clan noch als exotisch betrachtet wurde, hingen sie dort ab. Regina's ist für mich eine Familientradition, die mich mit einer Vergangenheit vor meiner Zeit verbindet und die ich weiterführe. Als einer meiner besten Freunde, Scott, und ich in den Zwanzigern waren, hatten wir die Angewohnheit – so betrachtete ich es zumindest damals –, uns bei Regina's zu treffen und Wurst-Zwiebel-Pizza zu bestellen, während wir versuchten herauszufinden, was wir mit unserem Leben anfangen sollten. Wie sich herausstellte, war es für mich viel mehr als eine Gewohnheit. Es war für mich ein tief vor Ort verwurzeltes überliefertes Ritual. (Regina's ist nun auch die Lieblingspizzeria meiner Tochter.)

Die emotionale Befriedigung, die ich von einem einfachen Stück Pizza bei Regina's erhalte, ist ein Beispiel für das, was ich als konzeptionellen Konsum bezeichne. Ich esse ein Stück Pizza – eine Mischung aus Nährstoffen –, aber die Handlung reicht weit in die Vergangenheit und erlaubt mir viel mehr zu erleben: Emotionen und Sehnsüchte, Erinnerungen und Nostalgie. Wie der Anthropologe Claude Fischler beobachtet hat: »Der Mensch ernährt sich nicht nur von Proteinen, Fetten und Kohlehydraten, sondern auch von Symbolen, Mythen und Fantasien.«[7] Bestimmte Lebensmittel, auf eine bestimmte Art konsumiert, nähren uns in einer Weise, die weit über die physische Notwendigkeit der Energiezufuhr hinausgeht. Die Nahrungsaufnahme kann auch ein zutiefst bedeutungsvolles Mittel sein, das Repertoire von Ressourcen anzuzapfen, das unseren kulturellen Werkzeugkoffer ausmacht – manchmal indem wir diese Ressourcen in althergebrachter Form nutzen, manchmal indem wir sie verwenden, um etwas ganz Neues zu improvisieren. Es kann kein frittiertes Snickers geben, bevor die Welt uns nicht sowohl den Schokoriegel als auch die notwendige Technik beschert hat.

All dies wirft die Frage auf: Wie sieht der Konsum von Proteinen, Fetten und Kohlehydraten aus, wenn wir die Symbole, Mythen und Fantasien weglassen, die unsere Rituale kanalisieren? Ich vermute, es könnte in etwa so aussehen (und schmecken) wie Soylent.

2013 war Bob Rhinehart, der gerade seinen Abschluss als Elektroingenieur an der Georgia Tech gemacht hatte, genervt von den Anforderungen des Essens. Er lebte in einer Wohngemeinschaft in San Francisco und versuchte ein Start-up zum Laufen zu bringen. Mahlzeiten zu sich zu nehmen, fand er lästig – teuer und zeitaufwendig. Wäre es nicht einfacher und rationaler, dachte er, die zur Versorgung seines Körpers notwendigen chemischen Nährstoffe zu kombinieren und das – was auch immer *das* sein würde – zu schlucken? Er identifizierte fünfunddreißig chemische Zutaten, darunter Kaliumgluconat, Kalziumcarbonat und Natriumdihydrogenphosphat, und warf sie jeden Abend alle zusammen in einen Mixer. Er verbesserte die Formel, bis sie genau die richtige Konsistenz besaß – von Pfannkuchenteig – und er auch das beunruhigende Problem im Griff hatte, dass der Drink Blähungen verursachte. Er nannte das Produkt schließlich Soylent, eine ironische Anspielung auf den kannibalistischen Science-Fiction-Film *Soylent Green*.[8]

Heute bietet Rhineharts Nahrungsersatzunternehmen Menschen alle Vorteile der Ernährung in einer Portion. Der Zweck von Soylent liegt darin, durch Auslassen des Genusses maximale Effizienz zu gewährleisten. Wenn Sie sich hinsetzen und die flüssige Mahlzeit zu sich nehmen, öffnen sie einfach die Flasche und schenken sich ein. Es kommt weder zu einer Sinnesexplosion noch zu einem Moment des Innehaltens, in dem Sie über Verbindung und Zugehörigkeit reflektieren. Es gibt keinen Geruch, der Sie zurück zur Pozole Ihrer Großmutter transportiert, die stundenlang auf dem Herd köchelte, bevor sie wie von Zauberhand vor Ihren jungen Augen landete, mit dem leuchtend pinken Radieschen als Dekoration obendrauf. Keine Konsistenz und kein Geräusch – kein Aufplatzen, kein Knuspern, kein Knacken –, die Sie daran erinnern, wie Ihre dänische Familie bei Besuchen zu Hause an dunklen Winternachmittagen Kardamomschnecken serviert hat, üppig und duftend. Und als Flüssigkeit, die kein muhseliges Kauen erfordert, lenkt Soylent Sie nicht ab, indem es die Erinnerung an Ihre Lieblingsspeise aus der Kindheit weckt, wie die berühmten Zimtplätzchen, die es damals bei Ihren Nachbarn gab.

Bei Soylent wurden alle Gelegenheiten zu genießen – Erinnerungen an die Vergangenheit, Vorfreude auf bevorstehende Geschmackserlebnisse und die still-optimistische Freude an kleinen Dingen – entfernt. Entscheiden Sie sich für Soylent, so das Versprechen des Unternehmens, wird die Nahrungsaufnahme mühelos und Ernährung nicht mehr als die notwendige Lieferung von Energie. Hunger wird durch vollständige Automatisierung gestillt, ohne arbeitsintensive emotionale Ablenkungen. Rational, vielleicht, als Mittel der Zeitersparnis. Aber um welchen Preis?

Ein lebendiges Getränk

Vergleichen wir Soylent nun mit seinem spirituellen Gegenteil, einem Getränk, dessen einziger Zweck es ist, Genuss zu erzeugen. Menschen, die regelmäßig Wein trinken, gehören einer derart reichen Kultur an, dass Weintrinken zu einem wesentlichen Bestandteil des Selbstverständnisses werden kann. Weinliebhaber*innen betrachten das Erleben ihres Glasinhalts im Kontext unterschiedlicher landwirtschaftlicher Gegebenheiten – der Sonnensättigung oder der Trockenheit in Regionen wie dem Napa Valley, der Toskana oder Südfrankreich; wie der Boden in einem bestimmten Jahr war und ob die Trauben einen Tag später oder früher gepflückt wurden. Möglicherweise haben sie die Weinberge besucht und kennen die Geschichte der Winzerfamilie oder haben die Menschen kennengelernt, die dort arbeiten.[9]

In dem Film *Sideways*, der die Welt des Weins zugleich parodiert und feiert, spielt Paul Giamatti Miles, einen empfindlichen, glücklosen Weinliebhaber und gescheiterten Schriftsteller. In einer Verführungsszene mit Maya, gespielt von Virginia Madsen, tanzen die beiden Charaktere umeinander herum und sprechen über ihr Eintauchen in die Welt des Wein, in Wirklichkeit aber über sich selbst. Miles beginnt, indem er seine Liebe zum Pinot Noir erklärt:

> Es ist eine sehr empfindliche Traube. Das weißt du ja sicher, oder? Na ja, sie ist dünnhäutig, temperaturabhängig, sie reift sehr früh. Weißt du, sie ist kein Überlebenskünstler wie der Cabernet. Den kannst du fast überall anbauen und der braucht auch keine besondere Pflege. Nein, um den Pinot muss man sich dauernd

kümmern. Abgesehen davon wächst er eigentlich nur in ganz speziellen kleinen versteckten Winkeln dieser Erde. Und es gibt nur sehr wenige sensible und aufmerksame Winzer, die ihn überhaupt anbauen können.

In Mayas Reaktion zeigt sie sich offen und verletzlich, was sie ebenfalls über ihre Weinkennerschaft ausdrückt:

Es gefällt mir, wie sich der Wein immer weiterentwickelt. Wenn ich zum Beispiel heute eine Flasche öffne, schmeckt sie ganz anders, als sie an einem anderen Tag schmecken würde. Ich meine, Wein ist etwas, was tatsächlich lebt. Und er entwickelt sich ständig weiter, wird komplexer. Und dann erreicht er seinen Höhepunkt. So wie dein 61er. Und dann fängt er an zu verfallen. Er wird immer müder und schwächer. Und er ist so verdammt lecker.[10]

Das ist die verführerische Qualität von Genuss. Wein stellt uns ein sensorisches Repertoire zur Verfügung, mithilfe dessen wir Erfahrungen teilen und miteinander auf einer tiefen Ebene in Kontakt kommen können. Es überrascht nicht, dass Maya und Miles am Ende des Films ein Paar werden. Es ist eine Liebesgeschichte, aber auch die Geschichte gemeinsamen Genusses.

In das Glas eintauchen

Die Weinkultur hat mir viele Gelegenheiten geboten, Rituale des alltäglichen Verzehrs zu beobachten und über sie nachzudenken – von der Spannung und Vorfreude des Öffnens einer Flasche Wein bis zu den Techniken des Schwenkens im Glas, um den Wein zu belüften. Es schien offensichtlich, dass es zum Teil in der Weinkultur um Wein geht – das Was – und zum Teil um das Ritual – das Wie, also die besonderen Methoden, ihn einzuschenken, zu schwenken und zu trinken.

Doch was genau ist der Zweck dieser Verzehrrituale? Von wem ließe sich das besser lernen als von Menschen, die ihr ganzes Leben dem Genuss widmen: Sommeliers und Sommelières. Kathryn LaTour, die den beneidenswerten Titel Professorin für Weinkunde und -management an der Universität Cornell hat, und mein Kollege von der Harvard Business School John Deighton befragten zehn Meistersommeliers und -sommelières in drei Städten – San Francisco, Las Vegas und New York – bezüglich ihrer Verkostungsverfahren. Diese Interviews sind eine Fundgrube von Berichten aus erster Hand, die Einblicke nicht nur in die rituellen Elemente des Weinverkostens gewähren, sondern auch in die Erfahrung und das Ethos der Weinprofis. »Ich vermute, ich versuche im Glas zu sein, während ich mich in Wahrheit darüber beuge«, erklärte einer von ihnen namens James. »Ich versuche mich in das Glas zu versenken und dann wieder aufzutauchen ... Vielleicht ist das eine Metapher dafür, in einem gewaltigen Weinbecken zu schwimmen.«[11]

In diesen Interviews mit weltweit führenden Weinverkoster*innen kam das Bild des Eintauchens immer wieder als ein wesentlicher Aspekt des Genießens zur Sprache, das Gefühl, sich ganz tief und intensiv in eine Erfahrung zu versenken. Zum Glück für die Jobsicherheit von Meistersommeliers und -sommelières kann bereits das Zuschauen bei jemandem, der oder die sich für uns Mühe macht, unser eigenes Erlebnis aufwerten. Allein die Person zu sehen, die unser Gericht zubereitet, kann unsere Freude am Endprodukt vergrößern, fand eine Studie heraus.[12]

Die Vision eines Meisterkochs bescherte mir eine einzigartige Perspektive darauf, wie alle von uns das Genießen auf emotionale Weise erleben. Bevor das Restaurant El Bulli des legendären Kochs Ferran Adrià 2011 schloss, hatte ich das Glück, dort, in der spanischen Stadt Roses, essen zu können. Mit drei Michelin-Sternen galt El Bulli als »fantasievollster Schöpfer von Haute Cuisine auf der ganzen Welt.« Wie Clotilde Dusoulier, eine Pariser Foodbloggerin, schrieb: »Wir brauchten sechs Stunden für eine Mahlzeit, von 8 Uhr abends bis 2 Uhr nachts, aber wir waren so euphorisch, dass wir kaum hätten sagen können, ob wir uns vor zwei Minuten oder zwei Tagen hingesetzt hatten.«[13]

Würde meine Mahlzeit ebenfalls Euphorie hervorrufen? Würde ich plötzlich die Möglichkeit von Transzendenz durch gehobene Küche erfahren – den himmlischen Prix fixe? All diese Ideen von einer kosmischen Verbindung fielen in sich zusammen, als die Bedienung mein Amuse-Bouche auf einem Teller brachte: eine einsame Erdbeere, leicht gegrillt. Besser als eine Mohrrübe, aber dennoch. Unmöglich konnte sie meinen Anstrengungen und meinen Sehnsüchten gleichkommen. Mein Gruß aus der Küche konnte auf keinen Fall Teil des kulinarischen Himmels sein, von dem Dusoulier in ihrem Blog geschwärmt hatte.

Halbherzig biss ich in die Erdbeere und wurde von drei verschiedenen Geschmacksrichtungen überrascht: Holzkohle vom Grill, Gin Tonic und dem Geschmack der Erdbeere selbst. Sofort fühlte ich mich an einen sommerlichen Grillabend versetzt, bei dem ich einen leicht angebrannten Hamburger aß, ihn mit einem Cocktail hinunterspülte und mit einem Obstdessert abrundete. Dusoulier hatte recht: In einem einzigen Augenblick erlebte ich eine ganze Episode. Dieses Zusammenfallen von Zeit und Erinnerung verweist auf Adriàs Vision, das Essen in eine

Erfahrung zu verwandeln, »die über das Essen hinausgeht«. Als ein Meister des Genusses erschuf er eine Erdbeere, die irgendwie die Urerdbeere war, die mich ganz in Anspruch nahm und mich in ein Gewebe von Assoziationen und Erinnerungen katapultierte. Diese einsame Erdbeere gewann ihren Platz in meinem Geist neben Prousts ikonischer Madeleine als ein Beispiel für die Fähigkeit von Lebensmitteln, Nostalgie, Sehnsucht, Genuss und Staunen auf einmal hervorzurufen.

Die eindringliche Erfahrung von Adriàs Erdbeere erfüllte – und übertraf – meine Erwartungen. Doch Genuss erfordert keine lange Reise durch die Berge ins spanische Roses. Verzehrrituale erzeugen Emotionen und bieten überall das Potenzial von mehr Freude und Vergnügen, Euphorie und Nostalgie.

Essen Sie den Nachtisch zuerst

1997 entdeckte Sue Ellen Cooper, eine Künstlerin aus dem kalifornischen Fullerton, einen roten Filzhut in einem Laden. Cooper, Mitte fünfzig, genoss die neue Freiheit und Leichtigkeit, die sie erlebte, seit sie keine Bestätigung mehr von außen suchte. »Warum nicht?«, dachte sie also, als sie den Hut aufprobierte. Sie kaufte ihn und begann ihn zu tragen, weil er sie an einen Vers in einem Gedicht von Jenny Joseph erinnerte, den sie mochte, ein Spiel mit einer der berühmtesten Zeilen von T. S. Eliot. In seinem Gedicht »J. Alfred Prufrocks Liebesgesang« beklagt sich der Erzähler düster über das Altern: »Ich werde alt … Ich werde alt …«[14] In ihrem Gedicht behandelt Joseph das Altern als kühnen Neuanfang: »Wenn ich einmal eine alte Frau bin, werde ich Purpur tragen / Zusammen mit einem roten Hut, der nicht dazu passt und mir auch nicht steht.«[15]

Etwa zur selben Zeit, als Cooper sich über ihren roten Hut

freute, suchte sie nach einem Geschenk für eine Freundin, die fünfundfünfzig wurde. Sie wollte etwas Ausgefallenes, nicht die übliche Glückwunschkarte oder einen Blumenstrauß, sondern etwas mit mehr Bedeutung. »Wir sollten alle wie die Frau in Jenny Josephs Gedicht sein«, dachte Cooper. »Warum nehmen sich nicht mehr von uns die Zeit und tun Dinge, weil wir es wollen – sollten wir nicht endlich Spaß und Freundschaft an erste Stelle stellen?« Sie kaufte einen weiteren roten Hut für ihre Freundin und dann noch einen für eine andere Freundin und weitere, als immer mehr Frauen in ihrem Umfeld die roten Hüte auffielen. Es war teils ein Scherz, aber auch ein im Entstehen begriffenes Ritual, das ausdrückte: »Das Leben ist kurz, genießen wir es, so lange wir können.« Es dauerte nicht lange, und Cooper lud all ihre Freundinnen mit roten Hüten zum Tee ein und bestand darauf, dass sie ihre Hüte und lila Kleider trugen. Am 25. April 1998 war das erste offizielle Treffen der Red Hat Society, und seitdem ist der Kreis der Mitglieder – anfangs waren nur Frauen über fünfzig zugelassen, mittlerweile jedoch Frauen jeden Alters – stetig gewachsen. Fünfzehn Gruppen existieren allein innerhalb von zwanzig Meilen rund um mein Büro in Harvard, darunter die JP Red Hatters in Jamaica Plain und die Red Hat Rowdies in Billerica. Und es ist kein rein lokales Phänomen: Es gibt Gruppen in dreißig verschiedenen Ländern. Insgesamt hat die Gesellschaft mehr als fünfunddreißigtausend Mitglieder.

Cooper erzählte der *Deseret News*, dass sie die Red Hat Society als »Spielgruppe« für Erwachsene betrachtet. »Ich habe für die Schule meiner Kinder gearbeitet und für meine Kirche, habe Spenden für das örtliche Kinderzentrum gesammelt – und natürlich tun wir all das gern«, erklärte sie. »Aber jemand muss diesen Frauen die Erlaubnis geben, einen ganzen Tag oder ein Wochenende freizunehmen und einfach nur herumzualbern.«[16]

Sie gab sich selbst den Spitznamen Exalted Queen Mother of the Red Hat Society (Erhabene Königinmutter der Rote-Hüte-Gesellschaft) und ermutigt Normen sprengende Formen genussvoller Ausschweifungen.

Eine der zentralen Praktiken der Gesellschaft der Roten Hüte ist es, bei jeder Versammlung »den Nachtisch zuerst zu essen«.[17] Es soll daran erinnern, die Freuden des Lebens zu genießen, und zwar *jetzt*. Ein achtundsechzigjähriges Mitglied, Catherine, drückt ihre Begeisterung darüber aus, das Leben schwelgerisch im Hier und Jetzt zu genießen: »Mit einem Drink in der einen Hand, einem Schokoriegel in der anderen und den Worten: ›Wuhuuu! Was für ein Spaß!‹ in den Himmel schweben. Oh, ich werde wohl sterben, wenn es so weit ist, und bis dahin werde ich leben.«[18]

Gelegenheiten, dem Vorbild der Red Hat Society zu folgen, finden sich überall. Cooper ermutigte die Frauen in ihrem Umkreis dazu, Spaß, Verspieltheit und Genuss zu den Prinzipien ihrer Gesellschaft zu machen. Doch Rituale des Genusses können Gemeinschaften auch auf andere unkonventionelle Arten zusammenbringen. In den Jahren nach den Coronalockdowns und der sozialen Isolation wird selbst eines der gebräuchlichsten Speiserituale der Gegenwartsgesellschaft komplett überarbeitet.

Essen mit Fremden

2021, mitten in der Pandemie, zog Anita Michaud nach Brooklyn Heights, ein New Yorker Viertel voller Brownstone-Gebäude. Sie kam aus Ann Arbor, wo ihre gesamte Familie über mehrere Generationen hinweg im Gastgewerbe verwurzelt war. Ihr Großvater hatte ein Chinarestaurant in Plymouth, Michigan, gegründet, und ihre Mutter war in die Fußstapfen ihres Vaters getreten und hatte gemeinsam mit Michauds Vater einen eigenen Gastronomiebetrieb eröffnet: ein französisches Bistro.

Nachdem sie ihre Kindheit in der Welt des Essens und der gehobenen Küche verbracht hatte, stand Michaud auch bei ihrem Umzug nach New York der Sinn nach Gastfreundschaft. Dort entdeckte sie allerdings keine Stadt, die niemals schläft, sondern eine, die von Lockdowns angeschlagen war und ihren sozialen Zusammenhalt verloren hatte. 2022 waren die Menschen bereit, wieder zusammenzukommen, doch über vielen Treffen hing eine gewisse Beklemmung. Für Menschen wie Michaud, junge Zugezogene, die nach wie vor neu in der Stadt waren, stellte sich die Frage: Wie sollten sie im echten Leben Freundschaften schließen, nachdem sie zwei Jahre lang Happy Hours nur über Zoom gefeiert hatten? Statt mit den Menschen zu beginnen, die bereits zu ihrem Netzwerk gehörten, unternahm Michaud einen mutigeren und größeren Schritt. Sie lud sechs Fremde – Freunde von Freunden und Menschen, die sie auf Bumble BFF, einer Freundschaftsapp, gefunden hatte – zu einer Mahlzeit zu sich nach Hause ein. Sie nannte ihre Aktion jedoch nicht Abendessen mit Fremden, sondern sandte Einladungen zu einem privaten Abend an ihrem Esstisch an Menschen, die sie noch nie gesehen hatte, mit der Überschrift »Dinner with Friends«. Ein Versprechen oder ein frommer Wunsch?

Wie in der *New York Times* beschrieben, kamen die völlig fremden Frauen zum Abendessen und lernten von Neuem, wie man ein Gespräch mit neuen Menschen führt, die sich im selben Raum befinden.[19] Wie ging das noch mal, Freundschaften zu schließen? Diese Frage beschäftigte viele, nachdem der schlimmste Teil der Pandemie überstanden war. Forschende schätzen, dass sich die sozialen Netzwerke der Menschen während der Coronalockdowns und in den folgenden Jahren des Social Distancing um etwa 16 Prozent verkleinert haben.[20]

Sobald die Fremden bei Michauds Abendgesellschaft in Gelächter ausbrachen oder sich in kleineren Grüppchen unterhielten, wusste sie, dass sie ganz gut miteinander auskamen. Bevor der Abend vorbei war, hatte sie pro Dinnerparty einen Gruppenchat erstellt und ihn zu ihrer wachsenden Sammlung an Strömen von Textnachrichten hinzugefügt. Mittlerweile gibt es eine Warteliste von mehr als achthundert Menschen, die eine ihrer Veranstaltungen mit »Fremden« besuchen wollen – in erster Linie junge Frauen mit derselben Absicht: Heute schließe ich Freundschaft.

Behaglichkeit an kalten Tagen

Selbst eine schlichte Suppe kann ein Gemeinschaftsgefühl erzeugen, wenn man sie mit einer Dosis Ritual serviert. In unzähligen Kulturen gibt es irgendeine Version der heißen Brühe für Zeiten des Genesens – sei es von Körper oder Seele. Einige jüdische Familien führen Fehden darüber, wie man eine Hühnersuppe *richtig* macht. Thaifamilien bevorzugen vielleicht ihre Lieblingskokossuppe, während in koreanischen Haushalten wahrscheinlich eher Samgyetang serviert wird, ein Eintopf mit Ginseng und Huhn. Als italienische *nonna* haben Sie vermutlich ein Spezialrezept für eine Stracciatella im Ärmel, und wenn Sie in Vietnam aufgewachsen sind, stehen die Chancen gut, dass sie schon einmal jemandem an einem kalten, feuchten Tag Pho serviert haben.

Solche Suppen und Brühen erzeugen Wohlbefinden durch ihre ernährungsphysiologischen und medizinischen Eigenschaften, aber auch durch das Gefühl des Genährtwerdens mit jedem

Löffel. Valerie Zweig, die Gründerin von Prescription Chicken and Chix Soup Co, einem Suppenlieferdienst, erklärte in *Oprah Daily*, was die Menschen wirklich wollen, wenn sie die heilsame hausgemachte Suppe aus ihrer Kindheit bestellen:

> Die Leute bestellen keine Hühnersuppe, bloß weil sie Hunger haben. Normalerweise haben sie noch etwas anderes. Vielleicht sind sie müde oder brauchen ein wenig liebevolle Zuwendung, haben Herzschmerz oder Heimweh oder sind vielleicht ernsthaft angeschlagen. Die Suppe soll ihr Problem lindern, egal was es ist.[21]

Was Menschen genießen, während sie eine stärkende Suppe zu sich nehmen, ist das Betüdeltwerden: Sie schmecken die Zärtlichkeit. Die kühlende Kompresse, die fest gesteckte Bettdecke, das leise, liebevolle Flüstern eines Elternteils, das sich um ihre Bedürfnisse kümmert. Suppen und Brühen, egal wie einfach sie sind, enthalten ein wesentliches Aroma: Die Menschen löffeln Fürsorge und Liebe. Ob wir voller Optimismus die Tür zu einem Abendessen mit Fremden öffnen oder uns in die vertraute Tröstlichkeit einer Mahlzeit aus unserer Kindheit sinken lassen – der Geschmack von Speisen und Getränken beschert uns häufig die emotionalen Erfahrungen, die wir suchen. Rituale des Verzehrs können der Anlass sein, selbst die kleinsten oder gewöhnlichsten Vergnügen zu genießen.

Die meisten von uns assoziieren Genuss mit Verzehr, doch die wissenschaftliche Definition umfasst mehr als das: Genuss ist eine Form erhöhter Aufmerksamkeit und Wertschätzung, die sich auf alle Aspekte unseres Alltags erstreckt – und die wir nähren und vergrößern können. In der Verhaltenswissenschaft wurden die vier erfolgreichsten Strategien identifiziert, um Genuss in dieser weiteren Form zu erreichen: versuchen, in den positiven Momenten präsent zu sein und sie würdigen; sie gemeinsam mit anderen kommunizieren und feiern; den Genuss durch nonverbales Verhalten wie Lächeln ausdrücken und schließlich sich detailliert an vergangene positive Erlebnisse erinnern und uns gleichzeitig auf die Einzelheiten der vor uns liegenden freuen – der Prozess, den ich in meiner Reaktion auf Adriàs magische Erdbeere beschrieben habe. Forschende haben dies »positive geistige Zeitreise« genannt.[22]

Positive geistige Zeitreise

In meiner Position an der Harvard Business School bin ich auch Mentor für Doktorand*innen in einer Gruppe, die wir liebevoll als unser NerdLab bezeichnen. Eines Tages stellte meine Studentin Ting Zhang eine unerwartete, aber interessante Frage: Warum fertigen Menschen Zeitkapseln an? Ting vermutete, dass das Wiederentdecken der Vergangenheit etwas Vertrautes zu etwas erfreulich Neuem werden lassen könnte. Alltägliche Dinge (die aktuelle Zeitung wird beispielsweise gern genommen) zu vergraben, um sie später wieder auszugraben, ist ein hervorragendes, wenn auch ungewöhnliches Beispiel dafür, wie wir Rituale nicht nur dazu nutzen können, uns an etwas zu erinnern, sondern auch, um etwas wiederzuentdecken und den gegenwärtigen Augenblick, die Vergangenheit und die Zukunft auf einmal zu genießen. Rituale können das Gegenteil eines Déjà-vus hervorrufen: das Gefühl des Jamais-vus, von etwas »nie Gesehenem«. Wir beschlossen, dass wir versuchen wollten, dieses Wiederentdeckungserlebnis zu dokumentieren und zu verstehen.[23] Was macht aus langweiligen Alltagsobjekten etwas ganz Besonderes?

Wir baten hundertfünfunddreißig Studierende in Boston und Umgebung, am Ende des Collegejahres Zeitkapseln mit Beweisstücken aus ihrem aktuellen Leben zu füllen – dem letzten gesellschaftlichen Ereignis, an dem sie teilgenommen hatten, drei Liedern, die sie in letzter Zeit gehört hatten, einem Ausschnitt aus einer Abschlussarbeit für einen Kurs, einem Insiderwitz. Unmittelbar danach fragten wir sie, was sie glaubten, wie interessiert und neugierig sie in Bezug auf die Inhalte sein würden, wenn sie sie nach drei Monaten wiedersehen würden. Ihre Begeisterung hielt sich in Grenzen: Die Objekte waren alltäglich, fast Müll, allzu vertraut. Warum sollte es spannend sein, sie wieder in der Hand zu halten?

Nach drei Monaten hatte sich ihre Perspektive jedoch deutlich verändert. Die Teilnehmenden berichteten, sich nun darauf zu freuen, die Inhalte ihrer Zeitkapseln zu sehen, und erzählten später, wie schön sie es fanden, sie sich wieder anschauen zu dürfen. Obwohl sie geglaubt hatten, sie würden sich nur zu gut an die Inhalte erinnern, hatten sie das Meiste von dem, was sie eingelagert hatten, vergessen, und diese Dinge wiederzuentdecken, bereitete ihnen ganz klar Vergnügen.

Aus der Perspektive des Verhaltenswissenschaftlers, der Rituale untersucht, ist eines der verblüffendsten Ergebnisse dieses Versuchs, dass die positive Wirkung des Wiederentdeckens sich am stärksten bei gewöhnlichen Ereignissen zeigte, nicht bei außergewöhnlichen, also bei Erlebnissen und Augenblicken, die uns kaum auffallen, während sie geschehen. Sie bleiben häufig unbeachtet; zu klein oder vertraut sind sie, um unsere unvermeidlicherweise begrenzte Aufmerksamkeit zu fesseln. Für eine andere Studie trugen wir hundertzweiundfünfzig Menschen in einer romantischen Beziehung auf, zwei verschiedene Tage in ihrem Leben zu beschreiben: den 7. und den 14. Februar. Drei Monate später baten wir sie, die Beschreibungen noch einmal zu lesen, und fragten sie, wie viel Freude es ihnen gemacht hatte. Man könnte meinen, sich an den romantischen Abend zu erinnern, den man anlässlich des Valentinstags zusammen verbracht hatte, würde für mehr Begeisterung sorgen, als sich einen gewöhnlichen 7. Februar ins Gedächtnis zu rufen. Doch da sich die Menschen in der Regel ziemlich gut an den Valentinstag erinnern, gab es nicht viel wiederzuentdecken. Sie hatten viel mehr Spaß daran, den beliebigen Tag wiederzuentdecken, den sie mit weit höherer Wahrscheinlichkeit vergessen hatten.

Wie es ein Elternteil in einer anderen unserer Studien ausdrückte: »Wieder über die alltäglichen Dinge zu lesen, die ich mit meiner Tochter unternommen habe, hat meinen Tag verschönert. Ich bin froh, dass ich mich entschieden habe, über dieses Ereignis zu schreiben, weil es mich nun so glücklich macht.« Nostalgie kann bittersüß sein, weil eine gewisse Traurigkeit über die Vergangenheit mitschwingt. Es ist belegt, dass Nostalgie unsere Glücksgefühle und sogar das Gefühl von Sinn im Leben verstärken kann.[24] Das scheinbar seltsame Ritual des Vergrabens unserer Gegenwart bietet eine einmalige Gelegenheit, uns zurück in die Vergangenheit reisen zu lassen.

Genuss durch Reduktion

In Schweden kam vor einiger Zeit ein Ritual auf, das *döstädning* heißt. Das schwedische Wort *dö* bedeutet »Tod« und *städning* »sauber machen« oder »aufräumen«. Es geht allerdings nicht unmittelbar dem Sterben voraus und erfolgt auch nicht, nachdem jemand gestorben ist. Vielmehr ist es eine Einladung, über all die Dinge zu reflektieren, die man zu Hause hat: Nützen sie einem selbst und den Menschen, mit denen man zusammenlebt noch? Was ist mit dem zukünftigen Ich? Wird es sie verwenden oder sich an ihnen erfreuen? Wenn nicht, ist es wohl Zeit, sich von ihnen zu verabschieden.[25] Im Iran bringt der Frühling Nouruz, ein Erneuerungsritual, das metaphorisch darüber hinausgeht, sich nur mit den Dingen im Haus zu beschäftigen: *Khane Takani* bedeutet, »das Haus schütteln«.[26]

2017 veröffentlichte Margareta Magnusson den Bestseller *Frau Magnussons Kunst, die letzten Dinge des Lebens zu ordnen*, in dem sie den Lesenden Tipps gibt, wie sich dieses ultimative Reinigungsritual am besten angehen lässt. Sie beschreibt darin *döstädning* als Gelegenheit für Wiederentdeckungen, einen bewussten Prozess des Aussortierens, der zu einer heiteren Klarheit führt: »Mir macht es Freude, meine Sachen durchzusehen und mich daran zu erinnern, welchen Wert sie einmal für mich besessen haben.«[27] Bei diesem Aufräumen geht es weniger ums Fegen und Wischen – auch wenn das natürlich ein Teil davon sein kann –, sondern mehr darum anzuerkennen, dass uns nichts von diesem »Zeug« auf der Reise ins nächste Leben begleiten wird. Wir können nicht nur den Konsum genießen, sondern auch sein Gegenteil. Weniger ist, wie der modernistische Stararchitekt Mies van der Rohe bekanntlich feststellte, oft mehr.[28]

In der Vergangenheit war der Frühjahrsputz eine Notwendigkeit. Im Nordamerika des 19. Jahrhunderts war der Frühling die Zeit, in der man den Ruß des Winters, der durch das Verbrennen von Holz, Kohle und Tran entstanden war, wegschrubbte.[29] Für viele Menschen heute bedeutet Frühjahrsputz, ihre Räume zu reinigen und zu feiern, was als Nächstes kommt – ein Neustart in eine neue Zeit. 2022 vollführten 78 Prozent aller Amerikaner*innen irgendeine Art von Frühjahrsputzritual – ein deutlicher Anstieg von 69 Prozent im Jahr 2021. Rajiv Surendra, Schauspieler und Kalligrafiekünstler aus New York, ist einer dieser begeisterten saisonalen Putzteufel. Surendra ist überzeugt von der Methode, sich »wie Cinderella« auf Hände und Knie zu begeben und zu schrubben. »In der Woche, in der ich putze«, sagte er der *New York Times*, »fühlt es sich an, als würde ich nicht leben, als hätte ich den Pausenknopf gedrückt.« Teil seines Rituals ist es, in seiner Wohnung »ausdrücklich jeden Gegenstand einmal in die Hand zu nehmen«.[30]

Surendras Reinigungsritual ist dem der Lifestyleikone Marie Kondo nicht unähnlich. Kondo sagt ihren zahllosen Fans und Followern: »Die entscheidende Frage, die man sich stellen muss, um zu entscheiden, ob man etwas behält oder ausrangiert, lautet: Löst es in mir ein Glücksgefühl aus? Es ist wichtig, es dabei anzufassen, und damit meine ich, es fest in beiden Händen zu halten, als träte man in einen Dialog. Achten Sie genau darauf, wie Ihr Körper währenddessen reagiert.« Sie beschreibt diese Freude als »einen kleinen Schauer, als ob die Zellen in Ihrem Körper ganz leicht aufsteigen«.[31] Und wenn keine Zellen aufsteigen? Ab in den Müll. Diese Aufräumrituale veranschaulichen die Macht des Weniger. Kondos viele Follower können diesen Effekt bezeugen: Die »Löst es Glücksgefühle aus?«-Methode hilft ihnen, bewusster mit dem umzugehen, was sie behalten, und diese Gegenstände wertzuschätzen.

—

Rituale des Verzehrs und der Wiederentdeckung bilden ein Gerüst für unser alltägliches Leben und werten es auf. Marketingexpert*innen haben ihren Reiz ebenfalls entdeckt und verkaufen uns zahllose Rituale, die mit ihren Produkten zusammenhängen. Stella Artois ist darin nicht allein. Die Liste von Unternehmen, die auf den Ritualzug aufspringen, ist lang und wird immer länger. Heute kann man Vitamine mit Ritualbranding kaufen, Badeprodukte, Kaffee, Fertiggerichte und Tequila. 2017 führte Oreo die Oreo Dunk Challenge ein, mit

Shaquille O'Neals Freestyle-Dunk. Das erklärte Ziel: »das Oreo-Keks-Eintauchen in die Kultur zu integrieren«.[32] Der Getränkehersteller Ujji beschreibt den Genuss seines Produkts als »flüssiges Ritual«.[33] Bei Footballspielen in Nebraska werden Hamburger in der Form des Bundesstaats gegrillt, und echte Cornhuskers-Fans quetschen ihre Gewürzsaucen den Platte River hinunter.[34] Zwar können diese Rituale funktionieren – Ujji-Kundin Anastasia aus Philadelphia schwärmte: »Danke, dass ihr Magie im Becher macht.« Die Wissenschaft legt jedoch nahe, dass wir, statt passiv Rituale zu übernehmen (oder zu kaufen), die Unternehmen sich ausdenken und vermarkten, besser aktiv Mühe und Aufmerksamkeit darein investieren sollten, unsere eigenen zu entwickeln. Rituale des Verzehrs erinnern uns daran, zu genießen und mehr Freude aus jedem Moment unseres Lebens, jeder Erinnerung, jedem Schluck und jedem Biss herauszuholen.

6

Dranbleiben

Die Freuden der Selbstdisziplin

I want to do right but not right now.
- Gillian Welch[1]

Haben Sie jemals Ihren Tag mit einem solchen Frühstück begonnen: fettarmer Biovanillejoghurt, Himbeeren, Heidelbeeren, Pekannüsse und gekeimtes Vollkornmüsli? Falls ja, Hut ab. Ein gesunder Start, der große Disziplin beweist.

Und möglicherweise war Ihr Mittagessen genauso beeindruckend? Grünes Biogemüse vielleicht, mit fettreduziertem Limette-Basilikum-Dressing?

Doch wie sah der Rest des Tages aus? Ist der vorbildliche Beginn schon einmal in Enttäuschung geendet? Mit einem Minz-Schokostückchen-Eis-Sandwich, Goldfischcrackern, Bier und Weißwein? Wir streben oft Selbstkontrolle an (in diesem Fall durch gesündere Ernährung) und gewinnen dabei ein paar Schlachten, während wir andere verlieren. Eiscremesandwiches mit Bier und Wein gehörten garantiert nicht zum Plan.

Ernährung ist nur ein Beispiel dafür, wie schwer es uns fällt, Selbstkontrolle auszuüben. Im Alltag müssen wir ständig der Versuchung widerstehen, und diese kann viele Formen annehmen.

Die Psychologen Kathleen Vohs, Wilhelm Hofmann, Roy Baumeister und Georg Förster rekrutierten zweihundertfünf

Menschen aus Würzburg und Umgebung zur Teilnahme an einer einwöchigen Studie zu Versuchungen im Alltag. Siebenmal am Tag poppte auf den Handys der Teilnehmenden die Frage auf, ob sie »im Augenblick ein Bedürfnis verspüren« – ein Gelüst, ein Verlangen oder den Wunsch, etwas Bestimmtes zu tun. Fast bei der Hälfte der Antworten fühlten sie sich hin- und hergerissen zwischen dem, was sie tun sollten, und dem, was sie tun wollten – was jahrhundertelang harsch als »Willensschwäche« bezeichnet wurde. In mehr als der Hälfte der berichteten Konflikte ging es um Prokrastination und darum, den zeitverschwendenden Versuchungen zu widerstehen, um Dinge erledigt zu bekommen. Eine weitere verbreitete Ursache für den inneren Kampf waren Gesundheit und Fitness, also das Bemühen, Sport zu treiben, sich besser zu ernähren und weniger Alkohol zu trinken. Das Verlangen nach Kaffee war morgens besonders hoch, das nach Alkohol abends, und das Bedürfnis nach einem Nickerchen war eine ständige Versuchung. Zu den Abstinenzzielen gehörte zum einen, kein Geld auszugeben, und zum anderen, den Partner beziehungsweise die Partnerin nicht zu betrügen.[2]

Dann bekamen alle Teilnehmenden eine weitere Frage zu ihrer aktuellen Versuchung gestellt: Ist es Ihnen gelungen, ihr zu widerstehen? Die Erfolgsquote war bescheiden – in ungefähr 42 Prozent der Fälle scheiterten die Bemühungen um Selbstdisziplin. Dem Verlangen nicht nachzugeben, wurde umso schwieriger, je mehr Versuchungen die betroffenen Personen an diesem Tag bereits abgewehrt hatten. Wir alle haben unsere Grenzen.

Durch das automatisierte Treffen von Entscheidungen können uns Gewohnheiten die Mühen der Selbstdisziplin ein wenig erleichtern, aber narrensicher ist dieser Weg nicht. Vielleicht haben wir zu Hause gute Gewohnheiten – keine ungeplanten

Zwischenmahlzeiten zum Beispiel –, aber sie sind nicht übertragbar. Wir könnten zum Beispiel die Angewohnheit haben, bei bestimmten Aktivitäten wie einem Kinobesuch zu snacken. Die Psychologen David Neal, Wendy Wood, Mengju Wu und David Kurlander verteilten am Eingang eines Kinos kostenloses Popcorn. Die Hälfte der Menschen bekam frisches Popcorn, die andere Hälfte sieben Tage altes, fades Popcorn. Die gute Nachricht: Diejenigen, die üblicherweise kein Popcorn im Kino aßen, knabberten weniger von dem abgestandenen als von dem frischen Popcorn. Doch diejenigen, die normalerweise Popcorn im Kino aßen, schienen den Unterschied gar nicht wahrzunehmen – sie verzehrten gedankenlos genauso viel frisches wie altes.[3]

Rituale unterscheiden sich jedoch von Gewohnheiten und eröffnen einen anderen Weg zur Selbstregulierung.

Lebensverändernde Magie – das Original

Viele von uns fühlen sich in einem inneren Kampf gefangen – während die besseren Seiten unserer Natur, unsere Engel, versuchen, allen schlechten Impulsen zu widerstehen, drängen uns unsere Dämonen, den Weg des geringsten Widerstands zu gehen und uns geschlagen zu geben. Entweder bemühen wir uns, gut zu sein, haben aber Schwierigkeiten damit, oder wir sind bereits gescheitert und suhlen uns in Schuldgefühlen. Angesichts unserer fortwährenden Probleme, disziplinierter zu werden, überrascht es nicht, dass Religionen überall auf der Welt Rituale entwickelt haben, um uns diesbezüglich zu stärken. Vom Buddhismus bis zum Christentum, vom Hinduismus über den Islam bis zum Judentum, um nur einige zu nennen, enthalten sie alle Elemente des Verzichts. Damit sollen wir unsere Selbstdisziplin trainieren und unsere Hingabe beweisen. Zu gewissen Tageszeiten, Zeitpunkten in der Woche oder in bestimmten Monaten müssen wir etwas aufgeben, was wir lieben. (Menschen versuchen gelegentlich, das System auszutricksen. Eine Mutter schrieb beispielsweise: »Mein Sohn hat wieder einmal geschworen, während der Fastenzeit auf Brokkoli zu verzichten – ein Gemüse, das er noch nie angerührt hat.«)

Der politische Philosoph Michael Walzer nimmt an, dass Johannes Calvin, die führende Figur der protestantischen Reformbewegung im 16. Jahrhundert und Begründer des Calvinismus, viele der strengen Rituale dieser Religion – wie den Bann von Musikinstrumenten im Gottesdienst – nicht nur als Gegenmodell zu dem aus seiner Sicht übertriebenen Prunk der römisch-katholischen Messe entwickelt hat, sondern auch, um die Menschen auch außerhalb des Gottesdienstes, in ihrem Alltag, zu Enthaltsamkeit zu erziehen.[4]

Hilft Religion uns, auf den Engel in uns zu hören? Auf eine offensichtliche Art ganz bestimmt. Verpflichtet man sich, religiöse Regeln zu befolgen, bedeutet das häufig, dass man unter einer gewissen Beobachtung steht. Einer Kirchengemeinde anzugehören, kann soziale und emotionale Unterstützung bedeuten, aber auch Schande, wenn wir scheitern. Die Psychologen Zeve Marcus und Michael McCullough vermuten, dass es dabei um mehr geht als um die Angst vor gesellschaftlicher Ächtung. Statt den Fokus darauf zu legen, dass Religionen aufwendige Rituale erfordern – die Disziplin, den Gottesdienst zu besuchen, zu beten, meditieren und fasten –, betonen sie, dass sie den Menschen dabei helfen, ihre Fähigkeiten zur Regulation und Kontrolle des eigenen Verhaltens, also ihrer Selbstdisziplin im Allgemeinen, zu verbessern.[5]

Religion war zweifellos Bestandteil einiger der erstaunlichsten Leistungen der Menschheit. Bereits im 11. Jahrhundert nach der Zeitenwende beispielsweise führten die Mönche der Shingon-Richtung des japanischen Buddhismus folgendes Ritual durch:

> In den ersten eintausend Tagen übe dich in strenger Leibesertüchtigung und ernähre dich von Wasser, Samen und Nüssen.

> In den folgenden eintausend Tagen trinke Tee aus dem giftigen Saft, der üblicherweise als Lack genutzt wird.

> Dann lass dich in der Lotusposition sitzend lebendig in einer steinernen Gruft beerdigen, atme durch eine Röhre und läute einmal am Tag eine Glocke. Hört das Läuten auf, wird das Grab versiegelt.

Nach weiteren eintausend Tagen des Wartens wurde das Grab geöffnet, und man stellte die Mönche, die sich sterbend selbst mumifiziert hatten – *sokushinbutsu* – in Tempeln aus und verehrte sie.[6]

So extrem dieses Ritual auch ist, diese Mönche sind weder Sonderfälle, noch sind solche Praktiken auf frühere Jahrhunderte beschränkt. Die Mönche aus dem griechischen Kloster Simonopetra, das im 13. Jahrhundert gegründet wurde, haben eine Zeremonie, bei der sie ganze vierundzwanzig Stunden lang aufrecht stehen, ohne zwischendurch etwas zu essen oder zu trinken. Wie Simon Critchley es in der *New York Times* beschreibt:

> Weihrauchduft aus den Gefäßen, die wie eine perkussive Begleitung der rituellen Gesänge hin und her geschwungen wurden, hing schwer in der Luft … Die körperliche

Disziplin der Mönche war schwer zu fassen. Sie standen stundenlang da, ohne sich zu bewegen, ohne ein Zucken, Zappeln oder Nägelbeißen. Niemand trank auch nur einen Schluck, keiner wirkte durstig. Gegen Ende, als es fast Mitternacht war, merkte ich, dass ein oder zwei ein Gähnen unterdrückten, aber das war alles.[7]

In beiden Beispielen sind Rituale untrennbar verbunden mit nahezu übermenschlichen Akten der Selbstdisziplin. Die Forschung legt nahe, dass religiöse Rituale Menschen helfen können, ihre Ressourcen auf ein bestimmtes Ziel auszurichten – bei praktizierenden Gläubigen ist die Wahrscheinlichkeit, dass sie ins Gefängnis kommen oder Drogen nehmen, geringer, während die Wahrscheinlichkeit, dass sie ihre Bildung vorantreiben, höher ist.[8]

Bei all diesen Beispielen fehlt jedoch eine wichtige Kontrollgruppe: Menschen, die ähnliche Meisterleistungen der Selbstkontrolle erzielt haben, aber *ohne* eine religiöse, rituelle Komponente. Eine wesentliche Frage bleibt: Sind es religiöse Rituale im Besonderen, die Menschen helfen, größere Selbstdisziplin aufzubringen, oder hätten Menschen ähnliche Leistungen mithilfe von Ritualen vollbringen können, die weniger in einer Tradition verankert oder gar ganz neu sind?

Den Marshmallow-Test testen

Den meisten Menschen sagt der »Marshmallow-Test« des Psychologen Walter Mischel etwas: Man gibt kleinen Kindern ein Marshmallow und sagt ihnen, wenn sie eine Viertelstunde lang abwarten, bevor sie es essen, bekommen sie ein Marshmallow mehr.[9] Diese Aufgabe bringt das Konzept des Belohnungsaufschubs perfekt auf den Punkt: die Fähigkeit, im Namen eines höheren, späteren Ziels unseren Begierden zu widerstehen. (Die religiöse Analogie dazu ist es, ein tugendhaftes Leben auf Erden zu führen, um nach dem Tod mit einem Leben im Himmel belohnt zu werden.) Kinder, die an dem Experiment teilnehmen, leiden, sie winden sich und haben Mühe, das Warten auszuhalten. Kann man irgendetwas tun, um ihnen zu helfen, die unmittelbare Befriedigung hinauszuzögern und die doppelte Menge an Süßigkeiten zu bekommen?

In einem Experiment mit zweihundertzehn Kindern (hauptsächlich im Alter von sieben und acht) aus der Slowakei und Vanuatu wollten die Anthropologin Veronika Rybanska und ihr Team die Fähigkeit der Kinder, die Belohnung aufzuschieben, fördern.[10] Über einen Zeitraum von drei Monaten wurden die Schüler und Schülerinnen aus ihrem normalen Unterricht geholt, um Spiele zu spielen. In einem dieser Spiele sollten sie auf unterschiedliche Trommelschläge mit unterschiedlichen Bewegungen reagieren:

> Die Kinder sollten zu schnellen Trommelschlägen schnell laufen und »einfrieren«, wenn das Trommeln aufhörte. Die Lehrkräfte forderten die Kinder auch auf, auf entgegengesetzte Hinweise zu reagieren (bei schnellen Trommelschlägen langsam zu gehen und umgekehrt), und verbanden verschiedene Handlungen mit bestimmten Trommelsignalen (zum Beispiel schnell hüpfen zu schnellen Trommelschlägen und kriechen zu langsamen).[11]

Jedes dieser Spiele war darauf ausgerichtet, dass die Kinder Selbstregulierung übten. Im Falle des Trommelbewegungsspiels beispielsweise erfordert das Reagieren auf entgegengesetzte Signale – vom schnellen Gehen zu schnellen Trommelschlägen zu langsamem Gehen zu schnellen Schlägen zu wechseln – Anstrengung und Selbstdisziplin.

Nach drei Monaten wurde mit allen Kindern eine Variante des Marshmallow-Tests durchgeführt: Sie konnten entweder eine Süßigkeit sofort oder drei Stück später bekommen. Das Training zeigten Wirkung. Kinder, die es drei Monate durchgeführt hatten, konnten die Belohnung deutlich länger aufschieben als Kinder, die diese Spiele nicht gespielt hatten.

Doch Rybanskas Studie besaß noch eine weitere Ebene: Die Forschenden hatten die spielenden Kinder in zwei Untergruppen eingeteilt. In der ersten Untergruppe erhielten die Kinder eine eindeutige Erklärung dafür, weshalb sie an den Spielen teilnahmen: Wenn sie durch ihre Praxis lernten, schnell zu den schnellen Trommelschlägen zu hüpfen, würden sie bessere Tänzer und Tänzerinnen. Der zweiten Untergruppe gaben die Lehrkräfte keine Erklärung. Über die drei Monate sagten sie den Kindern bloß, dass sie gleichzeitig anfangen müssten, zu gehen und zu hüpfen. Das Ergebnis? Die Kinder, die keine Erklärung bekommen hatten, schienen sich ihre eigenen Begründungen überlegt zu haben: Was sie taten, musste irgendeinen tieferen Sinn haben. (Denken Sie an B. F. Skinners Tauben zurück, die ihr willkürliches Picken und Nicken für wirkungsvoll hielten!) Dies bedeutete, dass die Kinder in der ersten Untergruppe daran gewöhnt wurden, die Spiele als bloße Übungen zu betrachten, während die Kinder in der zweiten Untergruppe darauf trainiert waren, sie eher als etwas Rituelles zu sehen. Die Daten der Kinder in der zweiten Untergruppe zeigten, dass sie länger auf die Süßigkeiten warten konnten als jede andere Gruppe.

Das ist das werkzeugkofferhafte Wesen von Ritualen. Ja, wir verwenden sie, wenn wir genießen wollen. Aber wir bedienen uns ihrer auch, wenn wir beschlossen haben, dass Genuss im Augenblick nicht dran ist.

In der Schleife gefangen

Die Mönche der Shingon-Richtung des Buddhismus führten jahrtausendelang dieselben Rituale durch. Rituale und Wiederholungen können mächtige Hilfsmittel sein, um die Selbstkontrolle zu verbessern; aber ritualisiertes Verhalten kann mit der Zeit auch beginnen uns zu kontrollieren. Der humoristische Autor David Sedaris kämpft mit einer Zwangsstörung und hatte in seiner Kindheit eine Reihe von Ritualen entwickelt. Er beschrieb seine Erfahrungen in einem aufschlussreichen und zugleich extrem lustigen Essay mit dem Titel »A Plague of Tics« anhand einer Konfrontation mit einer Lehrerin in der Grundschule.

> »Du springst herum wie ein Floh«, sagt seine Lehrerin. »Ich muss nur für zwei Minuten nicht hinsehen, und dann stehst du da und drückst die Zunge an den Lichtschalter. Vielleicht macht man das so, wo du herkommst, aber hier in meinem Klassenzimmer verlassen wir nicht einfach unseren Platz und lecken an irgendwelchen Dingen, wann immer uns der Sinn danach steht. Das ist Miss Chestnuts Lichtschalter, und sie bevorzugt es, wenn er trocken ist. Wie würdest du es finden, wenn ich zu dir nach Hause käme und dort die Lichtschalter ablecken würde? Hm, wie fändest du das?« Ich versuchte mir vorzustellen, wie sie das tat, aber mein Schuh sprach zu mir. ZIEH MICH AUS, flüsterte er. TIPPE

MIT MEINER FERSE DREIMAL GEGEN DEINE STIRN. TU ES JETZT, SCHNELL. NIEMAND WIRD ES BEMERKEN.[12]

Zwangsstörungen sind durch ritualisierte Zwangshandlungen und »das Bedürfnis nach Ordnung oder Symmetrie« definiert.[13] Die Psychologen Richard Moulding und Michael Kyrios schreiben, eine Zwangsstörung werde »dadurch charakterisiert, dass das Individuum danach strebt, seine Gedanken und durch den Gebrauch von Ritualen auch seine Umwelt zu kontrollieren«.[14] Menschen mit Zwangsstörungen haben den Eindruck, weniger Kontrolle auszuüben, aber zugleich ein ausgeprägtes Verlangen danach. Rituale helfen, das Gefühl von Kontrolle wiederzuerlangen, allerdings nicht vollständig – was zu noch mehr ritualisiertem Verhalten führt. Kate Fitzgerald von der University of Michigan sagt, es sei, »als würde ihr Fuß auf der Bremse stehen und ihnen sagen, dass sie stoppen sollen, aber die Bremse ist nicht so mit den Rädern verbunden, dass sie ihre Bremswirkung entfalten kann«. Kontrollierte, wiederholte Verhaltensweisen wie das mehrfache Überprüfen von Schlössern und Haushaltsgeräten, das mehrfache Nachhaken, ob es Angehörigen gut geht, und andere Handlungen wie Zählen oder Klopfen sind deshalb Kernsymptome einer Zwangsstörung.

Der Anthropologe Alan Fiske vertritt die These, die Ursachen von Zwangsstörungen seien tief in der menschlichen Psyche verankert. Er argumentiert, dass Zwangshandlungen eine funktionelle Ähnlichkeit mit den Ritualen der frühen Jäger-und-Sammler-Gesellschaften aufweisen. Für diese war es lebensnotwendig, Ansteckungen zu verhindern, Lebensmittel und Trinkwasser zu reinigen sowie aufmerksam nach Bedrohungen durch Tiere und Feinde Ausschau zu halten. Er meint, Zwangsstörungen seien ein pathologischer Ausdruck der Rituale, die unsere Vorfahren regelmäßig durchführten, um ihre Gesundheit und Sicherheit zu gewährleisten.[15]

Menschen mit Zwangsstörungen fällt es unglaublich schwer – manchmal erscheint es ihnen unmöglich –, mit ihren Ritualen aufzuhören.[16] Das Ritual hat sich verselbständigt. Sedaris schreibt etwas Ähnliches über eines seiner eigenen Verhaltensmuster als Kind: sich vor und zurück wiegen. »Es gab nichts, was ich lieber getan hätte. Es ging nicht darum einzuschlafen, es war kein Schritt hin zu einem höheren Ziel. Das Wiegen selbst war das Ziel.«[17]

Wir können nicht über Rituale und Selbstdisziplin sprechen, ohne die Rolle von Ritualen bei Essstörungen wie Anorexia nervosa zu erwähnen. Viele Menschen, die darunter leiden, entwickeln Rituale des Verzichts oder des Fastens, die gelegentlich denen aus unserer Forschung ähneln. In Studien von Deborah Glasofer und Joanna Steinglas berichtete eine Frau mit dem Pseudonym Jane beispielsweise, dass sie ein Ritual entwickelt habe, »zu Mittag eine Mahlzeit mit 150 Kalorien zu essen: Joghurt ohne Fett und eine Handvoll Beeren«. Dabei habe sie einen Kinderlöffel verwendet, »damit der Joghurt länger ausreichte«, und zwischen jedem Löffel einen Schluck Wasser getrunken. Aus Janes Sicht erfüllte das Ritual seinen Zweck. Als Jugendliche verlor sie so Gewicht und fühlte sich dadurch anfangs erfolgreich. Doch im Laufe der Jahre entglitt Jane die Kontrolle, und sie wurde gefährlich dünn und krank. Wie Glasofer und Steinglass schreiben: »Ihre Routinen werden praktisch automatisch abgespult, ohne dass das Ergebnis eine Rolle spielt.«[18] Diese wiederholten Rituale des Nichtverzehrs können mit einem kurzfristigen Aufflackern von Genuss und Kontrolle einhergehen, was es für die Betroffenen so schwierig macht, ihre Praktiken aufzugeben.[19]

Einige therapeutische Optionen begegnen destruktiven Ritualen mit anderen Ritualen. Zu den gängigsten Behandlungen von zwanghaftem Verhalten beispielsweise gehört das »Gewohnheitsumkehrtraining«.[20] Die Idee ist, das zugrunde liegende Verhalten zu identifizieren, das die Probleme verursacht, und es durch etwas anderes zu ersetzen. Ist die schlechte Angewohnheit beispielsweise das Nägelkauen, lernen die Patient*innen zu registrieren, wenn sie die Hand zum Mund führen, und dann etwas anderes zu tun – die Hände zu Fäusten ballen oder sie nach unten an den Körper bringen und bis drei zählen. Das wird als Training »inkompatibler Reaktionen« bezeichnet. Es handelt sich außerdem um ein einfaches Ritual, wie Ihnen vielleicht aufgefallen ist – eine wiederholbare Reihe von Handlungen, die uns helfen, innezuhalten und die Kontrolle über das, was wir tun, zurückzugewinnen.

Viele Strategien, um aus einem Teufelskreis wie Drogen- oder Esssucht auszubrechen, basieren darauf, Rituale zu entwickeln, die als Gegengewicht oder konkurrierende Reaktion dienen. Der ehemalige Drogenabhängige Mark Seaman arbeitet bei Earth Rhythms in West Reading, Pennsylvania. Er leitet ein Rehabilitationsprogramm mit dem Namen »Drumming Out the Drugs«, das darauf abzielt, den Sog der Sucht durch Gemeinschaft und Musik zu ersetzen. Seaman weiß aus eigener Erfahrung, dass sich Abhängige häufig isoliert fühlen und dass Kontakte essenziell sind, um den Kreislauf zu durchbrechen. Seaman hat das Programm eingeführt, um mit dem Trommeln ein neues Ritual anzubieten und eine neue Form der Verbindung, um alte, mit der Sucht verknüpfte Verhaltensweisen zu ersetzen. »Das Trommeln erreicht die Menschen auf einer tieferen Ebene«, sagt er. »Es erzeugt ein Gemeinschaftsgefühl, vereint Körper, Geist und Seele.«

Seaman beginnt die Treffen damit, dass er die Teilnehmenden bittet, sich eine Trommel auszusuchen und der Gruppe durch Trommeln zu zeigen, wie sie sich fühlen. Das anfängliche Klangchaos wird allmählich koordinierter, und die Gruppe geht dazu über, gemeinsam Musik zu machen. Jede Session endet damit, dass das Schlagwerk in eine Form der Meditation integriert wird. Es ist eine neue Herangehensweise an gruppentherapeutische Angebote wie die Anonymen Alkoholiker und ein neues Ritual, das Menschen regelmäßig zusammenbringen und die Gelegenheiten für einen Rückfall reduzieren soll.[21]

7

Werden

Riten (und Nieten) des Übergangs

Everybody knows
It hurts to grow up.
- Ben Folds[1]

Der japanische Ausdruck *wabi-sabi* lässt sich schwer in andere Sprachen übersetzen – *wabi* drückt »die elegante Schönheit bescheidener Einfachheit« aus und *sabi* »das Vergehen der Zeit und den damit einhergehenden Verfall«.[2] Der Ausdruck beinhaltet eine ganze Philosophie: die Einsicht, dass Dinge im Laufe der Zeit zerbrechen und vergehen und dass dies eine ganz eigene Schönheit hervorbringen kann.

Wir verändern uns unser Leben lang – wir wachsen, wir lernen, wir altern, wir reifen. Wir *führen* auch immer wieder absichtlich einen Wandel *herbei*. Manche sind einfach. Wir haben immer Vanilleeis bestellt und wechseln ohne großes Theater zu Schokoladeneis. Doch die großen Umbrüche – wenn wir Eltern werden oder uns vor unseren Eltern outen, wenn wir eine neue berufliche Laufbahn einschlagen oder von etwas genesen – sind es nicht unbedingt. Bei diesen Übergängen, Veränderungen, die den Kern unserer Identität betreffen, können wir nicht ohne Weiteres das Alte hinter uns lassen und ganz von vorn beginnen. Vielmehr nehmen wir einige Elemente unseres alten Ichs mit uns, selbst bei kühnen Neuentwürfen unserer selbst. Wie bei *wabi-sabi* entsteht die Schönheit dadurch, dass etwas Altes zerbricht, wir die Scherben einsammeln und sie zu einem neuen Ich zusammenfügen, einem, das durch die Mühe und die Kämpfe, die wir durchgemacht haben, umso sinnhafter und wahrhaftiger ist.

Übergangsriten

Zu Beginn des 20. Jahrhunderts prägte Arnold van Gennep im Zusammenhang mit seiner Recherche über die Geschichte französischer Folklore (in seinem sinnigerweise *Les Rites de Passage* betitelten Buch) den Begriff *rites de passage*, um diese transformativen Momente in unserem Leben zu beschreiben. Er beobachtete, dass Menschen in sehr unterschiedlichen Gesellschaften und Kulturen auf eine gemeinsame Praxis zurückgreifen, wenn sie sich neu erfinden: Sie lassen sich von Ritualen zu ihrem neuen Ziel führen. Van Gennep unterschied drei verschiedene Übergangsphasen: Trennungsriten, wenn wir unsere vorherige Identität hinter uns lassen, Übergangs- oder Schwellenriten inmitten der Veränderung und Wiedereingliederungsriten, wenn wir unsere neue Identität vollständig übernehmen. Die zweite Phase, die des Übergangs, ist die verworrenste, doch in vielerlei Hinsicht auch die wichtigste. Hier bringt uns der Übergangsritus vom Sein zum Werden, von den Rändern zurück ins Zentrum, von der unklaren Mitte auf festen Boden, von der Person, die wir waren, zu der, die wir sein werden.[3]

Die elegante Schlichtheit von van Genneps Konzept wird deutlich, wenn man die Häufigkeit, Bandbreite und Komplexität der Übergangsrituale in allen Kulturen studiert und begreift, dass sie trotz der außergewöhnlichen Vielfalt ihrer Formen immer dazu genutzt werden, Menschen von einer Ausprägung des Ichs in eine andere zu befördern.

Bei den Amischen wird der Beginn des Erwachsenendaseins durch das Ende von *Rumspringa* markiert – wortwörtlich »herumspringen« –, einer Zeit, die im Alter von sechzehn Jahren beginnt. Dies ist die Schwellenphase, in der die Jugendlichen eine Weile nicht den strengen Regeln der Amischen unterliegen und Dinge tun dürfen wie motorisierte Fahrzeuge führen und sogar Alkohol und Drogen konsumieren. *Rumspringa* endet, wenn die Jugendlichen sich entweder entscheiden, dass sie getauft werden oder die Gemeinschaft für immer verlassen wollen.[4] Beim brasilianischen Sateré-Mawé-Stamm werden dreizehnjährige Jungen einem Initiationsritual mit der tropischen Riesenameise unterzogen. Achtzig dieser Insekten, deren Stich zu den schmerzhaftesten der Insektenwelt gehört, werden in besondere Handschuhe gewoben, sodass ihre Stechwerkzeuge nach innen zeigen. Jeder Junge muss die Handschuhe fünf bis zehn Minuten lang tragen – und zwar nicht nur einmal, sondern zwanzigmal.[5] Im Judentum wird der Übergang zum Erwachsenwerden durch die Bar- und die Bat-Mizwa gefeiert, bei der die Zwölf- oder Dreizehnjährigen vor der Familie und der Gemeinde aus der Thora rezitieren. Bar- und Bat-Mizwa finden in einem Alter statt, in dem die Kinder der jüdischen Tradition zufolge bereit sind für eine unabhängigere Beziehung zu ihrem Glauben. Sie können nun selbst Verantwortung innerhalb ihrer Gemeinde übernehmen und in eine reifere Version ihrer jüdischen Identität wachsen.[6]

In Norwegen begehen die Schüler*innen nach Abschluss der weiterführenden Schule das *Russefeiring*. Bei diesem Übergangsritus tragen die Jugendlichen Mützen mit Bändern, in die für jede gemeisterte Mutprobe, die offiziell vom Russkomitee abgesegnet wurde, Gegenstände geknüpft werden. Zu den Herausforderungen, die dabei absolviert werden, gehört es, eine Nacht in einem Baum zu schlafen (ein Zweig von dem Baum wird an die Mütze geknotet), knurrend und nach den Beinen der Kundschaft schnappend durch einen Supermarkt zu krabbeln (ein Hundekeks wird an die Mütze geknotet) und irgendwelche Menschen in einem Einkaufszentrum um ein Kondom zu bitten (ein Kondom wird an der Mütze befestigt). Unter den unangenehmen und peinlichen Aufgaben findet sich auch eine scheinbar einfache: vor dem ersten Mai draußen schwimmen zu gehen. Das klingt nicht nach einer Herausforderung, bei der es darum geht, Schmerz auszuhalten, bis man sich vor Augen führt, in welchem Land das *Russefeiring* stattfindet.[7]

Wenngleich sich die Rituale von Kultur zu Kultur inhaltlich stark unterscheiden, tauchen immer wieder dieselben Elemente auf. Der Aspekt der Körperlichkeit ist allgegenwärtig – rezitierend, kletternd und krabbelnd machen wir unseren Weg ins Erwachsenendasein. Diese körperlichen Handlungen sind zugleich häufig Mutproben (ob es die Stiche von Ameisen sind oder das Ansprechen von Fremden in der Absicht, sich Kondome geben zu lassen) und Prüfungen der Unabhängigkeit (eine komplexe Passage aus einem heiligen Text wird vor einer Menschenmenge rezitiert, man übernachtet ohne elterliche Aufsicht woanders … in einem Baum). Die beiden Elemente verstärken einander und geben einem Kind das Gefühl, bereit zu sein, den nächsten Schritt zu tun und in die nächste Lebensphase überzugehen.

Übergangsriten existieren jedoch auch in anderen Zusammenhängen als dem Übergang von der Kindheit ins Erwachsenenalter. Das alte Sanskritwort *Samskara* bedeutet Vorbereiten, Zusammenstellen und Perfektionieren. Es bezeichnet im Hinduismus auch Übergangsriten, die sich auf jegliche Art von Übergang in unserem Leben beziehen, von dem Augenblick, in dem unsere

Eltern darüber nachdenken, uns zu zeugen, bis weit nach dem Ende unseres Lebens. Es gibt *Garbhadhana* (die Absicht, ein Kind zu bekommen), *Pumsavana* (für den Fötus sorgen), *Simantonnayana* (wörtlich das Scheiteln des Haares), *Jatakarman* (Geburt), *Namakarana* (dem Baby einen Namen geben) – und so weiter, vom ersten Ausflug des Säuglings nach draußen, der ersten festen Nahrung, dem ersten Haarschnitt, dem Ohrlochstechen. Und das sind nur die für die ersten Jahre: Das *Gautama Dharmasutra* (aus der Zeit zwischen 600 und 200 vor der Zeitenwende) listet insgesamt vierzig Übergangsriten auf.[8]

Wir nutzen Übergangsriten bei jeder größeren Veränderung in unserem Leben. Bei unserem Collegeabschluss tragen wir einen Doktorhut, einen Talar und erhalten unsere Urkunde. Wenn wir heiraten, kleiden wir uns elegant, werden zum Traualtar geführt und sprechen unser Ehegelübde. Gehen wir in den Ruhestand, hält man eine nette oder satirische Rede auf uns oder schickt uns auf eine All-inclusive-Kreuzfahrt um die Welt. Wer auch immer wir vorher waren, nun sind wir jemand anderes: ein erwachsener Mensch, ein verheirateter, einer mit Collegeabschluss, ein Mensch im Ruhestand. Diese rituellen Zeremonien markieren den Übergang, die Abfolge von Handlungen stellt eine Brücke aus der Vergangenheit in die Zukunft dar und hilft uns, uns mit unserem neuen Ich zu identifizieren.

Das Ich und das Ritual

Versetzen Sie sich zurück in eine Zeit, als Sie von einer Identität in eine andere wechselten – als Sie von zu Hause auszogen, Ehemann oder Ehefrau, Mutter oder Vater wurden oder eine neue berufliche Tätigkeit aufnahmen. Wie haben Sie sich damals gefühlt?

Was mir als Erstes in den Sinn kommt, ist eine Besprechung an der Universität. Es schien, als wären alle anwesend, doch aus irgendeinem Grund begann sie nicht. Die Minuten vergingen, und ich fühlte mich zunehmend unwohl. Was lief da – oder vielmehr, warum lief nichts? Bis mir klar wurde, dass ich der älteste Anwesende war und alle anderen darauf warteten, dass ich das Meeting einleitete. Auf einmal wurde von mir erwartet, der weise Älteste zu sein; meine Zeit als Neuling war abgelaufen.

Dass ich das zuerst nicht begriff, hat teilweise damit zu tun, dass (noch) kein Ritual stattgefunden hatte, in dem mir dieser Status übertragen worden wäre: Ich hatte den Lehrstuhl offiziell noch nicht übertragen bekommen. Als Lehrstuhlinhaber ist man derjenige, der die Meetings leitet. Ich steckte im »Betwixt and Between« fest, wie es der schottische Anthropologe Victor Turner nannte, der liminalen Existenz zwischen zwei beruflichen Identitäten: dem jungen Tagelöhner und dem älteren Guru, und wusste nicht, wie ich mich verhalten sollte.[9] Rituale spielen eine entscheidende und einzigartig bedeutsame Rolle in diesen Zwischenzuständen im Leben – sie transportieren uns von einer Identität in die nächste. In diesem Fall hatte ich mich ohne das Orientierung gebende Ritual verloren gefühlt.

Als ich ordentlicher Professor wurde, veränderte sich meine eigentliche Tätigkeit gar nicht so sehr: Ich unterrichtete dieselbe Anzahl von Kursen, veröffentlichte dieselbe Anzahl von wissenschaftlichen Aufsätzen und prokrastinierte genauso lange, indem ich Spiele der Red Sox anschaute. Aber ich begann mich selbst, meine Identität, mit anderen Augen zu sehen. Ich war nun ein Bannerträger der Institution, jemand, auf dessen Wissen und Expertise sich andere verließen. Die Institution war von einer Wirtschaftshochschule, an der ich arbeitete, zu *meiner* Wirtschaftshochschule geworden – zu einem Teil meiner Identität.

Solche Momente zeigen, wie eng Rituale und »Identitätsarbeit« miteinander verknüpft sind. Schauen wir uns an, wie relevant diese Arbeit bei einem ikonischen Identitätsübergang und Vorgang des Werdens ist. Kadetten im russischen Kosmonautenprogramm müssen Jahre intensiven, häufig harten Trainings überstehen, um die enormen physischen und psychischen Belastungen der Raumfahrt auszuhalten. Sind sie schließlich bereit, im Kosmodrom Baikonur in Kasachstan von Kadetten zu echten Astronauten zu werden, befolgen sie ein dreistufiges Ritual, bevor sie ins All fliegen. Am Abend vor dem Start sehen sie sich den russischen Film *Weiße Sonne der Wüste* aus dem Jahr 1969 an. Am Tag des Starts trinken sie Champagner und unterschreiben auf ihrer Hoteltür. Und schließlich, auf der Fahrt zur Startrampe, verlassen alle Crewmitglieder den Bus und pinkeln an das linke Hinterrad.

Einige dieser Initiationsriten vor dem Start erweisen dem Weltraumpionier Juri Gagarin die Ehre: So soll er der Erste gewesen sein, der den linken Hinterreifen getauft hat. Wie andere Performancerituale sollen auch diese beruhigen. Vor allem aber illustrieren sie, wie wichtig die Identität beim Übergang von einer Lebensphase in eine andere ist. Mit der Unterschrift an der Hoteltür hinterlassen die Kosmonauten buchstäblich ein Zeichen von sich – das Urinieren auf fremdes Eigentum ist ein weiteres. Bekanntlich markieren Tiere so ihr Territorium. Für die Raumfahrenden bestätigen diese Zeichen den Übergang vom Status des Auszubildenden zu dem eines professionellen Raumfahrers oder einer professionellen Raumfahrerin und signalisieren ihre Bereitschaft für den Start.[10]

Die Rituale, die uns am wirkungsvollsten dabei unterstützen, von einer Identität in die nächste zu wechseln, sind häufig die, die ein Kennzeichen, eine Kombination verständlicher Handlungen darstellen, für die wir die Verantwortung übernehmen.

Wir sehen diese Dynamik beim Besitztumseffekt und in unserer Forschung zum IKEA-Effekt, die wir in Kapitel 2 besprochen haben. Ich liebe den Becher, weil er mir gehört, und wenn ich ihn darüber hinaus selbst getöpfert habe, verstärken sich das Gefühl der Identifikation und Verantwortung noch. Genau wie beim Becher ist es mit vielen Ritualen: Die Übergangsriten, die wir selbst entwickeln, haben einen ungeheuren Wert für uns. Sie geben uns Verantwortung, Handlungsfähigkeit und eine Möglichkeit, eine Spur in der uns umgebenden Welt zu hinterlassen. Unsere rituellen Handschriften sind ein Weg, unsere Identität, unsere Werte, uns selbst auszudrücken.

Ein neues Ich

Die Macht von Ritualen, zu markieren, wer wir sind und wer wir werden wollen, erklärt, weshalb wir an entscheidenden Wendepunkten in unserem Leben auf sie zurückgreifen – wenn wir erwachsen werden, den Bund fürs Leben schließen, ein Kind bekommen oder verwitwet werden. Aber es gibt auch Lücken. Viele wichtige Wendepunkte fallen nicht in den Geltungsbereich »traditioneller« Übergangsriten. Hier wird unser Vermögen, ganz neue Rituale zu entwickeln, besonders relevant.

In den frühen 1990ern interviewten die Soziologinnen Nissan Rubin, Carmella Shmilovitz und Meira Weiss sechsunddreißig stark übergewichtige Frauen, die beschlossen hatten, die damals relativ neue Magenbypassoperation vornehmen zu lassen. Dabei wird der Magen zur Gewichtsreduktion auf die Größe eines Eis verkleinert. Wie begegneten die Frauen dieser potenziell identitätsverändernden Operation? Manche erwähnten mit bewusst schwarzem Humor eine »Henkersmahlzeit« – eine Anspielung auf die letzte Mahlzeit von zum Tode Verurteilten. Manche

Frauen warfen ihre gesamte Kleidung weg, um ganz neu zu beginnen; andere hingegen behielten sie als Erinnerung an ihr altes Ich. Die letzten beiden Beispiele scheinen sich zu widersprechen, beide kennzeichnen jedoch eine symbolische Grenze zwischen Alt und Neu, Vergangenheit und Gegenwart. Diese Grenze mithilfe dieser »persönlichen definitorischen Riten« zu ziehen, half den Frauen, ihr neues Ich anzunehmen.[11]

Geschlechtsumwandlungsrituale haben eine ähnliche Funktion. Als Gläubige war es Elin Stillingen sehr wichtig, dass, als sie 2020 ihren neuen Namen gesetzlich annahm und auch den Geschlechtseintrag verändern ließ, die Namensänderung von der norwegischen Kirche anerkannt wurde. Sie führte in der fast eintausend Jahre alten Hoff-Kirche in Lena unter der Leitung von Pastor Stein Ovesen eine Namensänderungszeremonie durch – ein bemerkenswertes Beispiel für die Kombination von überlieferten und neuen Ritualen für einen ganz neuen Zweck. Am folgenden Tag schrieb Stillingen, ihre Namenszeremonie sei für sie gewesen »wie Heimkommen, und Jesus war da.«[12] Zeremonien wie diese unterstreichen auch, warum Deadnaming – wenn jemand den Geburtsnamen einer transgender Person verwendet, um deren Identität zu verleugnen – zutiefst verletzend sein kann. Deadnaming vermittelt, dass ein Übergang, der einem Menschen ungeheuer viel bedeutet, einen anderen nicht interessiert.[13]

Viele Menschen, die eine Geschlechtsangleichung vornehmen lassen, nutzen Anteile bereits bestehender Rituale bei der Entwicklung ihres eigenen. Rebecca aus Newton, Massachusetts, beispielsweise bat ihren Rabbi, am ersten Jahrestag ihres Lebens als Frau eine traditionelle Beerdigung für ihr männliches Ich durchzuführen. Rabbi Medwin schlug stattdessen vor, dass Rebecca ihre Weiblichkeit mit der Praxis von Mikwa, einem rituellen Reinigungsbad, zelebrieren solle. Während der Zeremonie

»tauchte Rebecca dreimal unter die Wasseroberfläche, vergegenwärtigte sich selbst als jüdische Frau und ließ ihr männliches Ich los.«[14]

Über Kulturen und Zeiten hinweg berichten Menschen, dass sie sich anders fühlen – gewandelt, transformiert –, nachdem sie einen Übergangsritus durchgeführt hatten. Manchmal besteht die Initiation in einer Kombination aus bestehenden und neuartigen Ritualen, dann wieder ist es ein traditionelles Ritual zu einem nichttraditionellen Zeitpunkt. Nehmen wir zum Beispiel eine zweite Bar-Mizwa. Mark Koller aus Mount Kisco, New York, war am 23. April 1943, dem Tag seiner eigentlichen Bar-Mizwa, Kriegsgefangener in einem ukrainischen Arbeitslager. Jahrzehntelang hatte er das Gefühl, etwas Wesentliches verpasst zu haben. Also organisierte er sich mit über achtzig, nachdem er aus dem Arbeitslager nach Israel und von dort in die USA gezogen war, eine zweite Bar-Mizwa und feierte diese im Alter von dreiundachtzig Jahren. Sein Rabbi unterstützte die Entscheidung von ganzem Herzen und bestätigt durch die Thora: die durchschnittliche Lebensdauer beträgt siebzig Jahre, also rechtfertigen dreizehn zusätzliche Jahre eine zweite Bar-Mizwa. Kollers Bibelstelle war Ezekiels Vision von leblosen Skeletten, in die das Leben zurückkehrt – was sich, wie Koller sagte, »anfühlte wie *bashert*« – Schicksal auf Hebräisch. Der ganze Tag, erzählte er der jüdischen Zeitschrift *Forward*, sei »ein wahr gewordener Traum« gewesen: »Ich hatte das Gefühl, es war vorbestimmt, dass ich noch hier war, um das zu erleben. Es war ein Symbol dafür, dass ich es geschafft hatte. Man hat es als zweite Bar-Mizwa bezeichnet, doch für mich war es die erste.«[15]

Viel simplere Rituale können ähnlich machtvolle Gefühle von Wachstum, Unabhängigkeit und Reife bewirken. Initiationen, bei denen Schminke verwendet wird, sind häufig Teil eines Coming-of-Age-Ritus in verschiedenen Kulturen. In einer ethnografischen Studie zu den Make-up-Gewohnheiten jugendlicher Mädchen in Frankreich verblüfft die Rolle der Kosmetik in der Identitätsarbeit. »Als ich noch kleiner war, hat meine Mutter mir nicht erlaubt, Make-up zu benutzen«, erzählte eine Siebzehnjährige. »Ich habe mich geschminkt, um sie zu ärgern und ihr zu zeigen, dass ich kein Kind mehr bin.« Eine andere Siebzehnjährige, Emeline, fasste die Wirkung des Make-up-Tragens zusammen: »Ich fühle mich wie eine Frau.«[16] Lippenstift, Mascara, Eyeliner und andere Kosmetikprodukte unterstreichen nicht bloß die eigene Schönheit, sondern ermöglichen das Übertreten der unklaren Schwelle zwischen Mädchen und Frau. Die Soziologin Sara Lawrence-Lightfoot bemerkt in ihrer Studie über Enden und Abgänge: »Die Fähigkeit, etwas zu verlassen ... ist die Fähigkeit, sich selbst zu sehen, sich selbst eine Pause zu erlauben, sich selbst ein neues Leben zu schenken.«[17]

Genau wie Max Weber Ende des 19. und zu Beginn des 20. Jahrhunderts den Verlust von Ritualen und Traditionen beklagte, sind auch aktuelle Stimmen aus der Kulturforschung der Meinung, es fehle jungen Menschen an bedeutsamen Übergangsriten, die sie aus der Kindheit ins Erwachsenenalter führen. Suzanne Garfinkle-Crowell, eine New Yorker Psychiaterin für junge Erwachsene, schrieb in einem Kommentar für die *New York Times*, dass Jugendliche aus vielen Gründen litten, und einer davon sei, »zerbrechlich und im Werden begriffen zu sein – eine menschliche Baustelle«.[18] Fehlt all diesen menschlichen Baustellen ohne Rituale bis ins Erwachsenenalter eine Struktur? Manche Psycholog*innen untersuchen diese Möglichkeit, indem sie sich in ihren Studien dem zunehmenden Phänomen der »verlängerten Adoleszenz« widmen – Kinder, die bis weit in ihre Zwanziger emotional und finanziell von ihren Eltern abhängig bleiben. Diese Jugendlichen sind im »Betwixt and Between« gefangen, gestrandet zwischen zwei Welten. Vielleicht haben sie kein sinnstiftendes Ritual gefunden, um eine Identitätsverschiebung zu markieren. Oder das Ritual ist unvollständig geblieben: Es existiert keine Abschlusszeremonie für ein Kind, das sechs oder sieben Jahre studiert, und auch kein Identitätswechsel hin zum unabhängigen Leben für die jungen Erwachsenen, die noch in ihren Kinderzimmern wohnen.[19]

Das Bedürfnis nach Vollendung und Abschluss ist ein wichtiges Element vieler Rituale, die ich in unterschiedlichen Kulturen beobachtet habe. Es bildet die Grundlage für eine ergänzende Studie zu meinen Forschungen zum IKEA-Effekt. Darin baten wir die Teilnehmenden wieder, langweilige IKEA-Kisten zusammenzubauen, aber unter neuen Bedingungen. Wir erlaubten einigen, die Kiste vollständig aufzubauen. Andere mussten mittendrin aufhören. Diejenigen in der zweiten Gruppe waren weniger bereit, Geld für die Kiste auszugeben, obwohl sie sie gleich im Anschluss hätten zu Ende bauen können. Durch die Unvollständigkeit blieb die hässliche Kiste nur eine Kiste, während nur wenige zusätzliche Schritte und die Vollendung sie in etwas Wertvolleres verwandelten: *meine* Kiste.[20]

So ist es mit Ritualen auch, wenngleich in der Regel wesentlich mehr auf dem Spiel steht. Wie der Ritualforscher Ronald Grimes es ausdrückt: »Die primäre Funktion eines Übergangsritus ist es sicherzustellen, dass wir einem solchen Ereignis vollständig beiwohnen, das heißt spirituell, psychologisch und sozial. Tun wir das nicht, kann eine große Lebensveränderung zu einem gähnenden Abgrund werden, psychische Energie abziehen und soziale Verwirrung erzeugen und den folgenden Lauf des Lebens verdrehen. Vernachlässigte Übergänge werden zu spirituellen Kratern, um die herum hungrige Geister, die gierigen Personifikationen unerledigter Angelegenheiten, lungern.«[21]

In Übergangsriten bedeutet das Nichtvollenden, dass der Übergang nicht stattgefunden hat – und damit auch das Ziel nicht erreicht wurde. Als Barack Obama 2009 seinen Amtseid als Präsident leistete, verwechselte Chief Justice John Roberts versehentlich die Position eines einzigen Worts. Die beiden Versionen waren: »Ich schwöre feierlich, dass ich das Amt des Präsidenten der Vereinigten Staaten getreulich ausüben werde« (Roberts) und »Ich schwöre feierlich, dass ich getreulich das Amt des Präsidenten der Vereinigten Staaten ausüben werde« (Verfassung).[22] Keine große Sache, oder? Die Bedeutung ist eindeutig dieselbe und sogar die Worte sind dieselben. Aber etwas stimmte nicht mit der Zeremonie – und das störte den Übergang. Am nächsten Tag wurde der Eid also erneut ablegt – diesmal wortwörtlich (2013 wurde am Vortag geübt).

Arnold van Gennep, der Wissenschaftler, der den Begriff *rite des passage*, Übergangsritus, geprägt hatte, wird im Allgemeinen als »niederländisch-deutsch-französischer« Ethnologe bezeichnet, eine Mischung aus Identitäten, die sein Interesse an den Räumen zwischen Identitäten erklären könnte, an dem liminalen Raum des »Betwixt and Between«, den er als *marge* bezeichnete. Er beschrieb die Veröffentlichung von *Les Rites de Passage* selbst als Übergangsritus, »eine Art innerer Erleuchtung, die plötzlich eine Dunkelheit vertrieb, in der ich beinahe zehn Jahre herumgestolpert war«.[23]

Rituale können ein Licht sein, das uns aus einem Augenblick (oder einem Jahrzehnt) der Dunkelheit führt. Übergangsriten verwandeln uns als Menschen, helfen uns bei einem tieferen, dauerhafteren Bedürfnis – dem Bedürfnis, jemand oder etwas anderes zu werden. Wir verdeutlichen uns selbst und allen anderen, wer wir wirklich sind.

III.

Rituale und Beziehungen

8

Wie man in Übereinstimmung bleibt

Warum Rituale Beziehungen gedeihen lassen

So lange ich mich erinnern kann, bin ich um 6:30 Uhr aufgewacht und habe Shelly ihren Kaffee gemacht. Etwas Milch, zwei Löffel Zucker. Den habe ich ihr jeden Tag ans Bett gebracht. Sie sagt, ihr Tag fange erst an, wenn sie Koffein im Blut habe. Und eines Tages bin ich aufgewacht, um 6:30 Uhr, wie gewohnlich, und habe nur mir einen Kaffee gekocht. Ich hatte keine Lust, ihr einen zu machen. Und das Schlimmste ist, sie hat es gar nicht bemerkt. Wir haben aufgehört, einander wahrzunehmen. Wir haben nicht mehr versucht, den anderen glücklich zu machen. Da wurde uns klar, es ist vorbei.[1]

In dieser Szene aus der ersten Staffel der TV-Serie *This Is Us – Das ist Leben* versucht Miguel einem Freund das Scheitern seiner Ehe zu erklären. Er gibt ein plastisches Beispiel für eine ansonsten alltägliche Handlung – Kaffeekochen –, die zum Erkennungsritual seiner Ehe geworden war. Das Ritual war so bedeutsam für das Paar, dass sein Niedergang den Niedergang der gesamten Ehe bedeutete.

Miguels Geschichte über das Ende seines morgendlichen Kaffeerituals ist deshalb so schmerzlich, weil es zeigt, wie beide Partner mit der Hingabe an das gemeinsame tägliche Ritual auch die Hingabe zueinander verloren haben.

Welche vergleichbaren Rituale pflegen wir im Alltag in unserer Partnerschaft? Was sind die verwunderlichen, albernen, scheinbar unsinnigen Handlungen, die wir ausführen – wieder und wieder –, um Gefühle wie Zuneigung, Bewunderung oder Anziehung hervorzurufen? Im Laufe der vielen Jahre, die ich nun schon Rituale erforsche, habe ich Menschen zugehört, wie sie im Gespräch von ihren romantischen Ritualen erzählen. Diese Geschichten sind die emotionalen Konturen unseres täglichen Ausdrucks von Liebe, Staunen, Freude und gegenseitiger Anerkennung:

Am ersten Sonntag im Monat gehen mein Mann und ich so früh wandern, dass wir uns den Sonnenaufgang anschauen können. Wir suchen uns einen Ort im Umkreis weniger Stunden unseres Hauses in San Francisco und machen uns auf den Weg, wenn es noch dunkel ist. Wir tun das nun schon seit sieben Jahren, also wissen wir beide genau, was wir einpacken müssen: Ich stehe auf und koche den Kaffee und gieße ihn in unsere alte Campingthermoskanne, er streicht die Erdnussbutter-Marmeladen-Sandwiches und steckt die Fruchtkeksriegel in Ziploc-Plastiktüten. Dann packen wir alles in dieselben Rucksäcke, die wir schon auf dem College in Gebrauch hatten, wo wir uns als Partner im Biologielabor kennengelernt haben.

Uns ist es wichtig, dass wir jeden Samstag, sobald er aufmacht, zum Mittagessen zu dem Empanada-Foodtruck bei uns in der Nähe gehen. Manchmal esse ich zu viel zum Frühstück, und sie ermahnt mich, weil ich dann nicht genug Hunger für unser Lieblingsgericht habe. Wir bestellen immer Pork Carnitas und dann jeder ein Orange Crush in der Glasflasche. Einmal haben wir versucht, uns eine Flasche zu teilen, aber das war eine Katastrophe.

Das erste Mal, dass wir uns gesehen haben, war auf einer Party bei gemeinsamen Freunden. Da landete ein Marienkäfer in seinem Getränk. Ich habe versucht, ihn herauszubekommen. Dabei schwappte der Drink über und bekleckerte ihn von oben bis unten, und wir mussten beide lachen. Das war vor mehr als zwanzig Jahren, aber so begann das ganze Marienkäferding. Immer wenn wir einen sehen, texten wir einander oder rufen uns an. Vor ein paar Jahren verreiste er beruflich und sah einen billigen Plastikmarienkafer in einem Laden am Flughafen. Er brachte ihn mit nach Hause und versteckte ihn in meinem Zahnputzbecher. Wir haben nie darüber geredet, über dieses seltsame kleine Marienkäferspiel. Wir überraschen einander alle paar Wochen damit. Ich weiß nicht, wie ich es erklären soll, aber wir es bereitet uns beiden so viel Freude. Es ist wahrscheinlich die romantischste Sache, die wir machen.

Wanderungen zum Sonnenaufgang, Fruchtkeksriegel, Empanadas und Plastikmarienkäfer: Nichts davon, Handlungen und Objekte aus dem Geröll des Alltags, würde eine große Romanze oder das Knistern der Verführung suggerieren. Egal was die – zum größten Teil von gewinnorientierten Unternehmen massenhaft produzierten – kulturellen Klischees uns weismachen wollen: Rituale in romantischen Partnerschaften haben oft weniger mit Champagner, roten Rosen und Geigenklängen zu tun als mit zutiefst persönlichen Gesten, die eine intime und exklusive menschliche Verbindung prägen und aufrechterhalten. Wie Ann Swidler in den ihrem Buch *Talk of Love* zugrunde liegenden Interviews zeigt, ist die romantische Kultur ein Repertoire, und wir als diejenigen, die es spielen, wählen die am besten zu unserer Verbindung passenden Faktoren wie Tenor, Takt und Rhythmus. Für manche Paare ist das verführerischste Prickelwasser ein kalter Orange Crush in einer Glasflasche. Für andere ist ein Plastikmarienkäfer romantischer als Dessous.

Wenn Rituale unsere Erfolge als Individuen beeinflussen können, welche Rolle spielen sie dann in Beziehungen und in der Liebe? Können diese willkürlichen Kombinationen aus physischen Handlungen, die kein anderes Paar je zuvor auf dieselbe Weise vollführt hat, unseren wichtigsten Beziehungen mehr Seele geben – mehr Zufriedenheit, mehr Verbindung, mehr Vergnügen?

In einem von meiner Kollegin Ximena Garcia-Rada geleiteten Projekt haben wir uns mit der Untersuchung von Beziehungsritualen an die Beantwortung dieser Fragen gemacht. Ximena, Alumna des NerdLab, die unter anderem den Hass vieler Menschen auf Eltern erforscht hat, die die Schaukelhilfe SNOO verwenden, brachte eine einzigartige Perspektive ein. Sie fragte Paare, was sie tun würden, wenn nur einer von beiden bei einem Flug ein Erste-Klasse-Upgrade bekäme. Würden sie den Luxus des Upgrades in Anspruch nehmen und sich auseinander setzen oder zugunsten des Zusammenseins auf den Luxus verzichten?[2] Wenn Sie sich selbst diese Frage stellen, möchte ich Sie darauf hinweisen, dass die Entscheidung, nebeneinander in 18a und 18b sitzen zu bleiben, ein ziemlich guter Indikator dafür ist, wie stark ihre emotionale Nähe ist.

In all unseren Umfragen gaben 60 bis 75 Prozent der liierten Befragten an, ein Beziehungsritual zu haben.[3] Fragen wir nach Ritualen in aktuellen gegenüber vergangenen Beziehungen, berichten viel mehr Menschen über Rituale in der gegenwärtigen Beziehung. Das kann mit selektiver Erinnerung zusammenhängen (»Mit dieser schrecklichen Person habe ich nie etwas Wichtiges gemeinsam gehabt«), es kann aber auch ein Hinweis darauf sein, dass Rituale mit Zufriedenheit in Beziehungen assoziiert sind – und auch mit dem Durchhaltevermögen darin.

Manche Paare in unseren Umfragen berichten von überlieferten Ritualen mit langen Traditionen, von denen viele mit religiösen Praktiken verknüpft sind. Zum Beispiel: »Wir beten jeden Tag, bevor ich zur Arbeit gehe« oder »Wir gehen mindestens alle zwei Wochen in die Kirche.« Einige Rituale waren ganz praktisch und verliehen alltäglichen Handlungen einen tieferen, komplexeren Sinn: »Wir machen die Hausarbeit immer gemeinsam« oder »Wir gehen jeden Sonntag um 9 Uhr morgens in den Supermarkt.« Viele Rituale kreisen um Zuwendung und Intimität – »Wir kuscheln uns im Bett zusammen, schauen Filme an, und dann lieben wir uns« –, und viele sind sehr individuell wie dieses unglaublich liebenswerte Beispiel: »Wenn mein Partner und ich zusammen zu Abend essen, stoßen wir immer mit unserem Besteck an.«

Individuen verwenden Rituale häufig, um ihren Ess- oder Trinkgenuss zu erhöhen, es überrascht also nicht, dass ein nicht unerheblicher Teil von Beziehungsritualen Date Nights beinhaltet – Mahlzeiten, Getränke und das Paar, das sich Zeit füreinander nimmt: »Jeden Freitagabend, wenn die Kinder im Bett sind, trinken wir Wein und essen chinesisch« oder »Jeden Freitagabend machen wir Popcorn und schauen zusammen einen Film.« Untersuchungen der Psychologinnen Kaitlin Woolley und Ayelet Fishbach zeigen, dass Tischgemeinschaft – der einfache Akt, eine Mahlzeit zu teilen – dafür sorgt, dass sich Menschen einander näher fühlen.[4] Können Menschen nicht dasselbe essen, beispielsweise wegen einer Lebensmittelallergie, verstärkt dies andersherum Gefühle von sozialer Isolation.[5]

Beziehungsrituale zu katalogisieren, war jedoch erst der Anfang. Wir haben unsere Forschung dahingehend entwickelt, dass wir so viel wie möglich über die Logik dieser Rituale lernen: welche Elemente von Beziehungen sie beeinflussen und weshalb. Wir haben Menschen gebeten, uns nicht nur von ihren Beziehungsritualen zu berichten, sondern auch von der Qualität ihrer Bindung. Wir haben den Teilnehmenden zum Beispiel eine Reihe von Stichworten gezeigt, bei denen sie einschätzen sollten, wie stark sie Aussagen wie »Ich bin zufrieden mit unserer Beziehung« zustimmten.

Ein einzelnes Beziehungsritual kann uns nicht in den Beziehungshimmel erheben. Aber unsere Umfragen haben gezeigt, dass die Menschen, die berichteten, Rituale zu haben, 5 bis 10 Prozent zufriedener mit ihren Beziehungen waren. Rituale, wie in Teil eins besprochen, dienen dazu, in unserem Leben Emotionen zu erzeugen. Dies bedeutet, dass das richtige romantische Ritual – richtig für das jeweilige Paar, die Zeit und den Ort – ein Brandbeschleuniger für das Feuer der Liebe sein kann.

Ein Paar aus unserer Umfrage hatte begonnen, miteinander auf »Spaziergänge des Staunens« zu gehen. An Wochenendmorgen standen die beiden vor Sonnenaufgang auf und entschieden sich für einen Ort in ihrer Gegend, der ihnen Freude brachte und sie staunen ließ. »In letzter Zeit haben unsere Spaziergänge des Staunens vor allem an einem Nest mit Vogeleiern vorbeigeführt, das wir ungefähr eine halbe Meile von uns entfernt entdeckt haben. Wir gehen dorthin und schauen nach dem Nest und ob die Jungen bereits geschlüpft sind. Diese langsame und einfache Praxis hat uns eine unerwartete Verbindung mit der

Natur überall um uns herum beschert. Sind die Vögel alle geschlüpft und davongeflogen, halten wir nach einem anderen kleinen Fleckchen der Welt Ausschau. Es ist erstaunlich romantisch, als Paar bewusst dasselbe zu beobachten.«

Wir haben außerdem festgestellt, dass Paare mit Ritualen mehr Dankbarkeit für den Partner oder die Partnerin empfanden. Das galt unabhängig davon, wie lange die Paare bereits zusammen waren. Das heißt, es dauert nicht unbedingt jahrelang, bis sich Rituale entwickeln. Glücklichere Paare scheinen sie genauso am Anfang wie im späteren Verlauf ihrer Beziehung zu entwickeln.

Ein weiterer Indikator für die emotionale Kraft von Beziehungsritualen ist, wie wir uns fühlen, wenn wir sie nicht ausüben können. In einer dreiwöchigen Studie mit zweiundvierzig Paaren, die kurzfristig voneinander getrennt waren – beispielsweise aufgrund einer Dienstreise –, fand man heraus, dass sich beide verloren fühlten. Auf die kleinen gemeinsamen Zubettgehrituale verzichten zu müssen, führte dazu, dass ihnen Einschlafen und Durchschlafen schwerer fielen. Als die Wissenschaftler*innen Speichelproben nahmen, um den – bei isolierten Tieren erhöhten – Cortisolgehalt zu überprüfen, stellten sie fest, dass er bei getrennten Partner*innen ebenfalls gestiegen war.[6]

Der Preis der Verzauberung

Arlie Russell Hochschild, Soziologin an der UC Berkeley, hat ausführlich über Gesellschaftsschichten und Kapitalismus und über das Verbindende zwischen Menschen geschrieben. Zu den Themen, die sie faszinieren, gehören die Grenzen zwischen echten und liebevollen gegenüber kalten und geschäftsmäßigen Beziehungen. In einer Übung zeigte sie ihren Studierenden in einem Kurs zum Thema Soziologie der Familie die folgende Kontaktanzeige:

> Ich bin ein kultivierter Millionär, Geschäftsmann, intelligent, viel gereist, aber schüchtern, neu in der Gegend und überflutet mit Einladungen zu Partys, geselligem Beisammensein und anderen gesellschaftlichen Ereignissen. Ich suche so etwas wie eine »persönliche Assistentin«. Zu Ihren Aufgaben würde unter anderem gehören:
>
> 1. Gastgeberin bei Partys bei mir zu Hause sein (40 Dollar/Stunde)
> 2. mir eine beruhigende, sinnliche Massage geben (140 Dollar/Stunde)
> 3. mich zu bestimmten gesellschaftlichen Ereignissen begleiten (40 Dollar/Stunde)
> 4. mit mir reisen (300 Dollar/Tag + Übernahme aller Reisekosten)
> 5. einige meiner privaten Angelegenheiten erledigen (Anmeldung von Strom und Gas, Begleichung von Rechnungen etc., 30 Dollar/Stunde).
>
> Sie sollten zwischen 22 und 32 Jahren alt sein, fit, gebildet, sinnlich, aufmerksam, klug und diskret. Ich erwarte monatlich nicht mehr als die Teilnahme an 3 bis 4 Veranstaltungen und maximal 10 Stunden wöchentlich für Massage, Haushalt und Diverses. Sie müssen unverheiratet und ungebunden sein oder einen sehr verständnisvollen Partner haben![7]

Wie eine junge Frau in Hochschilds Kurs bemerkte, führt die Anzeige im Grunde die Liebe ad absurdum: »Die schöne Verflechtung von liebenden, fürsorglichen, spirituell verbundenen Partnern … wird reduziert auf mechanistische, emotionslose bezahlte Arbeit.«

Meine Kolleg*innen und ich haben ähnliche Konsequenzen gesehen, wenn Beziehungen auf das Geschäftliche reduziert werden.[8] Tami Kim (eine weitere Alumna des NerdLab), Ting Zhang und ich stellten Menschen in romantischen Beziehungen Fragen zu der Neigung ihres Partners oder ihrer Partnerin, »zu verfolgen, wer für was bezahlt hat, wenn wir auswärts essen gehen oder etwas anderes unternehmen« und »bis auf die Minute genau zu registrieren, wenn ich spät dran bin«. Menschen mit kleinlichen Partner*innen waren weniger glücklich. Warum? Dass sie Ausgaben bis auf den Cent kontrollieren, erwarten wir von Banken, nicht von Menschen, die wir lieben. Genau wie Hochschild haben wir gesehen, dass Menschen nicht wollen, dass ihre Beziehungen eine Reihe von Transaktionen sind, ein fortlaufendes Aufrechnen von Soll und Haben.

Vielmehr, schreibt Hochschild, wollen wir, dass unsere Beziehungen sich nach *mehr* anfühlen. »Damit ein Paar seine Beziehung als etwas Magisches empfindet, müssen beide das Gefühl haben, die Welt um sie herum verzaubern zu wollen … In einer solchen Beziehung fühlt sich nicht nur die Beziehung, sondern die ganze Welt magisch an.«

Aber was ist diese Magie, und wie erzeugen wir sie in Beziehungen?

In jüngerer Zeit hat die Forschung versucht, dieses Gefühl der Beziehungsmagie zu quantifizieren. Die Psychologin Maya Rossignac-Milon und ihre Kolleg*innen haben dies mithilfe eines psychologischen Konzepts getan, das sie als »gemeinsame Realität« bezeichnen.[9] »Gemeinsame Realität« impliziert nicht unbedingt gemeinsame Überzeugungen, wir müssen also nicht dieselbe Politik gut finden, dieselbe Religion haben oder Fans derselben Fußballmannschaft sein. Es bedeutet, die Welt auf dieselbe Art und Weise wahrzunehmen wie die andere Person – beispielsweise über denselben Witz zu lachen oder Ereignisse mit denselben Gedanken und Gefühlen zu verarbeiten. Diese Forschungsgruppe erfasst das Phänomen, indem sie Paaren eine Reihe von Fragen zu ihrer Beziehung stellt. Denken Sie an Ihre eigene Partnerschaft (die aktuelle oder vergangene), wenn Sie Folgendes lesen:

> Häufig denken wir gleichzeitig dasselbe.
> Ereignisse fühlen sich wirklicher an, wenn wir sie zusammen erleben.
> Häufig ahnen wir im Vorhinein, was der/die andere sagen will.
> Häufig fühlt es sich an, als hätten wir unsere eigene Realität erschaffen.

Paare, die diesen Aussagen zustimmen, haben ein starkes Gefühl einer gemeinsamen Realität und empfinden – wenig überraschend – ein hohes Maß an Zufriedenheit in ihrer Beziehung.

Drew Magary, einer meiner Lieblingssportkolumnisten, fängt das Konzept der gemeinsamen Realität perfekt ein. Er schreibt, alle Paare »haben ihr eigenes merkwürdiges filmisches Universum« und gesteht, seine Frau und er würden immer »›Glückstrumpf‹ statt ›Glückwunsch‹« sagen. »Warum? Keine Ahnung. Als Duo hat man seine eigene Kultur, also entwickelt man wie selbstverständlich eigene Rituale und eine eigene Umgangssprache. Ich halte das für gesund.«[10]

Der Schriftsteller Norman Rush drückt es so aus: »Die Privatsprache eines Paars kann sich auf eigentümliche Arten und Weisen entwickeln, die dem Paar normal vorkommen, Außenstehenden aber seltsam.«[11]

Nun stellen Sie sich selbst die Frage: Hatten Sie jemals das Gefühl, Sie und Ihr Partner oder Ihre Partnerin hätten in gewisser Hinsicht denselben Geist, wie beispielsweise, wenn Sie sich durch einen Raum einen Blick zuwerfen und genau wissen, was der oder die andere denkt? Ihre möglichen Antworten sind »ja« oder »nein« oder »Ich habe keine Ahnung, was Sie damit meinen.« (Etwa 10 Prozent der Menschen geben die letztere Antwort.) Paare mit einer starken gemeinsamen Realität haben diese Augenblicke, dieses Gefühl, dass unser Partner oder unsere Partnerin uns so vollkommen versteht, dass sich unser Ich auflöst, und sei es nur für einen Moment, und wir die Magie erleben, mit einer anderen Person zu verschmelzen.

Schauen wir uns nun dieses Beispiel aus einer der magischsten – und ungewöhnlichsten – Romanzen aus der Kunstwelt an:

Im Winter 1975 erhielt eine junge Performancekünstlerin, die damals noch mit ihrer Mutter in Serbien lebte, einen Brief mit der Einladung, in einer kapitalkräftigen Galerie in den Niederlanden aufzutreten. Der Einladung lag ein Flugticket nach Amsterdam bei. Als die Künstlerin an dem niederländischen Flughafen aus dem Flugzeug stieg, erwartete sie die Galeristin gemeinsam mit einem deutschen Künstler, Frank Uwe Laysiepen. Von dem Augenblick an, als Künstler und Künstlerin sich zum ersten Mal begegneten, hatten sie beide den unheimlichen Eindruck, sie wären beide Teil desselben Ichs, das endlich wieder zusammenfand. Sie waren nicht nur beide blass, sehnig und etwa gleich groß, sondern hatten auch beide ihr dunkles, langes Haar mit einem Essstäbchen hochgesteckt. Wie wiedervereinte Zwillinge aus einer Shakespeare-Komödie erlebten beide einen Schauer des Wiedererkennens: *Du*.

Später am selben Tag, nachdem sie den Nachmittag gemeinsam mit Sightseeing in Amsterdam verbracht hatten, erzählte die serbische Künstlerin, dass ihr Geburtstag am 30. November sei. Der deutsche Künstler holte seinen Kalender hervor und zeigte ihr, dass die Seite für den 30. November herausgerissen war. Er habe am selben Tag Geburtstag, sagte er. Jedes Jahr am 30. November reiße er diese Seite aus seinem Kalender, um den Tag zu markieren. Als sie die Stelle im Kalender sah, an der er die Seite herausgetrennt hatte, hörte die Außenwelt auf zu existieren.

> Ungläubig betrachtete ich den Kalender. Weil ich meinen Geburtstag so sehr hasste, riss ich jedes Jahr die Seite mit dem Datum aus meinem Kalender. Ich nahm meinen Kalender heraus und zeigte ihn Ulay. Die gleiche Seite war herausgerissen. »Ich auch«, sagte ich.[12]

Diese beiden jungen Kunstschaffenden – heute bekannt unter den Namen Ulay und Marina Abramović – saßen in Amsterdam im Restaurant und zeigten sich ihre Terminkalender mit dem unheilvollen Datum in einem überwältigenden Zustand der Trance. Auf einmal befanden sie sich in einem Universum, das aus nur zwei Menschen bestand. Wie Abramović sich erinnert, gingen sie zu Ulays Wohnung und ins Bett und blieben dort zehn Tage lang. In den folgenden zehn Jahren arbeiteten sie an all ihren Performances zusammen – sei es, dass sie ihre Haare zu einem einzigen Zopf flochten und siebzehn Stunden lang beieinander saßen, als Übung, sich dem Ego des jeweils anderen zu unterwerfen; oder dass sie einen Pfeil im gespannten Bogen zwischen ihren Körpern hielten, der direkt auf Abramovićs Herz zielte und sie bei jeder falschen Bewegung oder einem Zucken sofort getötet hätte. Jede Arbeit, die sie zusammen kreierten, war der Versuch, ihre kosmische Verbindung und ihre gegenseitige Abhängigkeit voneinander zu erforschen – und manchmal, sie explodieren zu lassen. Nun, da sie einander endlich gefunden hatten, beabsichtigten sie, mithilfe der Kunst ein drittes Ich zu erschaffen – weder männlich noch weiblich, sondern vollständig, neu und vereint.[13]

Diese Art gemeinsamer Realität scheint nur im Leben der exzentrischsten und dramatischsten Künstlerinnen, Performer und Dichterinnen zu existieren. Doch wenn auch nur wenige von uns behaupten können, als Beziehungsritual einen lebensbedrohlichen auf die Brust gerichteten Pfeil zwischen unseren Körpern gehalten zu haben, so kennen wir doch weitaus alltäglichere und häufig unheimliche Freuden einer gemeinsamen Realität in einer Lebenspartnerschaft.

Welche Rolle spielen Rituale in dieser Art von Beziehungserfahrung?

Die vier Lektionen der Beziehungsrituale

1. Lektion: **Rituale sorgen dafür, dass wir Verbindlichkeit erleben**

Die meisten von uns denken an Hochzeiten, Ehe und Zusammenziehen als den Inbegriff von Beziehungsritualen. Von dem Augenblick an, in dem wir erstmals darüber nachdenken, unser Leben mit einem anderen Menschen zu teilen, praktizieren wir jedoch kleinere Verbindlichkeitsgesten. Genau wie wir – entweder offensichtlich oder auf subtilere Weise – unsere eigene Fähigkeit, uns an einen Menschen zu binden, abschätzen, sammeln wir auch Belege für das Engagement des Partners oder der Partnerin anhand wiederholter und häufig alltäglicher Handlungen: Holt sie uns vom Flughafen ab oder achtet darauf, dass die Mitte unseres Rückens auch Sonnencreme abbekommt? Bringt er uns unseren Lieblingsdonut mit – den mit Schokostreuseln –, wenn er morgens zum Bäcker geht?

Daneben existieren zahlreiche unkonventionellere Wege, ein sinnhaftes Leben mit einem anderen Menschen zu gestalten. Das ikonische französische Intellektuellen- und Existenzialistenpaar Simone de Beauvoir und Jean-Paul Sartre schuf ein ganz und gar einzigartiges Ritual nur für sich selbst. Nachdem sie sich 1929 über gemeinsame Bekannte an der Sorbonne kennengelernt hatten, gingen sie eine Liebes- und Arbeitsbeziehung ein, eine emotionale und intellektuelle Partnerschaft, die bis zu Sartres Tod 1989 anhielt. Doch eine traditionelle Ehe – ein bürgerlicher Vertrag über Monogamie, für Beauvoir gleichbedeutend mit Unterordnung – strebten sie beide nicht an. Stattdessen trafen sie sich in den Tuilerien, einer Palastanlage an der Pariser Seine, und führten ihre private Zeremonie auf einer Steinbank durch. Sie unterzeichneten einen Vertrag, in dem sie festlegten, dass sie zwei Jahre zusammenbleiben und dann prüfen würden, ob sie fortfahren wollten. Statt auf »bis dass der Tod uns scheidet« konnten sich die beiden lautstärksten Verfechter existenzialistischer Freiheit authentisch erst einmal nur auf »bis zwei Jahre uns scheiden« einlassen. Als die zwei Jahre in Koffeindampf und Zigarettenrauch vorbeigerauscht waren und sie unzählige Papierseiten vollgeschrieben hatten – Briefe, Theaterstücke, philosophische Traktate, Romane –, verlängerten sie ihren philosophischen Pakt und verpflichteten sich, ihre Partnerschaft als die erste und wichtigste anzuerkennen, mögliche andere Beziehungen, die in dieser Zeit entstehen könnten, jedoch zuzulassen.[14]

Historikerinnen und Biographen haben einen ganzen Forschungszweig rund um die Frage etabliert, wer in dieser Partnerschaft wirklich die Hosen anhatte. Betrachtet man sie jedoch aus der Ferne und wundert sich über ihre Eigenartigkeit, verliert man aus dem Blick, dass hier zwei Menschen zusammengekommen sind und aus dem Nichts ihr eigenes Verbindlichkeitsritual erschaffen haben. Wie wir beim IKEA-Effekt gesehen haben, bescheren uns die Unmengen an Zeit und Mühen – geschweige denn Emotionen –, die sie Jahr um Jahr in seine Ausübung gesteckt haben, einen weiteren Einblick in ihre lebenslange Verbindung. Ihr Verbindlichkeitsritual war ihr Werk der (ganz und gar unkonventionellen) Liebe.

Unsere Umfrageergebnisse förderten ähnliche Werke der Liebe zutage, wenn auch alltäglichere und gebräuchlichere. Die Worte, mit denen Menschen ihre Rituale beschrieben – Ausdrücke wie »jeden Freitagabend«, »gemeinsam jeden Sonntag um 9 Uhr morgens«, »jeden Tag«, »jeden Morgen« –, betonten Verlässlichkeit und Wiederholung.

Ob Sie ein Ritual vollziehen, das die Konventionen sprengt, oder eine einfachere Reihe von Handlungen, die zeigt, dass Ihnen Ihre Partnerschaft am Herzen liegt – diese Rituale lassen Bedeutung entstehen, wie es eine unterschriebene Eheurkunde oder eine gemeinsame Hypothek nicht vermögen. Vielleicht stecken Sie Energie in Rituale wie jeden Freitagabend chinesisch zu essen, Eisbaden am Neujahrstag, die Dusche mit heißem Wasser laufen lassen für den Liebsten, ein Album Ihrer Lieblingsjazzmusikerin zu jedem Geburtstag ... Es ist weniger wichtig, was Sie tun, als dass Sie es beide regelmäßig tun.

2. Lektion: **Beziehungsrituale sind exklusiv**

Ob es das morgendliche gemeinsame Kuscheln ist, eine Tasse Kaffee, die auf eine ganz bestimmte Art und Weise zubereitet wird, oder Olivia Wildes »Spezial-Salatdressing« (das sie ursprünglich für ihren Ex Jason Sudeikis zusammengerührt hatte und dann provokanterweise ihrem neuen Liebhaber Harry Styles servierte) – Beziehungsrituale sind exklusiv. Menschen werden oft wütend, wenn sie entdecken, dass ein vermeintlich einmaliges Ritual in einer neuen Partnerschaft praktiziert wird. »Sie hat ein besonderes Salatdressing für uns gemacht«, erzählte Sudeiki angeblich der Nanny seiner Kinder in einer Gefühlsaufwallung, »und nun macht sie es für *ihn*.«[15]

Exklusivität in Beziehungen gilt häufig als nicht verhandelbar, doch warum müssen auch Rituale exklusiv sein? Die Forschung bestätigt, dass wir sensibel auf die wahrgenommene Einzigartigkeit von Beziehungsritualen reagieren. In einer Studie von Lalin Anik und Ryan Hauser, in der die beiden Schenkrituale untersucht haben, sollten die Teilnehmenden sagen, welchen Becher sie lieber von ihrem Partner oder ihrer Partnerin erhalten würden – Stil A oder B. Man sagte ihnen, Stil A bestehe aus »härterer Keramik« und habe »etwas bessere Onlinebewertungen«. Es überrascht nicht, dass die Menschen im Allgemeinen Stil A bevorzugten – außer wenn sie erfuhren, dass ihr Partner oder ihre Partnerin Stil A bereits an jemand anderen verschenkt hatte. In diesem Fall war ihnen die Qualität egal, und sie entschieden sich für den Becher, der Beziehungsexklusivität signalisierte: Stil B.[16]

Das bedeutet, wir möchten, dass sich unsere Partner*innen nicht *einem* Beziehungsritual verpflichten, sondern *unserem*. Warum? Aus denselben Gründen, aus denen wir möchten, dass er oder sie sich nicht nur auf *irgendeine* Beziehung einlässt, sondern auf *unsere*. Rituale sind eine Form, wie wir unsere Welt prägen: unsere gemeinsame rituelle Handschrift.

3. Lektion: **Rituale – nicht Routinen – sorgen für Magie**

Stellen wir uns die Wochenenden zweier Paare vor: Im ersten Haushalt macht sich das Ehepaar Tim und Seth daran, das zu tun, was sie jeden Samstag tun: Tim holt die Beutel für den Wochenmarkt vom Schrank herunter, Seth setzt für sie beide Tee auf. Tim füttert den Hund und lässt ihn raus, während Seth rasch den Geschirrspüler ausräumt. Um 9 nehmen sie ihren jeweiligen Lieblings-to-go-Becher mit Tee – für Tim mit Milch, für Seth mit Zucker – und brechen auf, um auf dem nahe gelegenen Markt für das Abendessen einzukaufen. Beide freuen sich die ganze Woche auf dieses Ritual. Samstagmorgen – auf den Markt gehen, die frischen Früchte und Gemüse anschauen, mit dem Metzger plaudern, die Pläne für das Abendessen besprechen – ist ihr liebster Teil der Woche.

In einem anderen Haushalt stehen Dave und Angie auf und machen sich an ihre Aufgaben für den Samstagmorgen. Dave holt die Einkaufstüten, während Angie für sie beide Kaffee kocht. Dave bringt schnell den Müll raus, und Annie füttert die Katze. Dann ist es 9 Uhr und an der Zeit, sich auf den Weg zu machen. Sie stecken die Tüten ein und greifen nach den randvollen To-go-Kaffeebechern. Beide seufzen, bevor sie einen großen Schluck nehmen. Jeden Samstagmorgen zum Supermarkt zu fahren, ist eine unangenehme Aufgabe, die sie beide nicht leiden können – vom stumpfen Ablesen des Einkaufszettels über das Warten in der Kassenschlange bis zum mühsamen Einpacken und Auspacken der vielen Lebensmittel. Ist die Aufgabe endlich erledigt, sind beide erleichtert und machen getrennt das Beste aus dem Rest des Tages.

Der Unterschied zwischen diesen beiden Geschichten liegt nicht in dem, was sie tun: Beide planen für die Woche Lebensmittel einzukaufen. Für das erste Paar ist es der Höhepunkt der Woche, für das zweite ist es eine nervige, ja, gefürchtete Aufgabe. Der Unterschied besteht darin, dass die Handlungen für das erste Paar ein Symbol ihrer Liebe sind, für das zweite hingegen eine bloße Routine, eine Gewohnheit – und kein Ritual.

Menschen werden durch ein emotionales Thermostat reguliert: Unabhängig von den Umständen tendieren wir dazu, in den Zustand unserer Glückshomöostase zurückzukehren. Nach dem anfänglichen Hoch eines Meilensteins in der Beziehung – neue Liebe, eine Hochzeit oder Verpartnerung, der Kauf eines Hauses – pendelt sich unser Glückspegel ein, und wir sind nicht mehr so ekstatisch. Dieses Phänomen, als *hedonistische Tretmühle* oder *hedonistische Adaptation* bezeichnet, erklärt, warum selbst das ideale Paar mal den Beziehungsblues erlebt. Das Psychologenduo Kennon Sheldon und Sonja Lyubomirsky behauptet, wegen dieses Phänomens würden wir irgendwann einfach aufhören, all die wunderbaren Aspekte wahrzunehmen, die uns einst so neu und fesselnd vorgekommen waren.[17]

Hier kann es eine große Wirkung haben, bewusst zwischen Routine und Ritual zu unterschieden. Routinen haben wir, um Dinge zu erledigen: Sie sind das *Was*. Ist das Haus schmutzig, müssen wir putzen. Gemeinsame Rituale haben darüber hinaus eine tiefere Bedeutung: das *Wie*. Den Müll rausbringen, essen oder Kaffee trinken sind die alltäglichsten Aktivitäten, die man sich vorstellen kann, aber die Art und Weise, wie wir sie gemeinsam ausführen, die spezifischen Schritte, die wir als Paar mit einer gemeinsamen Realität unternehmen, können das Alltägliche in Symbole unserer dauerhaften Liebe verwandeln.

Wir haben uns darangemacht, den Unterschied zu bestimmen, indem wir rund vierhundert Menschen befragt haben – nicht nur zu ihren gemeinsamen Ritualen, sondern auch zu ihren gemeinsamen Routinen. Routinen haben wir definiert als »Aktivität, die Sie ab und zu gemeinsam tun, die wiederholt wird und eine Gewohnheit oder Aufgabe darstellt, die erledigt werden muss.« Unsere Ergebnisse im Hinblick auf Rituale kamen vielleicht einfach zustande, weil Paare, die mehr Zeit miteinander verbrachten, zufriedener waren, egal was sie in dieser Zeit taten. Doch wenn wir auch nach Routinen fragten, stellten wir fest, dass es nicht so einfach war. Die Mehrheit der Befragten berichteten, dass sie ein Beziehungsritual hätten (74 Prozent), und eine noch höhere Zahl, dass sie eine Beziehungsroutine hätten (81 Prozent). Beziehungsrituale waren tendenziell Ereignisse wie Date Nights, während Routinen sich vor allem auf Hausarbeiten bezogen.

Anhand der beiden Samstagsgeschichten haben wir gesehen, dass die Rituale, von denen manche Paare berichteten, für andere Routinen hätten sein können – beispielsweise Lebensmittel einkaufen oder Kaffee kochen. Wichtig war, wie die Paare diese Aktivitäten erlebten. Nahm das Paar seine Handlungen als Symbole für seine Liebe wahr, gewannen sie eine neue Relevanz und führten bei zu Ritualisierung tendierenden Paaren dazu, dass sie angaben, glücklicher und zufriedener zu sein.

Oft suchen wir nach etwas Einzigartigem, Außergewöhnlichen, wenn wir uns romantische Erfüllung wünschen, aber es können tatsächlich die Alltagsrituale sein – und eben nicht die außergewöhnlichen –, die auf lange Sicht entscheidend sind. Ximena Garcia-Rada und Tami Kim führten eine Studie durch, bei der herauskam, dass viele Paare glauben, besondere Erlebnisse seien besser für die Beziehung als gewöhnliche – sie planen beispielsweise eine unvergessliche Hochzeit, es fehlt jedoch an täglichen kleineren, aber dennoch besonderen Ritualen.[18] Bei Menschen in Fernbeziehungen könnte das so aussehen, dass sie versuchen, an den Wochenenden, an denen sie sich besuchen, jede Minute mit etwas Faszinierendem und Spektakulärem zu füllen (wie Skydiving oder Karten für normalerweise ausverkaufte Theatervorführungen zu ergattern). Dieser Fokus allein auf herausragende Abenteuer kann jedoch auf die Kosten von »unbedeutenderen« Aktivitäten gehen, die mit der Zeit bedeutungsvoll werden und unseren Alltag prägen. Selbst wenn das nicht nach dem Stoff für eine epische Romanze klingt – Erlebnisse wie gemeinsames Einkaufen oder Mahlzeitenplanen können zu Ritualen werden und dem »filmischen Universum«, das Paare zusammen erschaffen, Halt geben und ihm Leben einhauchen.

Man braucht nicht unbedingt die Aufregung von Helikopterflügen oder Reisen ans andere Ende der Welt. Die gewöhnlichsten Rituale – ein Spaziergang im Park oder ein Glas Wein auf der Treppe zum Haus – haben, wenn sie Woche für Woche wiederholt werden, Verzauberungspotenzial. Der Schlüssel, um etwas Magisches zu erschaffen, ist, auf dasselbe Zauberbuch zurückzugreifen.

4. Lektion: **Du sagst Ritual, ich sage Routine**

Wie das Zähneputzen und Duschen für eine Person ein Ritual sein kann und für eine andere eine automatisierte Routine, sind sich auch nicht alle Paare einig, ob sie überhaupt ein Ritual haben – und das ist bedenklich. Wir wissen, dass Miguel das Kaffeekochen für Shelly als Ritual betrachtet hat, für sie war es aber möglicherweise die ganze Zeit über nur eine Routine. Unseren letzten, schmerzlichsten Einblick in Beziehungsrituale erhielten wir, als uns klar wurde, dass *Übereinstimmung* ein wichtiger Faktor war.

In der letzten Phase unserer Studie baten wir die mehr als hundert Teilnehmenden, die in romantischen Beziehungen waren – verheiratet, zusammenlebend und im Schnitt seit achtundzwanzig Jahren ein Paar –, den Fragebogen einzeln auszufüllen, ohne sich miteinander auszutauschen. Das erlaubte es uns, den Bericht jeder Person mit dem des Partners oder der Partnerin zu vergleichen. Wir stellten fest, dass die Paare dazu neigten, derselben Meinung zu sein. Berichtete ein Teil von einem Ritual, war die Wahrscheinlichkeit hoch, dass der andere dieselbe Handlung auch als Ritual einstufte. Fast 20 Prozent der Paare wichen jedoch voneinander ab: Eine Seite sprach von einem gemeinsamen Ritual, die andere nicht. Date Nights waren ein typisches Beispiel. Bezeichnete ein Teil der Beziehung diese regelmäßige Verabredung als Ritual, stimmte der andere Teil in der Mehrheit der Fälle zu. Aber mehr als ein Drittel der Personen, deren Partner*in angab, die Date Night sei ein Ritual, klassifizierte sie als Routine. Das ist ein trauriges Date, auf das man wieder und wieder geht – wenn eine Person es als Ritual betrachtet, als Symbol der Liebe, und die andere als Gewohnheit, als etwas, was man gedankenlos abhakt.

Wir fragten dieselben mehr als hundert romantischen Paare auch, wie zufrieden sie mit ihrer Beziehung waren. Paare, die sich einig waren, dass sie ein Ritual hatten, waren am glücklichsten. Die Paare, die nicht derselben Ansicht waren, profitierten in keiner Weise von ihrem einseitigen Ritual. Sie waren bemerkenswerterweise nicht glücklicher als die Paare, die übereinstimmend angaben, überhaupt keine Rituale zu haben.

Rituale und schwierige Zeiten

Beziehungsrituale sind Emotionsgeneratoren für Paare, mit deren Hilfe sie ihre gemeinsame Realität und Identität bekräftigen; Rituale, um Beziehungen zu beenden – ob es sich um Scheidung oder Trennung handelt –, bieten Gelegenheiten für dringend benötigte Übergänge.[19] Hier handelt es sich um das »Betwixt and Between«, das wir in dem Kapitel über Identitätsrollen und -wechsel besprochen haben. Paul Simon besang die Auflösung seiner Ehe mit Carrie Fisher mit den Worten: »You take two bodies and you twirl them into one ... And they won't come undone.«[20] Wie können wir neue Rituale entwickeln, um anzuerkennen, dass unsere einst geteilte Realität auseinandergebrochen ist?

Das ist genau der Punkt, an dem sich Ulay und Marina Abramović im Frühling 1986 befanden – trotz ihrer kosmischen Verbindung und desselben Geburtsdatums. Sie hatten gerade gemeinsam in der Burnett Miller Gallery in Los Angeles performt. Aus Abramovićs Sicht stand die Show für ihre Liebe und die gemeinsame künstlerische Vision. In ihrer Autobiografie beschreibt sie, sie habe »diese dritte, von uns erzeugte Energie-Wesenheit« repräsentiert: Diese »ist nicht mehr von uns abhängig, sondern besitzt eine eigene Wesenheit, die wir ›dieses Selbst‹ nennen«.[21] Ulay dagegen empfand ihre Performance und die darauffolgende Interaktion mit dem Publikum zunehmend als Routine. Das Geschäftliche und das Netzwerken im Zusammenhang mit ihrer Kunst waren ein Aspekt, den er nicht unbedingt weiter pflegen wollte. Während Abramović bereit war, das Leben als weltberühmte Künstlerin mitsamt den notwendigen Aufgaben und sozialen Verpflichtungen anzunehmen, sehnte sich Ulay nach einer eher nomadischen, anarchischen Lebensweise. Statt auf Promipartys zu gehen und Kunstpavillons zu besuchen, wollte er lieber wieder im Bulli durch Europa reisen.

»Du kannst besser mit Leuten umgehen«, sagte er zu Abramović, während sie bei der Vernissage die Gäste unterhielt. »Ich gehe mal ein bisschen spazieren.« Wie sie später herausfand, betrog Ulay sie während seiner längeren Abwesenheit mit einer schönen, jungen Galerieassistentin. Eine (weitere) uralte Geschichte.

Wie finden zwei Menschen, die über ein Jahrzehnt damit verbracht haben, ihre unauflösbare Verbindung zum Gegenstand ihrer Arbeit zu machen, ihren Weg aus dieser heraus? Das Künstlerpaar tat das, was ihm unter diesen Umständen am vernünftigsten erschien: Sie schufen ihr persönliches Trennungsritual. Sie hatten ursprünglich geplant, fast ein Jahr entlang der

21 196 Kilometer langen Chinesischen Mauer zu wandern. Das Projekt mit dem Titel *The Lovers* war als eine Art Hochzeit konzipiert gewesen, hatte sich aber über die Jahre des Wartens und des gebrochenen Vertrauens in eine etwas weniger umfangreiche Meditation über ihre Unvereinbarkeit und Trennung verwandelt. Am 30. März 1988, nachdem sie fast zehn Jahre damit verbracht hatten, sich durch die Bürokratie der Kommunistischen Partei Chinas zu kämpfen, hatten der Künstler und die Künstlerin endlich die Erlaubnis erhalten, ihre Wanderung durchzuführen. Beide würden an entgegengesetzten Enden aufbrechen, um sich in der Mitte zu begegnen und voneinander zu verabschieden. Abramović begann am Bohai-Meer, einem Teil des Gelben Meeres zwischen China und Korea. In den Monaten ihrer Wanderung ging sie die gefährlichere Strecke durch die östlichen chinesischen Hochebenen und entlang Abschnitten, die unter dem Diktat von Maos Kommunisten zerstört worden und nun nur noch bröckelnde Felsen waren. Sie und ihre Guides mussten sich jeden Abend Stunden von der Mauer entfernen, um zu den Dörfern zu gelangen, in denen sie schliefen.

Ulay begann etwa tausend Kilometer westlich in der Wüste Gobi. Während Abramović die Berge überwinden musste, führte ihn seine Reise durch Hunderte Kilometer Sanddünen. Er hatte die Anweisung, in nahen Dörfern und Hostels zu übernachten, doch wie es für ihn typisch war, pfiff er auf die Regeln und verbrachte viele Nächte unter freiem Himmel auf den zerbrochenen Steinen der Chinesischen Mauer. Beide investierten große Mühe darin, ihre Körper aufeinander zuzubewegen, um sich auf den Moment vorzubereiten, an dem sie sich begegnen und ihre Trennung vollziehen würden.

Nachdem beide neunzig Tage gelaufen waren und dabei täglich etwa zwanzig Kilometer zurückgelegt hatten, trafen sie auf einer Steinbrücke in der Provinz Shaanxi aufeinander. Ulay erreichte sie zuerst und wartete auf Abramović. Diese kam drei Tage später an. Sie sahen einander an, wie sie es so viele Jahre zuvor am Amsterdamer Flughafen getan hatten, und umarmten sich. Dann gingen sie getrennte Wege und sprachen zweiundzwanzig Jahre lang kein Wort miteinander.

Colleen Leahy Johnson, eine Expertin für die psychologischen Folgen von Scheidungen, verwendet den wunderbaren Ausdruck »sozial kontrollierte Höflichkeit«[22], um zu beschreiben, wie frühere Paare ihre Bitterkeit überwinden können, indem sie strukturierte symbolische Zeremonien – also Rituale – durchführen, die ihnen helfen, ihre Emotionen in den Griff zu bekommen. Ein Paar, das sich scheiden ließ, beschloss, die Trennungszeremonie in seiner Traukirche abzuhalten, und schrieb umgekehrte Gelübde: »Hiermit erhältst du diesen Ring zurück, den du mir gabst, als wir heirateten, und ich befreie dich damit von allen ehelichen Verpflichtungen mir gegenüber. Vergibst du mir jegliche Schmerzen, die ich dir zugefügt habe?« Die Zeremonie war so bewegend, dass einer Person, die dabei war, später ein Licht aufging: »Ich betrachte ein Ritual häufig als das Ende eines Prozesses, ohne zu begreifen, dass es zugleich ein Neubeginn ist.«[23]

Die Philosophin und Intellektuelle Agnes Callard lebt mit ihrem Ex-Mann Ben Callard, ebenfalls Philosoph, und ihrem früheren Studenten und nun Ehemann, Arnold Brooks, in einem Haushalt zusammen. Die drei Erwachsenen haben gemeinsame Pflichten im Haus und in der Fürsorge für ihre drei Kinder – zwei aus der Ehe mit Callard und eines aus der aktuellen Ehe mit Brooks. Da Agnes Callard und ihr Ex-Mann sich immer noch nahestehen, feiern die beiden ihre Scheidung jedes Jahr mit ihrem persönlichen Ritual: »Uns einen herzlichen Glückwunsch zum Scheidungsjubiläum! Das ist ein Meilenstein: #10«, schrieb sie auf Twitter mit einem Foto, das sie strahlend neben Ben zeigt. Sie gingen zusammen essen und freuten sich darüber, gemeinsam alt zu werden – über ein Jahrzehnt erfolgreich geschieden zu sein ist bemerkenswert. »Denkt dran, Kinder und Ehen kommen und gehen, aber Scheidung ist für immer, also wählt eure Ex-Partner*innen klug!«, witzelte sie auf Social Media.[24]

Die Gelassenheit der drei in dieser Lebensform nachzuahmen, wird vielen Menschen schwerfallen, aber zum Glück gibt es Rituale für weniger gut befreundete ehemalige Paare: auf Englisch »Annivorcery«, der Jahrestag der Scheidung. Eine Investmentbankerin namens Gina erklärt: »Ich bin seit drei Jahren geschieden und schmeiße jedes Jahr eine große Party, um meine Trennung zu feiern. Mein Ex muss auf die Kinder aufpassen, und ich lade meine besten Singlefreunde und -freundinnen ein.«[25]

—

Pomp und Prunk von Liebe und Verbindlichkeit – ob bei einer traditionellen Hochzeit oder einem konventionellen romantischen Abend zu zweit mit roten Rosen und Kerzen – werfen ihre langen Schatten in unsere kollektive Fantasie. Doch unsere Forschung hat gezeigt, dass die bedeutungsvollsten Rituale für Paare oft ganz persönliche sind. Diese Rituale ergeben für Außenstehende nicht unbedingt Sinn, aber sie ermöglichen uns, mit nur einem anderen Menschen eine einzigartige gemeinsame Realität zu erschaffen. Sie stammen aus einem und existieren für ein Land, in dem nur zwei Bewohner leben – eine gemeinsam entwickelte rituelle Handschrift.

Oft nachdem ich einen Vortrag über meine Forschung zu Ritualen gehalten habe, kommt jemand zu mir und sagt etwas zu mir wie: »Ich konnte total nachvollziehen, was Sie in Ihrem Vortrag erzählt haben, mein/e [Frau/Mann/Partner/in] hat auch eine Million Rituale« – womit diese Person sagen will, dass sie selbst keine praktiziert. Oftmals sind jedoch umgekehrt der Partner oder die Partnerin der Meinung, *diese Person* sei diejenige mit den vielen Ritualen. Sinnvoller, als sich darauf zu konzentrieren, welcher Mensch in der Partnerschaft mehr Rituale auslebt, wäre es, die Beziehung zu pflegen, indem man sich auf die gemeinsamen Rituale fokussiert. Falls Ihnen kein bereits etabliertes Paarritual einfällt, versuchen Sie, ein neues einzuführen. Wir alle wollen eine Realität mit der Person teilen, die wir lieben.

9

Wie Sie die Feiertage überstehen

Rituale für das Auf und Ab mit Kind und Kegel

Es folgen drei Beschreibungen von drei unterschiedlichen geliebten Familienritualen. Können Sie erraten, welche Feiertage hier begangen werden?

Ich bin in einer Kommune in British Columbia aufgewachsen, und wir haben alle zusammen gefeiert. Die Erwachsenen holten ihre Sitars hervor, und einige trugen ein Schlangenkostüm aus wunderschöner grüner und orangefarbener Seide. Mehrere Menschen bildeten den schlängelnden Körper des Tiers, und ein Mensch hockte in seinem Kopf und ließ die Zunge hervorzischen. Ich fand die Schlange toll und zugleich Furcht einflößend. Sie tanzte scheinbar endlos zur Sitarmusik, bevor wir einzeln zu ihr hingehen und ein Geschenk aus ihrem Maul empfangen durften. Ich kniff vor Angst die Augen zusammen und steckte die Hand in ihr Maul. Als ich sie wieder herauszog, hielt ich eine neue Babypuppe darin, die aus alten Stoffen und Garnen genäht worden war. Genau das, was ich mir gewünscht hatte.

Wir sind amerikanische Muslime, und dies ist mein Lieblingsfeiertag im Jahr. Wir besorgen immer Fleisch, bei dem die Tiere nach muslimischen Ernährungsvorschriften aufgezogen und geschlachtet wurden. Meine Familie lädt alle ein, es ist also jedes Mal eine Gelegenheit, Tanten und Onkel, Cousins und Cousinen und deren Kinder zu sehen. Bei uns dreht sich der Feiertag immer um den Vers: »Also betet nur zu Allah und gehört zu den Dankbaren« (Koran 39:66). Ich fühle mich gesegnet, dass ich diese heilige Zeit für Besinnung und Dankbarkeit habe.

Unsere Familie ernährt sich vegetarisch, also nehme ich ersatzweise eine Rübe und ein mit Blumen verziertes Ei. Für uns sind der Abend und die Lesungen eine Gelegenheit, über soziale Gerechtigkeit zu sprechen und darüber, was wir als Familie dafür tun können. Die Kinder sind meist hungrig nach unserer vegetarischen Variante der traditionellen Mahlzeit, also gehen wir anschließend immer in ihr Lieblingsrestaurant, wo sie eine Playa-Bowl bekommen, um sich satt zu essen.

Hätten Sie erraten, dass Nummer eins Weihnachten ist (gefeiert von einer nichttraditionellen buddhistischen Familie), Nummer zwei Thanksgiving und Nummer drei Pessach?

Feiertagsrituale sind mächtige Erzeuger von Emotionen. Wie können wir ihre Kraft am besten nutzen, um Gefühle der Zugehörigkeit, des Zusammenhalts und des Vertrauens heraufzubeschwören, nach denen sich so viele von uns sehnen, wenn wir uns als Familie versammeln? Was können wir aus unserem großen kulturellen Werkzeugkasten nehmen – und was weglassen –, um unsere Beziehungen zu unseren Verwandten neu zu erfinden und wieder zu entfachen? Heute werden traditionellere Familienrituale häufig umfunktioniert und oft ganz neu erschaffen, um unsere weiter werdende Definition dessen, was eine Familie ausmacht, zu spiegeln – und die Möglichkeiten, sie zu hegen und zu pflegen. Rituale zeigen uns, dass eine Familie manchmal etwas ist, was man hat, und manchmal etwas, für das man sich entscheidet.

Über die Feiertage heimfahren

Die Feiertage sind die perfekte Gelegenheit, um den Wert von Ritualen zu erforschen. Auch wenn es unmöglich ist, Menschen für ein paar Jahre willkürlich verschiedenen Familien zuzuteilen und die Auswirkungen zu messen, war der Wissenschaftler in mir entschlossen, den Effekt dieser Rituale so exakt wie möglich zu bestimmen. Haben glückliche Familien einfach mehr Rituale als unglückliche, oder können Rituale Familien glücklicher machen? Tolstoi schrieb, alle glücklichen Familien seien einander ähnlich, jede unglückliche dagegen unglücklich auf ihre Weise. Welche Rolle spielen Rituale als Auslöser dieser unterschiedlichen Gefühle?

Övül Sezer von der Cornell University und ich haben uns zusammengetan, um diese Fragen gemeinsam zu beantworten. Övül ist sowohl Verhaltenswissenschaftlerin als auch Stand-up-Comedian. Wie alle lustigen Menschen bedient sie sich bei ihren familiären Erfahrungen als Hauptquelle für ihr Material – ich ging also davon aus, dass sie eine interessante Perspektive in unser Projekt einbringen würde. Während wir Familien an verschiedenen Feiertagen beobachteten, an denen sie miteinander Rituale begingen, hatten wir zwei Fragen im Kopf: Beeinflussen Rituale die Gefühle, die Menschen insgesamt bezüglich ihrer Familie haben? Könnten Rituale sofort, an dem Tag, an dem sie durchgeführt wurden, auf Spitzen familiärer Sympathie hindeuten?

Hunderte von Amerikaner*innen erzählten uns, wie sie ihre wichtigsten Feiertage mit der Familie begingen, ob sie Rituale hatten und wenn ja, welche. Führten sie die Rituale als Familie oder individuell durch? Welche Gefühle hatten sie in Bezug auf die Familie insgesamt? Wie fühlten sie sich an dem Tag?

Wir begannen mit Weihnachten, ein weitverbreitetes Fest in den USA. Über 60 Prozent der hundertvierzig Menschen, die wir befragten, gaben an, dass sie Weihnachten feierten und mindestens ein Familienritual hätten. Viele der Rituale, 39 Prozent, hatten mit dem Öffnen von Geschenken zu tun, während 34 Prozent sich auf das Weihnachtsmenü konzentrierten. Diese beiden Kategorien bildeten nahezu drei Viertel aller Weihnachtsrituale – von Schinken und Hähnchenflügeln und Unmengen an Desserts bis zu altersentsprechend wechselnden Geschenköffnungsprotokollen.

Als wir die Umfrage Neujahr wiederholten, mit einer neuen Stichprobe von hundertzweiundfünfzig Menschen, stellten wir weniger Familienrituale fest – nur 27,5 Prozent berichteten, dass sie eins hätten –, und fast 50 Prozent der Rituale beinhalteten ein Abendessen mit der Familie als zentralem Element und irgendeinem bestimmten Cocktail als Charakteristikum des Rituals. Egal ob ein Crown Royal mit Canada Dry, ein russischer Wodka mit Cranberrysaft oder Champagner in Moscow-Mule-Kupferbechern – mit ihren Ritualen beschworen die Silvesterfeiernden Gemeinschaftsgeist herauf.

Trotz der Unterschiede der amerikanischen Feiertage, die wir untersuchten, besaßen die Rituale vorhersagbare Gemeinsamkeiten. Essen und Trinken waren eine Konstante, doch die wichtigste Zutat schien die gemeinsame Familienhandschrift zu sein: das *Wie*, das den Kern ihrer Identität bildete. Sie machten die

Erfahrung der Feiertage zu ihrer eigenen, indem sie sie auf ihre eigene besondere Art und Weise begingen. Oft war es so simpel wie: »Unsere Familie macht die Cranberrysauce immer mit Zitronenschale« oder »Ich färbe die Eier in derselben Porzellanhäschenschale, die meine Mutter als Kind verwendet hat.« Aber diese einfachen Handlungen waren enorm wichtig und zeigten, dass wir nicht immer großen Prunk oder plakative Aktionen benötigen, um der Welt und uns selbst unsere familiären Bindungen vor Augen zu halten. Viel häufiger sind alltägliche Gesten und Gegenstände zentral für die jeweilige Familienkultur.

Wir fragten die Menschen auch nach den Wirkungen dieser Rituale. Versammelten sie sich mit der Familie, um sie durchzuführen, und falls ja, inwieweit beeinflussten die Rituale, wie sehr sie diese Zeit mit der Familie genossen? Ihre Antworten gaben uns einen Einblick in den Effekt von Ritualen inmitten der Höhen und Tiefen der Feiertage.[1]

Feiertagsrituale sind Logistik (mit dem gewissen Etwas)

Was geschieht wirklich auf der niedrigsten funktionalen Ebene vieler unserer Familienrituale? Logistik. Feiertagsrituale koordinieren uns. Bei größeren Gruppen kann es so einfach sein wie »Die Kinder sitzen da«, »Wir essen um 16:45 Uhr« oder »Diese Seite der Familie bringt immer den Nachtisch mit.« Solche Rituale dienen auch als hilfreiche Seekarte, um unbekannte, gefährliche familiäre Gewässer zu umschiffen.

In einer Studie von 2020 fanden Jeremy Frimer und Linda Skitka heraus, dass Thanksgiving-Dinner in politisch diversen Familien fünfunddreißig bis siebzig Minuten kürzer waren als in Familien, in denen man sich politisch einig war.[2] Familienmitglieder so zu platzieren, dass sich niemand danebenbenimmt, ist eine Kunst, und Fehler dabei können echte Konsequenzen haben. Die Kolumnistin Michelle Slatalla beschreibt, wie reiner Hass allein dadurch hervorgerufen werden kann, dass zwei Menschen nebeneinander sitzen: »Das Sitzarrangement ist eine größere Herausforderung als das Kochen«, klagte sie.[3] Ritualisierte Feiertagsabläufe können Spannungen verringern und dafür sorgen, dass sich alle wohlfühlen. Einfache, aber vertraute Tätigkeiten wie den Baum zu schmücken oder Weihnachtsplätzchen zu backen, den Truthahn aufzuschneiden, den Wein zu entkorken, die Servietten zu falten und die Blumen zu arrangieren, bieten eine willkommene Auszeit von Konflikten und weisen allen eine bestimmte Rolle zu.

Die von solchen Koordinationsritualen geweckten Gefühle können ganz einfach so etwas wie Ruhe oder sogar Erleichterung sein. Diese Low-Arousal-Emotionen sorgen dafür, dass wir weniger Aufregung empfinden, dafür aber wahrscheinlich mehr Zufriedenheit. Die Psychotherapeutin Harriet Lerner, Autorin des Bestsellers *Wohin mit meiner Wut?*, argumentiert, genau wie Nervosität ansteckend sei – »intensity only breeds more intensity, and [...] reactivity breeds more of the same«[4] –, könne sich Ruhe ebenfalls übertragen. Sind viele Mitglieder der Familie gelassen, stehen die Chancen besser, dass sich diese Stimmung auf die übrigen überträgt. Rituale, die selbst ganz grundlegende Handlungen wie Sitzen, Aufstehen und Essen strukturieren und koordinieren, können in großen, chaotischen und potenziell streitlustigen Menschengruppen zu mehr Ausgeglichenheit führen.

Rituale locken mich nach Hause (Routinen eher nicht)

Unsere Umfragedaten zeigten eine Sache sehr deutlich: Rituale können Praktiken sein, die uns nach Hause kommen lassen. Bei Menschen, die berichteten, dass ihre Familie mindestens ein Ritual hat, das sie jedes Jahr durchführt, war die Wahrscheinlichkeit höher, dass sie am fraglichen Tag nach Hause zurückkehrten. Die Weihnachtsfeiertage verbrachten 96 Prozent aller Menschen – also fast alle –, die angaben, dass ihre Familie ein Weihnachtsritual habe, gemeinsam mit der Familie, während etwa ein Drittel derjenigen, die laut eigener Aussage keinerlei Rituale hatten, sich dagegen entschieden, das zu tun. An Silvester kamen 90 Prozent derjenigen, deren Familie an diesem Tag ein Ritual hatte, zusammen, während mehr als die Hälfte ohne Familienritual dies nicht tat. An all den Feiertagen, die wir uns ansahen, war außerdem die Wahrscheinlichkeit höher, dass die Mitglieder von Familien mit Ritualen diesen Tag genossen – mehr als in Familien, die sich trafen, aber keine Rituale hatten. Die positive Wirkung von Ritualen zeigte sich auch in Familien, deren Mitglieder uns mitteilten, dass sie einander nicht sonderlich mochten. Feiertagsrituale brachten sogar ungeliebte Verwandte einander etwas näher – zumindest während der Dauer des Rituals.

Wie bei unserer Forschung zu romantischen Paarbeziehungen wollten wir wissen, ob die Familien Rituale ausübten, die ihnen wichtig waren, oder ob sie diese bloß mechanisch als Bestandteil einer langweiligen, aber vertrauten Routine abspulten. Die Psychologin Barbara Fiese, Direktorin des Family Resiliency Center an der University of Illinois in Urbana-Champaign unterscheidet zwischen Familienroutinen (»Das muss erledigt werden«) und Familienritualen (»Das sind wir«).[5] In einigen Familien besteht die Identitätsarbeit aus einem erhöhten Anspruch an die Back- und Kochkünste: »Ich stamme aus einer Familie toller Köche und Köchinnen. Ich muss die Tradition aufrechterhalten und das Frühlingszwiebel-Pfannkuchen-Rezept meiner Tante meistern. Ich darf sie nicht enttäuschen.« Bei anderen hingegen wird die gemeinsame Identität durch Musik, insbesondere Gesang, ausgedrückt: »In unserer Familie vergeht kein Feiertag, an dem wir nicht die Gitarren hervorholen, Dylan-Songs singen und bis spät in die Nacht rund um das Feuer sitzen und Musik machen.« Einige Familien feiern, indem sie abends ruhig zusammensitzen und Bücher lesen: »Nach dem Abendessen machen wir es uns normalerweise alle mit unseren Büchern auf den großen Sofas im Wohnzimmer gemütlich. Ich lege dabei gern die Füße in den Schoß meiner Mutter.« Und für manche geht es darum, gemeinsam eine für alle geeignete Serie zu suchen: »Wir fangen im Oktober an, uns gegenseitig zu schreiben, welche Serie wir anschauen könnten. Alle dürfen etwas vorschlagen, und die Serie mit den meisten Stimmen gewinnt. Dann setzen wir uns am Weihnachtsmorgen zusammen und schauen sie den ganzen Tag. Niemand darf sich da rausziehen oder mit dem Handy ablenken. Wir haben eine Regel: ›Alle Augen müssen mitgucken.‹«

Die Qualität der Verbundenheit – die Verknüpfung mit einer Familienidentität – verwandelt diese Aktivitäten von Routinen in Rituale. In ihrem Memoir *How to Celebrate Everything*, das zugleich eine Rezeptsammlung ist, beschreibt die Foodjournalistin Jenny Rosenstrach, wie selbst der morgendliche Gang zum Schulbus mit ihren Kindern das Potenzial für einen besonderen Augenblick enthielt:

Sie in den Schulbus zu setzen, war nicht bloß eine Routine, denn es verband uns mit unserer Gemeinschaft in einer Art und Weise, die, wie mir später klar wurde, nicht leicht zu kopieren sein würde, wenn kein Schulbus mehr erreicht werden müsste. Vor allem aber verband es uns als Familie. So gestresst wir auch waren, so chaotisch der vor uns liegende Arbeitstag zu werden versprach, wir begannen jeden Morgen zusammen. Von Anfang bis Ende dauerte das Schulbusritual vielleicht acht Minuten täglich, aber es war praktisch garantiert, dass an irgendeinem Punkt innerhalb dieser acht Minuten eine kleine Hand unwillkürlich nach oben greifen und sich in meine legen würde ... Allein diese Geste füllte meinen Glückstank so sehr, dass ich damit einen ganzen Tag im Büro überstehen konnte.[6]

Rituale können zwar keine Berge versetzen, uns jedoch durchaus bewegen. Fühlen Sie sich Ihrer Familie fern – emotional oder geografisch –, kann ein gemeinsames Ritual Sie wieder zusammenbringen.

Kinkeeping hält alles zusammen

Familienrituale ermöglichen uns, einander die Geschichte unserer Verbindung zu erzählen: Das ist es, wer wir sind und wie unsere Familie auch in Zukunft sein wird. Ironischerweise ist der Familienzusammenhalt jedoch selten eine gemeinsame Anstrengung. Häufig ist er das Werk von nur ein oder zwei Menschen: den Kinkeepern. Die Soziologin Carolyn Rosenthal von der McMaster University beschreibt diese Menschen als diejenigen, die am meisten Verantwortung dafür übernehmen, dass die Familie in Kontakt bleibt und dass ihre Rituale auf die nächste Generation übergehen. Ein zweiundfünfzigjähriger Mann bemerkte, wie die Kinkeeperin in seiner Familie dafür sorgte, dass alle miteinander verbunden blieben: »Sie drängt uns, uns gegenseitig zu schreiben, und schreibt uns allen.« Ein Achtundfünfzigjähriger beschrieb, wie der Kinkeeper in seiner Familie sicherstellt, dass ritualisierte Zusammenkünfte stattfinden, die die Familie zusammenhalten: »Er organisiert Treffen wie Familienpicknicks und Geburtstagsfeiern.«[7]

Die emotionale Arbeit dieser Menschen ist wesentlich für die Identitätsarbeit einer Familie. Jemand in der Familie muss die Rolle des Impresarios, der Jahrmarktschreierin, des Eventplaners, der Zeremonienmeisterin übernehmen. Jemand muss sich Gedanken über die Sitzordnung machen. Jemand muss sich die Aktivitäten und Ereignisse ausdenken und planen, die bei allen ein Zusammengehörigkeitsgefühl erzeugen und vielleicht sogar Spaß machen. Es gibt zwingende Beweise dafür, dass diese menschlichen Verbindungsglieder zwischen den Familienmitgliedern diejenigen sind, die alles zusammenhalten. Familien, in denen es diese Personen gibt, treffen sich mit höherer Wahrscheinlichkeit auch mit entfernteren Verwandten und versammeln sich zu wichtigen Anlässen. Auch die Geschwister von Kinkeepern halten engeren Kontakt miteinander.

Aber die Rolle des Verbindungsglieds ist keine dauerhafte. Meiner Erfahrung nach verschiebt sie sich, wenn sich andere Rollen innerhalb der Familie verändern. Als Kind erlebte ich Thanksgiving als voll ausgeformtes Ereignis, und mein dringendster Wunsch war es, irgendwann nicht mehr am Kindertisch sitzen zu müssen. Als Jugendlicher und junger Erwachsener war ich meist mit mir selbst beschäftigt und betrachtete meine

Bereitschaft, zu Thanksgiving nach Hause zu kommen, als großes Opfer. Aber mit dreißig, vierzig und besonders, als ich Vater wurde, begriff ich plötzlich, dass es meine Aufgabe war, die Traditionen und Familiengeschichten weiterzugeben. Mein Wunsch, die reiche Familienidentität und ihr Erbe an meine Tochter zu überliefern, führte dazu, dass ich in die Rolle des Kinkeepers schlüpfte. Die Feiertage waren nicht mehr voll ausgeformt. Ich blickte nun hinter den Vorhang, und mir wurde klar, dass es meine Aufgabe war zu lernen, wie man einen Truthahn tranchiert.

Wie bei den meisten waren die Rituale meiner neuen Familie relativ willkürlich aus den kulturellen Werkzeugkästen von mir und meiner Frau zusammengewürfelt. Wir übernahmen ein paar Feiertagstraditionen meiner Familie (verschiedene Sorten Truthahnfüllung an Thanksgiving), fügten ein paar Traditionen aus der Familie meiner Frau hinzu (ausführliches und exaktes Aufhängen der Weihnachtsbaumbeleuchtung) und dachten uns ein paar neue aus (Kerzen in einen Hackbraten stecken und »Happy Hackbraten« singen).

In einem unserer Umfrageinterviews zu Feiertagsritualen erzählte eine Mutter Folgendes:

Unser Sohn ist Wissenschaftler. Normalerweise war er stark auf seine Theorien fokussiert … Nun scheint er sich eines Musters im Leben bewusst geworden zu sein und tritt in vielerlei Hinsicht in unsere Fußstapfen. Er hat ein enges Verhältnis zu seiner Familie und beteiligt sich an Familiendingen wie Geburtstagen und Feiertagen, die er eine Zeit lang für unwichtig hielt. Er kehrt zu den Traditionen zurück.[8]

Das konnte ich nachvollziehen. Genau wie der Sohn dieser Frau »zu den Traditionen zurückkehrte«, nachdem er zunächst eine Weile geglaubt hatte, sie seien mit seiner Identität als Wissenschaftler nicht vereinbar, übernahm auch ich die Rolle als Kinkeeper. Bei vielen von uns geschieht das, weil die Geburt eines Kindes uns zeigt, was wir hatten, bis dahin jedoch nicht zu schätzen wussten. Die Rolle kann uns jedoch auch nach einem schmerzlichen Verlust zukommen. In einem bewegenden Essay schreibt der Schriftsteller Rembert Browne über das erste Thanksgiving nach dem Tod seiner Mutter: »Meine Cousine Erin und ich saßen auf dem Sofa meiner Mutter – voll, müde und erschrocken über eine ganz frische Erkenntnis. Vor mir lag mein dreißigster Geburtstag, vor ihr ihr Neugeborenes, und uns beiden wurde plötzlich klar, dass es eines Tages uns zufallen würde, diese Familie zu führen. Sie sah mich an, als wir die Älteren in der Küche beobachteten, und murmelte: ›Wir müssen lernen, diese Gerichte zuzubereiten.‹«[9] Browne hatte das Gefühl, das so viele von uns kennen: Wie öffnen wir uns für die Zukunft, ohne die Vergangenheit zu vergessen? Das ist die Frage, die alle Kinkeeper zu beantworten versuchen.

Etwas Altes und etwas Neues: überlieferte und selbst gebastelte Rituale

Ende 2018 forderte das *Atlantic*-Magazin seine Leserschaft auf, »seltsame Feiertagstraditionen« einzusenden. Der Leser Nate Ransil antwortete:

Der Großvater meiner Frau fand, Weihnachten sei zu gut, und deshalb solle es mindestens eine Sache geben, auf die man sich nicht freue. Also bereitete er an Weihnachten ein Frühstück aus Eiern, Bacon, Toast und Orangensaft zu, gab alles in einen Mixer und servierte es seinen Kindern als Smoothie. Mein Schwiegervater hörte diese Geschichte über seinen Schwiegervater und fand sie zum Schießen, also führte er die Tradition mit meiner Frau und ihren Geschwistern fort. Aber statt jedes Jahr das Gleiche zu machen, konnten einzelne Familienmitglieder die anderen mit ihrer Idee überraschen. Das Frühstück steht immer unter einem Motto: Es kann zum Beispiel etwas aus dem *Grinch* sein (Who-Pudding, blutiger Who-Braten, Fliegenpilzsandwich mit Arsensauce und natürlich 'ne vergammelte Banane mit 'ner glitschig faulen Schale) oder dem *Weihnachtself* (Spaghetti, zerbröselte Pop-Tarts und Ahornsirup) oder Kacke als Oberthema (eine Katzentoilette mit Schokokringeln, darauf nicht ganz durchgekochte Kürbiskuchenfüllung, in Windeln serviertes Bohnenmus etc.).

Nates Bericht ist ein unterhaltsames Beispiel dafür, wie DIY-Rituale entstehen und mit der Zeit an Dynamik gewinnen. Eine andere, schottischstämmige Familie setzt alles daran, den richtigen *first footer* zu finden: Der Mensch, der am Neujahrsmorgen als Erstes das Haus betritt, muss ein großer dunkelhaariger, braunäugiger Mann sein, der Brot, Whisky, Milch und einen Brocken Kohle mitbringt.

In diesen einzigartigen und neuen Kombinationen von Handlungen – idiosynkratischen rituellen Handschriften – zeigen Familien sich selbst und nach außen, wer sie sind. Wie Nate es ausdrückt: »Ich wette, niemand anderes auf der Welt isst in diesem Augenblick das Gleiche wie wir.«[10]

Die Forschung hat gezeigt, dass 88 Prozent der Menschen in ihrer Kindheit ein Familienritual hatten und 81 Prozent dieses Ritual mit ihren eigenen Kindern fortführen. 74 Prozent ergänzten dies jedoch um ein neues Ritual.[11] Diese Statistik macht nicht nur das Beharrungsvermögen älterer Familienrituale deutlich, sondern auch, mit wie viel Kreativität und Flexibilität die Menschen etwas Neues daraus machen. Häufig verleihen diese Anpassungen Ritualen eine Patina, die zugleich alt und wunderbar neu ist – überarbeitet und erweitert, sodass die emotionalen Bedürfnisse jeder Generation erfüllt werden.

Eine Großmutter erzählte von einem Ritual mit einer perfekten Mischung aus Tradition und Veränderung. In ihrer Kindheit buk die Familie an den Feiertagen immer Pasties, eine traditionelle Fleischpastete, die ihr Vater und Großvater, beides Bergleute, an langen Arbeitstagen als Energiequelle dabeihatten. Sie gab das Ritual weiter an ihre Tochter und diese wiederum an ihre Kinder. Im Laufe der Generationen passte die schwere Pastete nicht mehr zu den modernen Ernährungsgewohnheiten. Statt die Pasties als unveränderliche Tradition zu behandeln, passte die jüngste Generation das Rezept an. Heute füllen sie die Pasteten zum Beispiel mit Tofu und Curry oder Spinat und Süßkartoffel. Eine Nachfahrin heiratete einen Argentinier, und in ihrer Familie haben Empanadas die Pasties ersetzt. Der Teig bleibt jedoch immer der gleiche: ein Rezept, das auf eine alte Karteikarte geschrieben und viele Male fotokopiert wurde und nun in den iPhones der Familienmitglieder gespeichert ist. Jede Generation hat die Pasties mit unterschiedlichen Füllungen gemacht, in unterschiedlichen Formen und Größen, aber das Ritual bleibt erhalten, und das unveränderliche Rezept für den Teig zollt der Familienkultur Respekt.

Am Familientisch

Alltägliche Mahlzeiten mit der Familie sind ebenfalls eine Gelegenheit für Neuerfindungen. In den Vereinigten Staaten wird heute eine von fünf Familienmahlzeiten im Auto eingenommen, und beinahe drei Viertel werden nicht zu Hause verzehrt.[12] Weniger als 33 Prozent der amerikanischen Familien essen häufiger als zweimal pro Woche zusammen an einem Tisch.[13]

Eine Menge Forschung der vergangenen zwei Jahrzehnte bestätigt, welch mächtige Wirkung es hat, dieses Ritual wiederzubeleben. 2012 beispielsweise war das Ergebnis einer vom National Center on Addiction and Substance Abuse an der Columbia University durchgeführten Studie, dass regelmäßige Mahlzeiten mit der Familie mit einer niedrigeren Drogenmissbrauchsquote bei Jugendlichen und einer engeren Verbindung zwischen Heranwachsenden und ihren Eltern assoziiert sind.[14] Eine Studie mit dreiundneunzig Eltern von Erstklasslern hat gezeigt, dass die Vorteile von Mahlzeitenritualen besonders die Beziehungen zwischen Vätern und Töchtern stärken können, also Familienmitgliedern, die ansonsten wenig Zeit miteinander verbringen.[15] In vielen Familien ist die Frage jedoch nicht, ob, sondern wie. Wie können wir die Familienmahlzeit zwischen Sport, Nebenjobs, Pendelzeit, Schultagen und späten Arbeitsmeetings zu einem sinnstiftenden Ereignis machen?

Die Psychiaterin Anne Fishel hat ein paar Ideen dazu. Fishel leitet das Family and Couples Therapy Program am Massachusetts General Hospital. Dort stellte sie fest, dass Bedarf nach mehr Anleitung bei der Umsetzung dieser Mahlzeiten bestand. Sie gründete das Family Dinner Project, um Familien dabei zu unterstützen, ihren Alltag wieder mit einer Prise Ritual zu würzen. Ziel des Projekts ist es, dass die Mahlzeiten mit der Familie von Gewohnheiten zu Ritualen werden, also von leeren

Routinen (»das ist es, was wir tun«) zu bedeutungsvollen Erlebnissen, die die Familienmitglieder miteinander verbinden und das Leben der Kinder reicher machen (»das ist es, wer wir sind«).

Fishel beginnt ganz klein. Sie empfiehlt, eine Mahlzeit oder auch nur eine Zwischenmahlzeit auszuwählen, zu der die Familie bewusst zusammenkommt. Häufig bedeutet das, die Verpflichtungen aller Familienmitglieder zu durchforsten, um das Zeitfenster einer halben Stunde zu finden, das allen passt. Der Schüssel ist, sich bloß auf eine Mahlzeit festzulegen. Der Gedanke, dass Mahlzeiten mit der Familie wichtig sind, kann kontraproduktiv sein, wenn wir uns vor allem darauf fokussieren, wie schwer es ist, jeden Tag gemeinsam zu Abend (oder was auch immer) zu essen. Sie müssen die Zeit, die Sie zur Verfügung haben, realistisch einschätzen.

Auch beim Essen ist es sinnvoll, klein anzufangen. Natürlich sind selbst gekochte, gesunde Gerichte für alle am besten, aber der Stress, eine ganze Mahlzeit von Grund auf zuzubereiten, ist ein weiteres Hindernis für die Umsetzung. Wie in so vielen anderen Lebensbereichen kann das Bessere der Feind des Guten sein. Was Fishel im Sinn hat, ist eher spielerisch und improvisiert: weniger Sonntagsbraten als fröhliche Zwischenmahlzeit, bei der die ganze Familie dienstagabends zusammen Popcorn isst. Ob es »als Geschenk verpackte Überraschungssnacks«, »Panini-Wahnsinn« (Kühlschrankreste auf zwei Brotschreiben gelegt und in den Panini-Toaster geschoben), »Abendessen am Spieß« (ein Elternteil, mit dem wir sprachen, bestätigte, dass am Spieß alles besser schmeckt) oder ein »Teppichpicknick« (einfache Sandwiches und Snacks aus dem Pickknickkorb in einem neuen Kontext auf der karierten Tischdecke serviert) ist – die Familienmahlzeit kann wieder lebendig werden, wenn wir auf Konventionen pfeifen.

In Anne Fishels Vision sind vorgestanzte Gesprächsthemen wie »Wie war es heute in der Schule?« verboten. Das Family Dinner Project stellt das Standarddrehbuch auf den Kopf und macht ein individuelles Abenteuer daraus. Fishel ermuntert dazu, Gemeinschaftsgefühl nicht durch Konformismus zu erzeugen, sondern durch Gesprächsstrategien, die überraschen, erfreuen und neugierig machen sollen.

Es gibt sogar für jedes Alter spezifische Fragen, zum Beispiel die folgenden:

> Wenn du Superkräfte hättest, was wären das für welche, und wie würdest du sie nutzen, um Menschen zu helfen? (zwei bis sieben Jahre)
>
> Wenn du deine Schule leiten würdest, würdest du irgendetwas verändern? Wenn ja, was? (acht bis dreizehn Jahre)
>
> Wenn du eine Woche Zeit hättest, um mit deinen beiden besten Freund*innen, einem vollgetankten Auto und einer Kühlbox voller Essen etwas zu unternehmen – wohin würdet ihr fahren, und was würdet ihr machen? (vierzehn bis … hundert Jahre)

Diese speziellen Fragen sind kein magischer Schlüssel.

Es geht darum, dass sich die ganze Familie verpflichtet, Zeit und Raum füreinander zu schaffen, und dass alle gemeinsam einmal etwas anderes machen und einen Blindflug riskieren. Fishel empfiehlt Mahlzeiten, bei denen alle Familienmitglieder sie selbst sein dürfen. Keine höfliche Zurückhaltung, keine gepflegte Konversation, denn die verhindert das Entstehen von Verbindungen. Alles darf auf den Tisch kommen.[16]

—

Familienrituale bringen uns zusammen, lassen uns den Augenblick voll und ganz auskosten und stärken unser familiäres Zusammengehörigkeitsgefühl. Einer der am längsten währenden Vorteile ist jedoch das Geschenk der Erinnerung. Viele unserer Familienerinnerungen – an die Tanten und Onkel, die entfernten Cousins und Cousinen und an alle Lieben, die nicht mehr bei uns sind – verorten wir häufig in Momenten, in denen die Familie an einem Ritual teilnahm. Zuerst wirken Rituale mühsam, doch wenn sie funktionieren, sind sie wie Liebesarbeit jede Mühe wert. Durch ihre vertraute Struktur in Verbindung mit ihrer Anpassungsfähigkeit bescheren sie uns ein gemeinsames Repertoire – und einen Erinnerungsspeicher –, aus dem wir für den Rest unseres Lebens schöpfen können. Sie sind weniger Gelegenheiten, die Familie zu sehen, als Gelegenheiten, eine Familie zu *sein.*

10

Richtig trauern

Mit Verlust zurechtkommen

It's not something you get over
But it's something you get through.
- Willie Nelson[1]

1863 eröffnete die Kaufhauskette Lord & Taylor in New York ein neues »Trauergeschäft«, um die dringende Nachfrage trauernder Witwen im ganzen Norden zu befriedigen, die unter der Geißel des Bürgerkriegs litten. Die Frauen und Mädchen des Nordens konnten dort Variationen schwarzer Stoffe erwerben, wie Crêpe Grenadine, Balzarine – ein leichtes Wolle-Baumwolle-Gemisch – oder Barege, transparent und gazeartig. Da es an angemessener Trauerkleidung mangelte, unternahmen die Frauen große Anstrengungen, um solche zu beschaffen. Geradezu verzweifelt suchten sie nach Kleidungsstücken, die ihnen das Gefühl gaben, die schwere Trauerarbeit zu erleichtern.

Diese scheinbar unendliche Arbeit untersuchte Drew Gilpin Faust in ihrer Studie über den Amerikanischen Bürgerkrieg, *This Republic of Suffering.* »Die Anzahl der Soldaten, die zwischen 1861 und 1865 starben, geschätzte 620 000, entspricht in etwa der Gesamtheit der amerikanischen Todesfälle während der Revolution, dem Britisch-Amerikanischen Krieg, dem Mexikanisch-Amerikanischen Krieg, dem Spanisch-Amerikanischen Krieg, beiden Weltkriegen und dem Koreakrieg«, schreibt Faust. »Die Sterblichkeitsrate des Amerikanischen Bürgerkriegs im Verhältnis zur Bevölkerungszahl war sechsmal so hoch wie im Zweiten Weltkrieg. Eine ähnliche Rate, etwa 2 Prozent, würde in den Vereinigten Staaten heute sechs Millionen Toten bedeuten.«[2]

Im amerikanischen Süden, wo die Sterblichkeit sogar noch höher war – 18 Prozent der eingezogenen weißen Männer fielen im Bürgerkrieg –, bot das Ritual, Trauerkleidung zu tragen, den trauernden Frauen eine Möglichkeit, mit dem Verlust zurechtzukommen. Den gesellschaftlichen Ritualen dieser Zeit gemäß erforderte die erste, intensivste Trauerphase, dass eine Frau, die den Verlust ihres in der Schlacht gefallenen Ehemannes oder Bruders zu beklagen hatte, ausschließlich Schwarz trug. In einer mittleren Trauerphase war es den Frauen erlaubt, dies mit helleren Grautönen zu mischen, später kam Lavendel hinzu, besonders an den Kragen und Bündchen. Schmuck wurde nicht gern gesehen, außer er enthielt ein Bild – oder eine Haarlocke – des Verstorbenen. Was ich am interessantesten finde: Der Zeitraum der jeweiligen Trauerphase hing davon ab, wie nah die Frau dem Verstorbenen gestanden hatte. Schwarz, Grau, Lavendel – jede dieser Phasen war länger, wenn der Ehemann betrauert wurde, als wenn es sich bei dem Gefallenen um einen Cousin oder Onkel handelte.

Fausts Bericht über diese ergreifenden Trauerrituale des 19. Jahrhunderts rührten mich – und zwei Elemente fielen mir besonders auf. Erstens weiß jeder Mensch, der jemals getrauert hat, dass einem der Schmerz endlos vorkommen kann. Als Wissenschaftler fragte ich mich, ob die Menschen, die an sich hinunter auf ihre graue Kleidung blickten, eine gewisse Erleichterung empfanden, dass die Trauer irgendwann nachlassen könnte. Dienten diese Kleidungsvorschriften als Versicherung für die

Trauernden, dass vor ihnen andere in ihrer Lage gewesen waren und den Schmerz überstanden hatten?

Außerdem verblüffte mich das Ausmaß, in dem in diesen Trauerritualen des Bürgerkriegs alte und neue Elemente miteinander verknüpft wurden. Die Praxis, eine gewisse Zeit Trauerkleidung zu tragen, war fest etabliert. Die Trauernden, die Faust in ihrem Buch porträtiert, praktizierten darüber hinaus mit Sicherheit auch andere traditionelle Trauerrituale – Gebete, Kirchgänge, Besuche am Grab. Wenn wir solche althergebrachten Trauerrituale vollziehen, können sie uns wichtige Signale senden. Trauernde fragen sich nicht nur, wie sie den Schmerz aushalten sollen, sondern auch, wie lange. Ein klares Ritual mit einer langen Geschichte – wie das Schiwa-Sitzen im Judentum[3] – kann uns versichern, dass die Trauer nicht ewig anhält, dass sie vorübergehen wird. Dass Menschen dieselben Trauerrituale teilweise seit Jahrtausenden praktiziert haben, beweist, dass sie ihre Trauer überstanden haben – und gibt uns Hoffnung, dass wir unsere eigene ebenfalls überstehen werden, wenn wir das Ritual ausüben.

Doch diese Trauernden im Amerikanischen Bürgerkrieg hatten auch neue, säkuläre Bräuche eingeführt. Sie verwandelten überlieferte Rituale angesichts der grausamen neuen Realität, einer nie da gewesenen Anzahl von Toten in den Schlachten, in ihre eigenen. Warum Lavendel? Warum genau dieser Zeitrahmen und kein anderer?

Diese Fragen beschäftigten mich. In meinem vorherigen Leben als Ritualskeptiker hatte ich Rituale als zwangsläufig religiös betrachtet, im Glauben verwurzelt, und häufig seit Anbeginn der Zeit existierend. (Im ältesten bekannten literarischen Werk, dem *Gilgamesch*-Epos von 2100 vor der Zeitenwende, bietet der Protagonist regelmäßig dem Sonnengott Schamasch Opfergaben dar.) Doch kein heiliges Buch, keine Weltreligion verlangt Lavendel. Die Farben von Trauerkleidung sind von Kultur zu Kultur erstaunlich unterschiedlich – von Weiß (Japan und die Kulturen bestimmter amerikanischer Ureinwohner) bis Schwarz (in der westlichen/amerikanischen Kultur und der Hindutradition), Gelb in Osteuropa oder Purpur in Südamerika.[4] Seit jeher haben sich Menschen, die mit einem Verlust umgehen mussten, Farben und Kleidung zunutze gemacht und dabei eine bemerkenswerte Kreativität und Vielfalt an den Tag gelegt.

Viele Trauerrituale richten sich an die Öffentlichkeit und sind stark reguliert. 2016 interviewten die Sozialwissenschaftlerinnen Corina Sas und Alina Coman eine Gruppe von Menschen, die Trauernde beobachten – Psychotherapeut*innen –, und baten sie, Beispiele von Ritualen ihrer Klient*innen zu geben, von denen sie der Ansicht waren, dass sie therapeutisch förderlich seien. Aus diesen Beschreibungen isolierten die Wissenschaftlerinnen immer wieder vorkommende Elemente, beginnend mit der Rolle, die Rituale dabei spielen, die Trauernden in die Gemeinschaft zu integrieren.[5]

Eine soziale, sichtbare Trauer ermöglicht uns, unsere Verbindung mit denjenigen, die wir verloren haben, zu ehren. In manchen Kulturen wird diese Trauer sogar durch die Performance designierter Trauernder nach außen verlagert und deutlich gemacht. Das ist zum Beispiel der Fall bei den professionellen Trauernden in der griechischen Region Mani.[6] Die Frauen, als Klageweiber bezeichnet, werden dafür bezahlt, ganz in Schwarz und mit einer Kopfbedeckung, durch die nur Augen und Mund zu sehen sind, zur Beerdigung zu kommen. Zu einem exakt festgelegten Zeitpunkt lassen sie ein urzeitliches Geheul hören. Es ist weder ein Lied noch ein Schrei. Sie externalisieren das emotionale Erleben von Trauer und performen es bei der Beerdigung. Diese Performance, die eine Katharsis bewirken soll, erlaubt es den eigentlichen Trauernden, etwas Abstand zu ihrem eigenen Schmerz zu gewinnen. Sie dürfen die Zuschauerplätze im Theater der Trauer einnehmen.

Professionelle Trauernde sind zudem in China und Indien üblich, und die Idee verbreitet sich auch zunehmend in England, wo Familien nun Schauspieler engagieren, die bei der Beerdigung vor der Trauergemeinde auftreten. In einigen Familien dient dies nur dazu, die Anzahl der Trauernden scheinbar zu vergrößern, bei anderen haben diese Trauerprofis eher die Funktion von Klageweibern. Sie sind anwesend, damit das Ritual funktioniert, indem sie einerseits Kummer darstellen, andererseits den echten Trauernden zuhören. Wie Owen Vaughan, ein professioneller Trauernder aus England, es in einem Essay darstellt: »Die Menschen sind seit Urzeiten zusammengekommen, um das zu tun. Sie teilen Geschichten, weinen, setzen einen Schlusspunkt. Ich helfe ihnen dabei. Deshalb mache ich diese Arbeit.«[7]

Während professionelle Trauernde dabei helfen, die Trauer nicht selbst auszuagieren, bringen andere kollektive Riten eine Trauergemeinde enger zusammen – verbinden Gruppen, wenn es am nötigsten ist. Stirbt ein Mitglied der Navy SEALs, folgen die Hinterbliebenen einem genauen Protokoll:

Die SEALS gehen einzeln zum Grab, entfernen die goldene Anstecknadel von der linken Brust ihrer Paradeuniform und stecken sie in den Sarg der gefallenen Kameraden. Die Lebenden trauern ohne das primäre Symbol ihrer Gemeinschaft. Es wird erst nach der Beerdigung der Verstorbenen ersetzt. Die Toten nehmen die SEAL-Anstecknadeln ihrer Kameraden mit ins Grab.[8]

Militäreinheiten wie den Navy SEALs ist der Tod nur allzu vertraut, das macht es jedoch nicht einfacher, mit ihm umzugehen. Das Ritual der SEALs ermöglicht ihnen, ihre Verbundenheit durch den gemeinsamen Dienst und die erbrachten Opfer zu ehren und eine eindeutige Verwandtschaft mit den anderen SEALs zu empfinden, selbst mit jenen, die sie nicht persönlich kennen.

Wenn Organspender*innen offiziell für hirntot erklärt werden, wird ihre Selbstlosigkeit in ähnlicher Weise geehrt. In vielen Krankenhäusern wird ein *honor walk*, ein Ehrengeleit, durchgeführt:

Die Doppeltüren der chirurgischen Intensivstation öffneten sich auf einen Flur, in dem sich Dutzende Krankenhausangestellte versammelt hatten. Ein Klinikbett kam herausgefahren, und wir verstummten alle ... Menschen in Straßenkleidung gingen dicht hinter dem Bett, unsicher, wohin sie blicken sollten. Dies waren die Eltern der jungen Frau in dem Bett, zu deren Ehren wir zusammengekommen waren ... Die Kleidung in der Gruppe zeigte, aus welchen Tätigkeiten wir herausgerissen worden waren: weiße Kittel und Krawatten, zerknitterte blaue Kittel, bauschige OP-Hauben und teure Nadelstreifenanzüge.[9]

»Etwas Feierliches, ja, Heiliges geschah in diesen fünfzehn Minuten im Flur«, erzählt Tim Lahey, Arzt am University of Vermont Medical Center. »Wir warteten und sprachen mit Menschen aus allen möglichen Berufen und mit den unterschiedlichsten Hintergründen. Gemeinsam ehrten wir ein großes Opfer. Wir drückten unseren Dank aus. Wir hofften, einer trauernden Familie in einem Augenblick des unermesslichen Verlustes zu helfen.«

Das Ehrengeleit fokussiert alle Aufmerksamkeit auf dieselbe Sache und erzeugt eine Realität, die alle teilen – und sei es nur für einen Augenblick.

Trauerrituale mit vorgeschriebener Kleidung, Handlungen, Abläufen und Lebensmitteln sind Gelegenheiten, unsere Aufmerksamkeit zu bündeln, eine Möglichkeit, unseren Gefühlen für die Person, die wir verloren haben, gemeinsam eine Richtung zu geben. Sie bescheren uns eine Zeit und einen Ort für unser Gedenken, um uns zum selben Zweck zu versammeln und der Verstorbenen zu gedenken. Trauerrituale bieten außerdem ein nützliches Skript, an dem wir uns ebenso orientieren können, um unsere eigene Trauer zu bewältigen, wie andere, die uns darin unterstützen wollen. Tragen Menschen Schwarz, signalisiert das ihren emotionalen Zustand und gibt einen Hinweis, wie wir uns ihnen gegenüber verhalten sollten.

Dem Tod die Fremdheit nehmen

Der französische Historiker Philippe Ariès bezeichnet das 20. Jahrhundert als Zeitalter des »verbotenen Todes« und geht der Frage nach, wie die moderne Gewohnheit, den Sterbenden das Wissen um den nahen Tod vorzuenthalten, dazu führt, dass auch ihre Angehörigen die eigenen emotionalen Reaktionen unterdrücken.[10] Oft versuchen wir instinktiv, Gedanken an den Tod aus dem Weg zu gehen, Menschen vor dem Gespenst des Verlustes zu schützen, so schnell wie möglich zu vergessen und nach vorn zu blicken. Nirgendwo wird das deutlicher als in der Praxis, Kinder vor dem Tod von Angehörigen »zu schützen«, indem man sie nicht mit zu Beerdigungen nimmt und von anderen kollektiven Trauerritualen ausschließt. Auch das ist eine moderne Idee und – wie viele andere Gebote der Gegenwart – eine Selbsttäuschung. Wie der Renaissancegelehrte Michel de Montaigne in seinen zeitlosen *Essais* schrieb:

> … wenn wir ihn um den Hauptvorteil, den er uns gegenüber hat, bringen wollen, müssen wir gerade den umgekehrten Weg einschlagen, als es gewöhnlich geschieht; wir müssen versuchen, ihm seine furchtbare Fremdartigkeit zu nehmen, mit Geschick an ihn heranzukommen, uns an ihn zu gewöhnen, nichts anderes so oft wie den Tod im Kopf zu haben, ihn uns in unserer Phantasie immer wieder in den verschiedensten Erscheinungsformen auszumalen …[11]

Genau dazu – dem Tod »seine furchtbare Fremdartigkeit zu nehmen« – entschied sich der Journalist und Songwriter Mike Brick im Jahr 2015.[12] Der Vierzigjährige hatte monatelang unter Erschöpfung und Brustschmerzen gelitten und machte schließlich in der Hoffnung, damit bloß seiner Sorgfaltspflicht Genüge zu tun, einen Arzttermin.

Doch dann wurde bei Mike Darmkrebs im vierten Stadium diagnostiziert. Obwohl er sich einer aggressiven Chemotherapie unterzog, konnte er nicht verhindern, dass sich der Krebs ausbreitete. Mit seiner Frau Stacy begann er seinen Tod vorzubereiten. Sie sprachen über eine Totenmesse – eine formelle Versammlung mit Anzügen und Kirchenbänken. Dann sprachen sie über eine Gedenkfeier im Geiste eines irischen Leichenschmauses. Da er Songwriter war, sollte es gute Musik geben

– seine eigene Band konnte ihm zu Ehren spielen – und viele gute Geschichten. Sie wählten eine legendäre Musikkneipe in Austin, das Hole in the Wall, und klärten die Details für den in naher Zukunft liegenden Tag.

Während sie über diese Ideen sprachen – Mikes größte Party, bei der er jedoch nicht anwesend sein konnte –, fühlte sich plötzlich alles daran falsch an.

»Du bist hier«, sagte Stacy zu ihm. »Und du solltest auch bei deinem eigenen Leichenschmaus da sein.«

Wer sagt, dass man bei der eigenen Beerdigungsfeier tot sein muss? Innerhalb weniger Stunden wurden die Pläne für die Party im Hole in the Wall verworfen. Stattdessen mieteten Stacy und Mike eine Lokalität, die noch in derselben Woche verfügbar war. Freundinnen und Freunde, Familie, frühere Bandmitglieder kamen aus dem ganzen Land eingeflogen. Die Abläufe wirkten vertraut – die Hektik, die Pläne, die wir alle machen, wenn wir hören, dass jemand gestorben ist, der oder die uns nahestand –, bloß dass diesmal Mike dabei sein würde. Er würde den größten Gig seines Lebens spielen.

Am 13. Januar 2016 stand Mike vor einem Raum voller Menschen, die ihm etwas bedeuteten, und sah sich in ihren Augen sterben. Ich habe diese mutige Aktion durch die zahlreichen Artikel und Tribute entdeckt, die seine Journalistenfreunde schrieben, um das Ereignis festzuhalten. Diesen Berichten zufolge sagte Mike an die rund hundert Gesichter vor sich gewandt: »Ich hatte das Glück, in meinem Leben die richtigen Menschen gewählt zu haben, und ich liebe euch alle.« Dann heizten er und seine Band, die Music Grinders, dem Publikum mit einem zweitstündigen Set ein. Sie endeten mit einem von Mikes Lieblingssongs, sechs Minuten und achtundzwanzig Sekunden lang. Dann stand er da, sah jedem Einzelnen in die Augen und wisperte: »Ich liebe dich.«

Warum sollte man das wichtigste Ereignis des eigenen Lebens verpassen? Mike starb nur wenige Wochen später, und Tage nach seinem Ableben griffen Stacy und seine Familie auf die traditionellen Rituale zurück, die sie ursprünglich geplant hatten. Woran sich seine Kinder erinnern und was Stacy bis heute am meisten bedeutet, war Mikes Handlungsfähigkeit während einer Krankheit, die so oft ein Gefühl von Ohnmacht hervorrief.

»Mike wusste, dass er gehen musste«, sagte Stacy zu ihren Freund*innen. »Er wollte nicht. Aber er stellte sich dieser Tatsache voller Würde und wollte einfach allen anderen helfen, damit zurechtzukommen. Darum ging es dabei.«

Andere Gruppen versuchen ebenfalls, unserem Zeitalter des verbotenen Todes etwas entgegenzusetzen. Death Over Dinner ist eine Graswurzelbewegung, die Menschen zusammenbringt, um bei einer gemeinsamen Mahlzeit über das Ende des Lebens sprechen.[13] Diese Abende ergänzen das offensichtlich ernste Thema um eine vergnügliche Note – »Lasst uns gemeinsam abendessen und über den Tod sprechen« – und tragen damit der Tatsache Rechnung, dass um einem Tisch zu sitzen und zu Abend zu essen häufig der beste Weg ist, um bei einem Gespräch über die eigene Sterblichkeit Gemeinschaft zu finden. »Oft wird der Mythos verbreitet, wir würden nicht über den Tod sprechen wollen, aber ich glaube, wir haben bloß noch nicht die richtigen Einladungen bekommen«, sagt Michael Hebb, der die Organisation gegründet hat, um die Krise der Palliativpflege in den Vereinigten Staaten ins öffentliche Bewusstsein zu rücken.

Das Bestreben unserer Kultur, den Tod auszublenden, kann uns seine Schrecken umso deutlicher spüren lassen, wohingegen Gelegenheiten, sich mit ihm auseinanderzusetzen, so schmerzhaft sie in dem Moment auch sein mögen, uns helfen können, ihn zu akzeptieren.[14] Es hat sich zum Beispiel gezeigt, dass Kinder, die die Beerdigung ihrer verstorbenen Eltern besucht haben, besser mit ihrem Verlust zurechtkamen als Kinder, die nicht dabei waren.[15] Und Eltern, die die schlimme Erfahrung machen, ein totes Kind zu gebären, berichten, besser mit dem Verlust umgehen zu können, wenn sie das Baby im Arm halten dürfen, bevor sie sich verabschieden.[16]

In Japan entsteht eine neue Bewegung, die einer alternden und einsamen Bevölkerung helfen soll, »Freunde« oder »Freundinnen« zu finden, mit denen sie ein Grab teilen können. Diese *hake tomos*, »Grabfreunde«, lernen sich kennen und verpflichten sich, nebeneinander liegende Grabstätten zu erwerben. *Hake tomos* sind keine Freundschaften für diese Welt, sondern für das Leben nach dem Tod. Sie einigen sich darauf, sich in den Tod zu begleiten. Diese Art von Beziehung mag zunächst makaber erscheinen, doch die Anthropologin Anne Allison, die das Phänomen erforscht hat, beschreibt sie in durchaus positiven Worten: *Hake tomos* sei »ein Weg, aktiv zu sterben und nicht darauf zu warten, nach dem Tod obdachlos oder einsam zu sein«.[17]

Michel de Montaigne hält uns alle dazu an, uns an den Tod zu gewöhnen. Das ist nicht einfach, sondern oft unangenehm, und wir fühlen uns dadurch verletzlich, aber auch hier können Rituale uns unterstützen.

Es gibt keinen »Höhepunkt« der Akzeptanz

Viele der von uns geschätzten überlieferten Rituale sind zeitlich begrenzt, manche auf einen einzigen Tag (Beerdigung), andere auf einen Zeitraum von mehreren Wochen. Rituale, die sich über eine noch längere Zeit abspielen, wie die Abfolge von Farben in Kleidungsritualen, sind seltener geworden. Wenn wir heiraten, feiern wir jedes Jahr unseren Hochzeitstag; Zeremonien, um den Tod einer uns nahestehenden Person zu begehen, sind dagegen kaum verbreitet. Nach einer kurzen, gesellschaftlich akzeptierten Trauerphase endet der gemeinschaftliche Aspekt des Trauerns abrupt. Trauernde berichten häufig, dass sie unmittelbar nach dem Verlust mit Beileidsbekundungen und Nachfragen nach ihrem Befinden überschüttet werden, doch diese Flut trocknet recht schnell zu einem Rinnsal aus. Nach der Beerdigung, wenn alle wieder abgereist sind, sind wir allein mit unserem Verlust, und es wird von uns erwartet, dass wir uns wieder an die Arbeit machen. Wortwörtlich. In den USA gibt es kein Gesetz, dass Trauernde von der Arbeit freigestellt werden müssten.[18]

Wie jeder Mensch, der je getrauert hat, weiß, funktioniert das so nicht. In einer Studie, in der zweihundertdreiunddreißig Hinterbliebene nach dem Tod einer geliebten Person über zwei Jahre begleitet wurden, war die Ungläubigkeit einen Monat nach dem Verlust auf dem Höhepunkt, die Sehnsucht nach vier Monaten, Wut nach fünf Monaten und Traurigkeit erst nach sechs Monaten. Leider setzen wir uns häufig unter Druck, wir müssten nach vorn sehen und aufhören, an diese Person zu denken, wir müssten »darüber hinwegkommen«.

1969 schrieb die schweizerisch-amerikanische Psychiaterin Elisabeth Kübler-Ross ein Buch über ihre Arbeit mit tödlich erkrankten Patient*innen und die Erfahrung des Sterbens. Zum Zeitpunkt ihrer Recherche tendierte man in medizinischen Kreisen dazu, das Sterben von Patient*innen zu verschleiern oder das Thema zu meiden. Man ging davon aus, dass Todkranke nicht wissen wollten oder bräuchten, wie es um sie stand. Es wurde beschönigt und ausgewichen: Über den Tod als Tatsache zu sprechen hieß, eine Niederlage einzugestehen. Kübler-Ross wehrte sich mit ihrem ungeheuer einflussreichen Buch *Interviews mit Sterbenden* dagegen. Sie argumentierte, den Patient*innen sei ihr Zustand durchaus bewusst, und sie verdienten eine ehrliche medizinische Einschätzung: »… der Kranke aber ist im Begriff, alle und alles zu verlieren, was er geliebt hat. Wer seinen Schmerz ausdrücken darf, kann sich leichter mit seinem Schicksal abfinden.«[19]

Kübler-Ross hat anhand der Beobachtung ihrer Palliativpatient*innen die Theorie der fünf Stadien des Sterbens entwickelt: Nichtwahrhabenwollen, Zorn, Verhandeln, Depression, Zustimmung. Dieses Paradigma, das ursprünglich dazu dienen sollte, die falschen Annahmen medizinischer Fachleute im Hinblick auf ihre sterbenden Patient*innen zu korrigieren, galt bald als allgemeines Modell des Trauerns. Heute ist ihre Terminologie so bekannt, dass Angehörige Trauernden, wenn sie nicht alle fünf Stadien durchlaufen haben, vorhalten, sie hätten noch nicht mit dem Verlust abgeschlossen.

Ich vermute, dass der lineare Aspekt dieser Theorie der fünf Stadien – der Eindruck, dass ein Stadium auf das andere folgt und in einen klar definierten Endpunkt mündet – sie so beliebt macht. Doch diese fünf Trauerphasen sind wissenschaftlich nicht nachgewiesen; deshalb gibt es auch keinen Grund dafür, dass jeder Mensch jede dieser fünf durchleben muss – warum nicht bloß drei oder vier? In vielen indigenen Kulturen, in denen tagtäglich mit Vorfahren kommuniziert wird und der Tod bloß ein Übergangsstadium ist, wird »Akzeptanz« vielleicht nie formell stattfinden. Bedeutet das, dass diese Kulturen falsch trauern?

In einer Studie zu Selbsthilfegruppen für Hinterbliebene in Nordkalifornien sollten Trauernde, die innerhalb der vergangenen drei Monate jemanden verloren hatten, angeben, bei welchen von zwanzig Zielen ihnen Rituale am meisten geholfen hätten. Zwei der am höchsten bewerteten waren eng verknüpft mit einem Gefühl der Akzeptanz: Die Trauernden fanden, dass ihre Rituale ihnen halfen, »die Trauer als fortwährenden Prozess zu akzeptieren« und »den Tod (m)einer nahestehenden Person(en) zu akzeptieren«.[20]

Willie Nelson drückt es am besten aus, wenn er singt, dass Verlust nichts ist, was wir überwinden, sondern etwas, was wir durchstehen. Trauer vergeht nicht, indem wir versuchen zu vergessen und sofort weiterzumachen, sondern indem wir den akuten Schmerz nach einem Verlust tapfer ertragen. In der Studie mit den zweihundertdreiunddreißig Hinterbliebenen erreichte das Stadium der Akzeptanz nicht irgendwann einen Höhepunkt, sondern sie vergrößerte sich nach und nach.

Der Mann hinter der Groucho-Marx-Maske

Im Frühjahr 2010 erhielt einer meiner intellektuellen Helden, ein geschätztes Mitglied des sozialpsychologischen Instituts in Harvard, Dan Wegner, die Diagnose ALS. Vielleicht erinnern Sie sich an Dan als den Forscher hinter der ehrgeizigen innovativen Studie zur Unterdrückung von Gedanken, die mit den weißen Bären. In der akademischen Welt war Dan als echtes Original bekannt – als ein Intellektueller, der die verrücktesten, schwierigsten Fragen in den dunkelsten Ecken des Fachgebiets verfolgte: Was ist der freie Wille? Was sind die psychologischen Grundlagen von Geheimhaltung und Besessenheit? Dans fabelhafte Karriere ist das eine, der Spaß und die Verspieltheit, die er in das (manchmal) spießige Universitätsmilieu gebracht hat, das andere. Er war ein Riese – über 1,90 Meter groß –, und er trug immer eine Uniform aus wogenden knallbunten Hawaiihemden. *Stylish* ist vielleicht das falsche Wort. Authentisch? Absolut.

Er besaß außerdem eine Vitrine mit einer akribisch zusammengestellten Kollektion an Groucho-Marx-Nasen und -Brillen. Als seine erste Tochter geboren wurde, nahm er drei davon und setzte sie sich selbst, seiner Frau Toni und seiner winzigen neugeborenen Tochter auf und schoss ein Foto. Als seine zweite Tochter zur Welt kam, machten sie gemäß dem Familienritual eine Aufnahme, auf der alle vier Pfeil-durch-den-Kopf-Sets tragen.

Als ich 2013 hörte, dass Dan im Alter von fünfundsechzig Jahren gestorben war, betrauerte ich den Verlust gemeinsam mit unzähligen am Boden zerstörten Freund*innen und Kolleg*innen. Seine Familie würdigte sein Leben mit dem traditionellen Ritual einer Trauerfeier. Doch vor seinem Tod hatte Dan eine besondere Bitte geäußert: Die Trauernden sollten ein Hawaiihemd und eine Groucho-Marx-Maske tragen. Als wir uns bei der Trauerfeier umsahen, war es, als wäre Dan durch uns alle anwesend: Die Verkleidung mit den Groucho-Marx-Masken hatte ihn herbeigezaubert. Von wegen Schwarz und Lavendel. Vermutlich hat noch nie zuvor – oder seitdem – jemand Trauer und Erinnerung mit bunt bedruckten Hawaiihemden und Groucho-Marx-Gesichtern ausgedrückt.

Diese äußerlich lesbaren Manifestationen von Ordnung – sei es die Anweisung, ein Hawaiihemd zu tragen oder ein schwarzes Crêpe-Kleid – bringen den Anschein von Kontrolle zurück in das Leben der Trauernden. Die Erfahrung des Kontrollverlusts ist in sich ein Anzeichen für die Intensität der Trauer, und viele Beurteilungen von Trauer konzentrieren sich auf dieses Gefühl des Chaos – unsere Sorgen werden anhand des Verlusts der Kontrolle über unsere Emotionen, unseres Gefühls von Hilflosigkeit oder unseres unkontrollierten Weinens erfasst.[21] Joan Didions Beschreibung ihrer Handlungen unmittelbar nach dem plötzlichen Tod ihres Mannes in *Das Jahr des magischen Denkens* veranschaulichen dieses Kontrollbedürfnis:

> Ich erinnere mich, wie ich das Bargeld, das in seiner Hosentasche gewesen war, mit dem Bargeld in meiner Tasche verglich, wie ich die Scheine glatt strich und besonders darauf achtete, Zwanziger auf Zwanziger und Zehner auf Zehner und Fünfer und Einer auf Fünfer und Einer zu blättern. Ich erinnere mich, wie ich währenddessen dachte, er würde sehen, daß ich zurechtkam.[22]

Trauern in der Pandemie

Einer der schmerzhaftesten Aspekte der Coronapandemie war, dass wir uns nicht persönlich versammeln konnten, um zu trauern. Als Gedenkfeiern, Beerdigungen und Lebensfeiern wieder möglich waren, warteten viele Menschen, die nahestehende Menschen während der Pandemie verloren hatten, noch auf ein öffentlich sichtbares Trauerritual, ja, sie sehnten sich geradezu danach. In der Ratgeberkolumne des Magazins *Slate*, »Dear Prudence«, fragte eine Frau, wie sie ihren im März 2020 verstorbenen Vater betrauern könne:

> Offen gestanden habe ich die aufgestaute Trauer und den Schmerz zurückgehalten, bis ich sie über die »normalen« Rituale wie Trauerfeier und Beerdigung ausleben konnte. Aber die konnten nicht stattfinden, und aus mir unerklärlichen Gründen entschieden sich meine Mutter und meine Geschwister für einen sehr knappen Nachruf, obwohl das alles war, womit wir ihn öffentlich ehren konnten.

Ich muss trauern, ich brauche das Ritual. Aber ich weiß nicht, wie ich das so lang nach seinem Tod anstellen soll. Ich bin bestimmt nicht die einzige Leserin mit diesem Problem – wie haben die anderen ihre Angehörigen verabschiedet? Wie haben sie dafür gesorgt, dass sie über den Verlust hinwegkamen?[23]

Diese traurige Bitte um Hilfe rief eine Welle von Twitter-Reaktionen hervor. Menschen beschrieben, wie sie, um das Trauern während der Coronapandemie zu ermöglichen, ihre überlieferten Rituale angepasst oder sich neue Rituale ausgedacht haben, die besser für diese außergewöhnlichen Umstände geeignet waren. Drei Jahre lang versammelten sich Menschen via Zoom, um zu trauern, fanden Wege, Gedenkfeiern unter Einhaltung der Social-Distancing-Regeln durchzuführen, und stellten Kondolenzwagen auf, an denen die Trauernden vorbeifahren konnten. Es ist berührend, wie rasch und mit wie viel Einfallsreichtum die Menschen sich auf die Lage eingestellt haben, um dieses letzte, wichtige Übergangsritual zu praktizieren.

Mein Großvater starb im Januar 2020, und wir konnten seine Beerdigung nie feiern. Meine Tante hat letztes Jahr an einem seiner Lieblingsorte ein Mittagessen mit der Familie geplant – alle sind dafür eingeflogen und haben es wie eine Art abgespeckte Gedenkfeier behandelt. Wir tauschten Geschichten aus, hielten Reden, weinten und umarmten uns.

Juni 2020. Wir feierten in diesem Sommer eine Party und verstreuten seine Asche an einem seiner Lieblingsorte.

Ich bin verantwortlich für die Seelsorge in einem Hospiz. Ich sehe häufig vergleichbare Situationen. Ich verurteile die Familie, die nicht viel tun will, keineswegs, denke aber, dass die Einstellung der Fragestellerin letztlich die gesündere ist. Und es gibt keine Verjährungsfrist für eine Beerdigung oder eine Gedenkfeier.[24]

Die Frau, die ihre Frage unter dem Pseudonym »Trauer ist ein Arsch« eingesandt hatte, schrieb, sie müsse trauern. In einer der Antworten versuchte jemand ihr zu versichern, dass sie das bereits tue: »Dein Schmerz ist, war und wird berechtigt sein. Du brauchst dich nicht zu fühlen, als hättest du die vergangenen Jahre nicht genutzt oder wärst irgendwie zu spät dran.«

Ich fand diese Reaktionen sehr aufschlussreich – sowohl in Bezug auf unsere Fähigkeit, Wege zu finden, mit den Verhaltensweisen oder Elementen, die uns im Augenblick zur Verfügung stehen, zu trauern, als auch in Bezug auf unser tiefes Bedürfnis danach, dass diese Arbeit für andere sichtbar geschieht und von einer größeren Gemeinschaft anerkannt wird.

Eine Erinnerung daran, sich zu erinnern

Bei Trauerritualen geht es nicht einfach nur darum, mit seiner Trauer zurechtzukommen, sondern auch um das Erinnern und Gedenken. Sie sind eine Gelegenheit, gemeinsam Aufmerksamkeit auf die Menschen zu richten, die wir verloren haben. Die Welt dreht sich weiter, aber wir entscheiden uns innezuhalten.

Zu verweilen. Zu erinnern. Zu würdigen. Wenn sie funktionieren, können Trauerrituale magisch sein. The Dinner Party ist eine Organisation, die vollkommen Fremde zusammenbringt, die eine nahestehende Person verloren haben, und nun gemeinsam essen und trauern. Eine Teilnehmerin schrieb:

> Als meine Mutter starb, fühlte ich mich so allein, dass es schmerzte. Es war eine Einsamkeit, die ich noch nie erlebt hatte. Aber sobald ich etwa anderthalb Monate später begann, die Abendessen zu besuchen, ließ die Einsamkeit nach. Es war wie bei Dorothy aus dem *Zauberer von Oz*: Ich trat aus einer Welt ganz ohne Farben wieder in eine ein, die bunter und lebendiger war, als ich es je gekannt hatte.[25]

Selbst angesichts unseres schlimmsten Verlusts besitzt das Ritual die Macht, zu beseelen und wiederzuverzaubern.

Family Lives On, eine Non-Profit-Organisation, die Kinder unterstützt, die ein Elternteil verloren haben, hat ein sogenanntes Traditionsprogramm entwickelt. Sie fragen die trauernden Kinder, was sie am liebsten mit ihrem verstorbenen Elternteil gemacht haben, und sorgt dafür, dass die Kinder genau das jedes Jahr wieder erleben können, häufig an einem Tag, der der Familie etwas bedeutet. So war es auch bei Matthew, der vier Jahre alt war, als seine Mutter an Lungenkrebs starb. Die Organisation half ein passendes Ritual zu entwickeln: »Geburtstage und Weihnachten waren ihr sehr wichtig, und es hat ihr immer Spaß gemacht, für die Familie zu backen. In ihrer letzten Phase in der Palliativpflege beschlossen Matthew und seine Mutter gemeinsam, dass diese Tradition darin bestehen solle, jedes Jahr Kekse oder Cupcakes zu backen, um ihren Geburtstag zu feiern und sich an sie zu erinnern. Nun backen und dekorieren Matthew und sein Vater jedes Jahr Kekse oder Cupcakes im Gedenken an Matthews Mutter.«[26]

Die Menschen sind ungeheuer einfallsreich, und sie greifen – ähnlich wie Kulturen in der Vergangenheit entschieden haben, welche Farben verwendet werden sollen, um Trauer zu signalisieren – auf das zurück, was in ihrem Umfeld zu bekommen ist, geben ihm eine Bedeutung und verwenden es in einem Ritual, das ihnen helfen kann, den Verlust zu akzeptieren. Eine Frau, die ich während meiner Forschungsarbeit kennenlernte, beschrieb, wie sie Hortensien in ihrem Garten als Denkmäler nutzt. Jedes Mal, wenn jemand aus ihrem Freundeskreis oder aus ihrer Familie stirbt, gräbt sie eine Hortensie aus deren Garten aus und pflanzt sie in ihren eigenen. Im Laufe der Jahre hat sie eine große Gedenkstätte aus Hortensien in ihrem Garten geschaffen, und sie weiß genau, welche Pflanze von ihrer Mutter stammt, welche von ihrer Tante, von der Mutter ihrer besten Freundin und ihrer engsten Collegefreundin. Heute kann sie hinausgehen und dort einen gedankenverlorenen Nachmittag verbringen, sich an den Blumen erfreuen, die Büsche zurückschneiden und sich mit der lebendigen Verkörperung jeder dieser Frauen verbunden fühlen, die ihr wichtig waren.

Die in Maine lebende Amy Hopkins betrauerte den Tod ihrer Eltern, als sie Trost und ein Gefühl der Erneuerung in dem Ritual fand, in das kalte Wasser an der Küste von Maine einzutauchen. »Wenn der Körper in diesem Kampf-oder-Flucht-Modus ist, ist das ein Schock«, erzählte Hopkins der *New York Times*. »Die kalte Temperatur lässt einen sofort alles anspannen und schützen. Das Blut rauscht in die lebenswichtigen Organe.«

Durch die Intensität dieses Erlebnisses im kalten Wasser entdeckte Hopkins einen Weg, dem Schmerz ihrer Trauer mit Atmen zu begegnen. Im winterlichen Wasser kann sie nur im gegenwärtigen Augenblick existieren. Atemzug für Atemzug: So überstehen wir alle Trauer. Hopkins hat außerdem eine Gemeinschaft gefunden, die sie bei ihren Bädern in den eisigen Gewässern unterstützt. Bei diesen Gelegenheiten – die sie »Eintauchen, um aufzutauchen« nennt – watet sie Hand in Hand mit ihren Mitstreiter*innen in die kalten Wellen. Sie stehen einige Minuten zusammen im Wasser, oft schweigend, dann umarmen sie sich und kehren zurück, um sich von der Wärme ihrer Mäntel, Mützen und Stiefel empfangen zu lassen.[27]

Zwiespältige Verluste betrauern

Rituale wie das von Hopkins eignen sich, um mit etwas abzuschließen – und die Bedeutung eines solchen Aktes sollte nicht unterschätzt werden. Wir haben gesehen, dass Menschen Trennungsrituale erfinden, um nach dem Scheitern einer Beziehung nach vorn blicken zu können, doch alles in allem sind solche Rituale selten. Viele von uns haben keine Ressourcen, um sich damit auseinanderzusetzen, wie sich unsere Beziehungen verändern und enden. Bei dieser besonderen Form der Trauer um eine beendete Beziehung – nicht nur einer Paarbeziehung, sondern auch der zu Familienmitgliedern und Freunden oder Freundinnen – ist der Verlust besonders stark, wenn wir wissen, dass die andere Person nur eine Textnachricht entfernt ist. In jeder Ratgeberkolumne wird Ihnen ein Mensch begegnen, der verzweifelt ist, weil jemand Nahestehendes ohne jegliche Erklärung nicht mehr auf Anrufe oder Textnachrichten reagiert. Das bezeichnet man nicht umsonst als *Ghosting* – Verschwinden wie ein Geist –, weil es uns ewig im Kopf herumspuken kann. Wie es in einem Leserbrief an die *New York Times* hieß:

> Meine jüngere Schwester ist vor fünfzig Jahren bei einem Autounfall gestorben. Meine älteste Tochter hat vor neun Jahren den Kontakt zur Familie abgebrochen. In vielerlei Hinsicht war der Tod meiner Schwester einfacher: Ich hatte sie sehr geliebt, trauerte um sie und akzeptierte den Verlust irgendwann. Meine Tochter, meine Erstgeborene, ist am Leben. Mein ganzes Ich trauert um sie. Ich weiß, dass ich diesen Verlust nie verwinden werde.[28]

Wir halten Beerdigungen für die Verstorbenen ab, wir verbrennen vielleicht nach einer Trennung Bilder von unseren Ex-Partner*innen, aber wir brauchen darüber hinaus Wege, um die komplizierten Beziehungen zu betrauern, die uns keine Ruhe lassen.[29] In der Psychologie wird diese Art des Verlusts »uneindeutiger Verlust« genannt.[30] Er ist dauerhaft, ungewiss, nicht *endgültig* genug für uns, als dass wir uns davon lösen könnten. Uneindeutige Trauer ist ein Gefühl, das sich anschleicht und immer stärker wird, sofern es keine Gelegenheit – kein Ritual – gibt, um den Verlust zu würdigen.

Dieses Problem betrifft Millionen Menschen in allen möglichen Formen und Nuancen. Familienmitglieder von Menschen, bei denen eine degenerative Erkrankung wie Alzheimer diagnostiziert wird, kennen dieses Gefühl nur zu gut – dass ein ihnen nahestehender Mensch einerseits für immer fort und gleichzeitig noch anwesend ist. In einer Studie zu Alzheimer berichtet eine interviewte Person:

An diesem Nachmittag betrachtete meine Mutter mich desinteressiert. In ihren Augen war kein Funken Freude oder Verbundenheit zu erkennen. Meine Mutter erkannte mich nicht. Als ich sie umarmen wollte, sah sie mich ängstlich an. An diesem Punkt konnte ich meine Tränen nicht mehr zurückhalten, sie quollen mir einfach aus den Augen ... Für mich starb meine Mutter an dem Tag, an dem sie mich nicht mehr erkannte.[31]

Pflegende Angehörige berichten häufig von dem Wunsch, akzeptieren zu dürfen, dass der oder die Betroffen nicht mehr da ist, obwohl das so nicht stimmt, und davon, wie groß die Schuldgefühle sind, die dieser Wunsch hervorruft. Es kann sich sehr falsch anfühlen, irgendetwas zu *tun*, um dieses Gefühl, die Person sei gestorben, zu markieren. Das einzige verbreitete Ritual für einen solchen Verlust ist die Beerdigung, aber das passt hier nicht. Stattdessen ist der richtige Ansatz für Fälle uneindeutigen Verlusts häufig, ein eigenes Ritual zu finden – das an unsere persönlichen Emotionen und Lebenssituationen angepasst sein kann.

Als Lesley McCallister ihr erstes Kind in der dreiundzwanzigsten Schwangerschaftswoche verlor, rieten ihr viele, am besten schnell darüber hinwegzukommen. Sie entschied sich jedoch dafür, das ungeborene Leben zu würdigen und ihren Sohn als Teil der Familie anzunehmen und zugleich seinen Tod anzuerkennen. Ihre beiden Kinder erwähnen ihren »großen Bruder Will im Himmel« bei ihren täglichen Abendgebeten, und die Familie feiert jedes Jahr im April seinen Geburtstag mit einer Eistorte. Diese Rituale haben Lesley geholfen, den Verlust zu verwinden. Nun sagt sie: »So traurig es war und ist, es ist daraus etwas Gutes entstanden.«[32]

Den Todesfall proben

Die meisten Trauerbegleitenden und spirituell tätigen Menschen sind sich einig, dass wir nur mit der Anerkennung der Unvermeidlichkeit des Todes Akzeptanz und Frieden finden. Es existiert sogar eine App, WeCroak, die zu willkürlichen Zeitpunkten im Tagesverlauf Nachrichten an das iPhone sendet. Die Botschaft lautet immer: »Denke daran, du wirst sterben.«[33] Das Äquivalent dazu aus dem 17. Jahrhundert wäre ein Memento-mori-Kunstwerk was ebenfalls buchstäblich bedeutet: »Vergiss nicht, du wirst sterben.« Auf den Gemälden sind Totenköpfe, Kerzen, Früchte und Blumen abgebildet. Genau wie WeCroak erinnern diese Bilder die Betrachtenden daran, dass der Tod immer schon unterwegs ist; sie dienen als Proben für sein Eintreten.

Sobald die Fotografie Mitte des 19. Jahrhunderts erfunden worden war, fingen Trauernde an, sie als ein Memento mori ihrer Lieben zu nutzen, als letzte Gelegenheit, ein verstorbenes Kind oder anderes Familienmitglied vor der Beerdigung in einem Bild festzuhalten. Im viktorianischen England war das Gespenst des Todes – durch Krankheiten wie Masern, Diphtherie und Tuberkulose – so verbreitet, dass der Anblick dieser toten Kinder, die in Posen gelegt und wie Puppen ausstaffiert wurden, niemandem besonders morbide erschien. Kameras und Filme waren so selten und teuer, dass der Tod eines Kindes oft das erste und einzige Mal war, dass eine Familie sich versammelte, um sich fotografieren zu lassen. Dies war kein makabres Spektakel, sondern eine letzte Gelegenheit hinzusehen. Genau dazu dienen viele Trauerrituale: sei es ein Moment der Stille, ein Klagegedicht oder ein irischer Leichenschmaus. Sieh hin. Lass diesen Augenblick nicht unbemerkt verstreichen.[34]

Im Alter sprach der Kinderbuchautor und Erfinder von *Wo die wilden Kerle wohnen*, Maurice Sendak, offen über Tod und

Trauern: »Ich weine viel, weil ich Leute vermisse. Sie sterben, und ich kann sie nicht aufhalten. Sie verlassen mich, und ich liebe sie umso mehr.«[35] In seiner Trauer entdeckte Sendak auch eine enorme Liebe. Trauerrituale sind ein wesentliches Element, um den Schmerz des Verlusts zu ertragen und zugleich diese Liebe lebendig zu halten.

IV.

Rituale bei der Arbeit und in der Welt

11

Wie man Sinn in der Arbeit findet

Vertrauensübungen und andere Teamrituale

Wenn ich gebeten werde, über Rituale zu sprechen, beginne ich damit, dass ich mich vor das Publikum stelle und es bitte aufzustehen. Kommentarlos klicke ich dann folgende Folie an:

> Klatschen Sie einmal. Stampfen Sie mit dem rechten Fuß auf. Klatschen Sie einmal. Stampfen Sie einmal mit dem linken Fuß auf.
>
> Klatschen Sie dreimal. Stampfen Sie dreimal mit dem rechten Fuß auf. Klatschen Sie dreimal. Stampfen Sie dreimal mit dem linken Fuß auf.
>
> Klatschen Sie fünfmal. Stampfen Sie fünfmal mit dem rechten Fuß auf. Klatschen Sie fünfmal. Stampfen Sie fünfmal mit dem linken Fuß auf.
>
> Heben Sie die rechte Hand. Wenn ich bis drei zähle, sagen Sie: »Los geht's!«
>
> Sagen Sie es noch einmal, lauter.
>
> Sagen Sie es noch einmal, noch lauter.

Jedes Mal geschieht unweigerlich dasselbe – egal ob ich vor einer wissenschaftlichen Zuhörerschaft spreche, vor Studierenden, vor einer Organisation oder *irgendeiner* anderen Gruppe. Es beginnt mit einer peinlichen Pause. Dann klatscht jemand, gefolgt von anderen Klatschern, dann stampft vereinzelt jemand mit dem rechten Fuß auf … und dann sind sie in Fahrt. Bei der Anweisung, dreimal zu klatschen, handeln alle im Raum synchron. Selbst wenn es Hunderte sind, irgendwann klatschen wie von Zauberhand alle exakt im selben Augenblick. Dann werden sie schneller. Das Klatschen beschleunigt sich, ebenso das Stampfen. Der Impuls dazu kommt nicht von mir, die Leute tun es einfach – und irgendwie gelingt es ihnen, das im selben Tempo zu tun; alle Menschen vor mir handeln im Gleichtakt, als hätten sie es seit Wochen geübt.

Wenn sie das dritte Mal »Los geht's!« gerufen haben, spüren sie … etwas. Ich bin kein Sektenführer, aber in diesem Moment habe ich den Eindruck, wenn ich den Raum verlassen würde, würden sie mir folgen. Nach der Übung schweige ich weiterhin, und allmählich erwachen die Leute, das intensive gemeinsame Erleben verfliegt, und sie sehen einander an, als würden sie sich fragen: »Was ist da gerade passiert?«

Das ist die Macht von Gruppenritualen: Sie können ein Phänomen auslösen, das Émile Durkheim als kollektive Efferveszenz (kollektive Erregung) bezeichnet hat. Eine Reihe beliebiger Gesten, gemeinsam ausgeführt, kann eine Versammlung von Fremden in eine bedeutsame Einheit verwandeln.[1] Würden wir an dieser Stelle alle zusammen aus dem Raum marschieren, täten wir dies mit einem starken kollektiven Gefühl der Sinnhaftigkeit – wir wären wild entschlossen, wozu auch immer.

Um es ganz klar zu sagen: Ich habe mir dieses spezielle Ritual ausgedacht. Dennoch habe ich immer wieder gesehen, wie diese

Abfolge einfacher Handlungen zu einem Ritual wird, das in der Lage ist, eine Menge von Fremden in einem beliebigen Konferenzsaal an einem Mittwochnachmittag in ein ekstatisches *Wir* zu verwandeln.

Ritualvertraute

Rituale sind ein wesentlicher Teil dessen, was das Uhrwerk von Gemeinschaften und Kulturen ticken lässt. Denken Sie über das seltsame Konferenzsaalritual hinaus an andere Massenrituale. Nationalhymnen und die Zeremonien rund um die amerikanische Flagge. Volle Stadien, in denen Fans alle die gleichen Trikots tragen und dieselben Sprüche skandieren. Gottesdienste und Symbole, die über Kontinente und Jahrhunderte hinweg gleich geblieben sind. Durch diese kollektiven Rituale wird aus Menschen mit unterschiedlichen Hintergründen über gewaltige Distanzen hinweg eine Gruppe. Und nicht nur eine Gruppe, sondern häufig etwas noch Beeindruckenderes: ein Volk, eine Kultur, eine Nation, zusammengeschweißt durch das Gefühl einer gemeinsamen Identität und Zugehörigkeit. »Da das Bewußtsein aller in die gleichen Wirbel gezogen wird, geht der individuelle Typus fast ganz in dem Gattungstypus auf«, erklärte Durkheim (*Gattung* bezieht sich hier auf die Gruppenzusammengehörigkeit).[2] Rituale können mit einfachen gemeinsamen Handlungen Zusammengehörigkeit erzeugen. Diese Fähigkeit, zusammenzukommen und über die vermeintlich unbedeutendsten Aktivitäten Verbundenheit zu finden, scheint tief in der menschlichen Natur verankert. Für Menschen, die solche Rituale erlebt haben oder regelmäßig daran teilnehmen, kann das mächtige Gefühl von Gemeinschaft und Solidarität extrem sinnstiftend sein.

Dieselben Rituale können allerdings ebenso hohe soziale Kosten nach sich ziehen. Massenrituale haben die Macht, uns zu spalten und uns dazu zu ermuntern, uns stark mit bestimmten Gemeinschaften zu identifizieren, andere hingegen auszuschließen. Hier wirken Rituale in besonderem Ausmaß und besonders umfassend: Sie können uns vereinen, uns trennen und manchmal die dabei entstandenen sozialen Risse und Brüche reparieren.

Die Forschung zeigt, dass die Verknüpfung von Ritualen und Gruppenzusammenhalt schon früh in der menschlichen Entwicklung geschieht. Nicole Wen, Patricia Herrmann und Cristine Legare haben einundsiebzig Kinder im Alter von vier bis elf Jahren an einem Programm teilnehmen lassen, bei dem sie ein Armband in einer bestimmten Farbe bekommen haben, sagen wir, Grün. Für insgesamt zwei Wochen gab man ihnen an drei Tagen pro Woche Material – Schnur und unterschiedlich geformte Perlen in derselben Farbe –, mit dem sie Halsbänder basteln konnten. Einigen Kindern drückte man die Materialien in die Hand, und sie durften auf eigene Faust loslegen, ganz wie sie wollten. Andere Kinder wurden durch ein Bastelritual geführt (von einer Lehrkraft, die Kleidung in der entsprechenden Farbe trug): »Haltet ein Stück grünen Faden hoch. Berührt eure Stirn mit einem grünen Stern. Fädelt den grünen Stern auf und klatscht dreimal in die Hände.« Die Kinder taten das Gleiche mit grünen Kreisen und grünen Quadraten, und dann begann es von vorn.

Nach Ablauf der zwei Wochen wollten weniger Kinder, die das Ritual vollzogen hatten, ihr Armband gegen eines in einer anderen Farbe austauschen, wenn man ihnen dies anbot, und wählten eher eine Kappe in derselben Farbe wie ihr Armband. Sie bevorzugten nicht nur die Farbe, sie betrachteten auch alle in ihrer Gruppe mit derselben Farbe als *gut*. Sie gingen davon aus, dass neue Kinder lieber Teil der grünen Gruppe würden, und empfahlen eher jemanden aus der grünen Gruppe, um bei einem anderen Nachmittagsprogramm zu helfen.[3]

Schon Babys im Alter von sechzehn Monaten können ritualhafte Handlungen erkennen und schlussfolgern, dass Menschen, die dieselben rituellen Gesten durchführen, sich eher zusammenschließen werden. In einer Studie beobachteten Babys zwei Menschen, die eine Lampe auf dieselbe ungewöhnliche Art – mit dem Kopf statt mit den Händen – anschalteten, und gingen davon aus, dass sich die beiden verstehen würden.

Der Zusammenhang zwischen Ritualen und Gruppenzugehörigkeiten ist tief verwurzelt. Und *weit*verbreitet. Gruppenrituale finden sich überall in unserem Leben – in Schulzimmern, Militärbaracken, Stadien und an Arbeitsplätzen –, überall, wo Fremde zu einem gemeinsamen Zweck zusammenkommen. Man schaue sich eine beliebige siegreiche Mannschaft an (und, um genau zu sein, auch die meisten Verlierermannschaften), und man wird feststellen, dass Rituale den Kitt ihres Zusammenhalts bilden. Das neuseeländische Star-Rugbyteam, die All Blacks, sind bekannt dafür, dass sie den *Haka* durchführen – ursprünglich ein Maoriritual –, bei dem sich die Mitglieder auf die Schenkel klopfen, so kräftig wie möglich mit den Füßen aufstampfen und »Up the ladder!« und »Up to the top!« rufen.[4] Jede professionelle Sportmannschaft versammelt sich vor einem Wettkampf oder beim Time-out und stößt gemeinsam einen Ruf aus. Drew Brees beispielsweise, der ehemalige Quarterback der New Orleans Saints, brachte sein Team vor jedem Spiel zu einem rituellen Gesang zusammen. Drew sagte: »One«, die Saints sagten: »Two«, Drew: »Win«, Saints: »For You.« Drew: »Three.« Saints: »Four.« Drew: »Win.« Saints: »Some more!«[5] (Das Ritual, das ich bei meinen Vorträgen nutze, folgt bewusst der Struktur dieser Teamrituale.)

Nur wenige von uns stehen am Spieltag neben Drew Brees. Bei den meisten sind das »Team« die Bürokolleginnen und -kollegen. Die Arbeit ist der Ort, an dem durchschnittliche Erwachsene am ehesten die Art von Gruppenritualen erleben, die eine Verbindung zwischen Fremden herstellen sollen.

Einige Walmart-Filialen (frühere Schreibweise Wal-Mart) haben ein Ritual zum Beginn ihrer Schicht: »Gib mir ein W! Gib mir ein A! Gib mir ein L! Gib mir einen Schnörkel! Gib mir ein M! Gib mir ein A! Gib mir ein R! Gib mir ein T!«, gefolgt von: »Wessen Wal-Mart ist das? *Mein* Wal-Mart!« Bei dem Wort »Schnörkel« müssen alle gleichzeitig mit der Hüfte wackeln.[6] Kein Wunder, dass die Meetings als »zu zwei Teilen militaristisch, zu einem Teil Kumbaya« beschrieben wurden.[7] Man würde meinen, in so großen, durchrationalisierten Organisationen würde sich alles um Effizienz drehen, ohne Raum für seltsame Rituale. Doch das Management weiß um die Bedeutung von Teamgeist und wie man ihn fördert.

Als Zipcar zu einer Strategie wechselte, bei der statt der Bedienung über PCs und Laptops die über das Smartphone in den Mittelpunkt gestellt wurde, bekamen die Angestellten Vorschlaghämmer, um ihre Desktop-PCs zu zertrümmern.[8] Bei Google trugen Neulinge Strickmützen mit einem Propeller in den Farben des Firmenlogos und dem Wort NOOGLER darauf: dem Google-Wort für neue Mitglieder.[9] Bei der jährlichen Aktionärshauptversammlung von Starbucks 2018 führten die Partner Fabiola Sanchez und Sergio Alvarez alle dreitausend Anwesenden durch eine Kaffeeprobe mit genauen Anweisungen: Man rieche an dem Kaffee, registriere seine besonderen Noten, schlürfe laut und sorge dafür, dass er die gesamte Zunge bedecke, damit er mit jedem Geschmacksnerv in Berührung komme. Warum? Um die Teilnehmenden mit der übergeordneten Mission des Unternehmens in Einklang zu bringen.[10]

Doch mal im Ernst. Ist irgendeines dieser Arbeitsrituale wirksam? Selten findet man Angestellte (aus dem Vertrieb, der Beratung, dem Kundenservice, *aus welchem Bereich auch immer*), die der vollen Überzeugung sind, dass die vom Management aufgezwungenen Teamrituale – von Morgengesängen bis zu Vertrauensübungen – tatsächlich funktionieren. Kann ein schnörkeliger Hüftschwung wirklich das Arbeitsleben von Angestellten zum Positiven verändern?

Im Team

Das menschliche Bedürfnis, Bedeutung und Sinn in der Arbeit zu finden, hat sich in den letzten Jahren noch verstärkt. Dieser Wunsch hat teilweise die sogenannte *great resignation*, die große Kündigungswelle, befeuert; doch der Ursprung dieser Trends scheint lange vor der Pandemie zu liegen. In einer Umfrage mit mehr als zweitausend berufstätigen Amerikanern wurde festgestellt, dass Menschen im Schnitt bereit waren, 23 Prozent ihres Einkommens für eine Arbeit aufzugeben, die »beständig sinnhaft erscheint«.[11] Kommt uns unsere gegenwärtige Tätigkeit sinnvoll vor, lehnen wir außerdem besser bezahlte Jobangebote ab. Eine Überschrift in der *Harvard Business Review* bringt es auf den Punkt: »Sinn ist das neue Geld.«[12] Die meisten von uns wollen sich als Teil eines funktionierenden *Teams* fühlen und nicht alleingelassen, ohne Unterstützung und ohne Überzeugung arbeiten. Meine Kolleg*innen und ich wollten herausfinden, ob Arbeitsplatzrituale irgendetwas damit zu tun haben, wie wir uns in Bezug auf unsere Jobs und Arbeitskolleg*innen fühlen. Wirkten sie, oder ging das ganze Theater eher nach hinten los und sorgte bloß für kollektives Augenrollen?

Nehmen Sie sich einen Augenblick Zeit und denken Sie an eine Gruppenaktivität, die Sie an Ihrem Arbeitsplatz ausüben. Was ist es, und was genau tun Sie und Ihre Kolleg*innen? Wann und wie häufig tun Sie es? Was denken Sie letztlich wirklich darüber?

In einer von Tami Kim geleiteten Studie stellten wir unter anderem diese Fragen zweihundertfünfundsiebzig Berufstätigen, und die Bandbreite der Antworten, die wir erhielten, war aufschlussreich. Viele Menschen erzählten von Ritualen, die Mittagessen oder Drinks nach der Arbeit beinhalteten; Büfetts, bei denen alle etwas mitbringen, sind häufig, ebenso gemeinsames Sporttreiben. Die meisten Rituale sind spezifisch für eine Arbeitsgruppe oder eine Organisation, so wie dieses:

Jeden Tag bestellen mein Team (vier Personen) und ich Mittagessen bei einem Restaurant aus der Nachbarschaft (abwechselnd bei fünf verschiedenen, jeden Tag bei einem anderen). Da wir zu fünft sind, können sich alle einmal ein Restaurant in der Woche aussuchen. Ich bin montags dran, T dienstags, D mittwochs und so weiter. Die Rechnung teilen wir immer durch fünf. Wir essen im Besprechungsraum. Es ist schön, weil es die Monotonie durchbricht und die normale Mittagspause zu etwas macht, auf das man sich freut.

Ein paar Menschen, die wir interviewten, fiel kein Ritual ein, so wie diesem Griesgram: »Ich nehme nicht an solchen Aktivitäten teil. Ich mache meine Arbeit, und dann gehe ich nach Hause.«

Im Großen und Ganzen hatten die Aktivitäten, von denen die Menschen berichteten, jedoch ein paar gemeinsame Elemente, die immer wieder auftraten: Die Rituale wurden oft wiederholt. Sie schienen den Alltag und die Gleichförmigkeit der Arbeit aufzulockern – etwas, was mit Wörtern wie »aufregend« und »spaßig« ausgedrückt wurde –, und sie brachten die Menschen zusammen, diese taten »etwas gemeinsam«, und zwischen ihnen entstand »eine Verbindung«. Rituale erlaubten ihnen, mehr als ein Zahnrädchen in der Maschine zu sein, so eingestellt, dass jede Minute optimal genutzt wurde. Stattdessen wurden sie Teammitglieder, beschwingt durch ein gemeinsames Sinnerleben.

Wir baten alle Teilnehmenden an unserer Studie außerdem anzugeben, als wie sinnstiftend sie ihre Gruppenaktivität einschätzten und wie ihr Gefühl bezüglich der Arbeit insgesamt war: Wie *sinnvoll* war ihre Arbeit für sie? Zwei Schlüsselergebnisse kamen dabei heraus. Erstens, je stärker Gruppenaktivitäten als ritualistisch bewertet wurden – von Drinks am Freitagabend über Walking-Meetings am Montag und Mentoring beim Mittagessen bis zu Yoga am Nachmittag im firmeneigenen Studio –, desto mehr Bedeutung maßen die Angestellten ihnen bei. Zweitens, und wohl am wichtigsten, fanden wir heraus: Je ritualisierter die Aktivität, desto mehr Bedeutung besaß die Arbeit selbst für die Menschen. Angestellte, an deren Arbeitsstelle ihrer Aussage zufolge keine Rituale existierten, waren emotional schlicht nicht so beteiligt wie diejenigen, in deren Job Rituale stattfanden.

Unsere Umfrage ließ jedoch noch Raum für Interpretation. Menschen, die ihre Arbeit und ihr Team mögen, erschaffen möglicherweise einfach mehr Rituale – und in diesem Fall wären die Rituale nicht Leit- sondern Spätindikator. Dieser Frage wollten wir nachgehen. Erzeugen Arbeitsrituale Sinn, oder spiegeln sie nur einen Sinn wider, der bereits existiert?

In einem Experiment baten wir Gruppen, eine kreative Aufgabe auszuführen. Wir brachten dreihundertsechzig einander unbekannte Personen in unser Labor und teilten sie auf. Wir sagten allen, dass sie in einer Gruppenaufgabe brainstormen und zusammen daran arbeiten würden, so viele Verwendungen für einen sechsseitigen Würfel zu finden wie möglich.

Zuerst sollten sie jedoch gemeinsam ein Ritual durchführen. Dieses hatten wir uns selbst ausgedacht, aber es ahmte die Rituale nach, die tatsächlich an Arbeitsplätzen in Gebrauch waren. Es handelte sich um folgende Abfolge von Gesten:

Schritt 1: Klopfen Sie sich dreimal mit der linken Hand auf die rechte Schulter.
Schritt 2: Klopfen Sie sich dreimal mit der rechten Hand auf die linke Schulter.
Schritt 3: Beugen Sie die Knie; stampfen Sie einmal mit dem rechten Fuß auf und dann einmal mit dem linken.
Schritt 4: Nehmen Sie das leere Blatt Papier vom Tisch und zerknüllen Sie es. Halten Sie es in der linken Hand.
Schritt 5: Bilden Sie mit der rechten Hand eine Faust und legen Sie sie für sieben Sekunden an Ihr Herz.

Alle führten genau dasselbe Ritual aus – bis auf einen entscheidenden Unterschied. In einigen Gruppen standen sich die Menschen gegenüber und *sahen sich an*, während andere das Ritual *voneinander abgewandt* vollzogen. Letztere praktizierten also eher ein *individuelles* Ritual. Die Gruppen, in denen sich die Teilnehmenden ansahen, vollführten ein *gemeinschaftliches* Ritual, sie erlebten es *zusammen* – sie richteten die Aufmerksamkeit gemeinsam auf dasselbe, sahen andere dieselben Handlungen ausüben und beobachteten ihre Reaktionen.

Nachdem alle Gruppen ihre Rituale durchgeführt hatten, machten sie sich an die Arbeit, Ideen zu finden. Diejenigen, die einander während des Rituals angesehen hatten, fühlten sich ihren Teammitgliedern nicht nur näher, sondern gaben auch an, dass sie das Ritual und die Brainstormingaufgabe sinnvoller fanden. Als wir die Durchführung der Aufgabe analysierten, hatte die durch das Ritual erzeugte größere Bedeutung auf sie abgefärbt: Dieselbe »Arbeit« hatte eine größere Bedeutung bekommen. In einer unserer Studien fragten Mitglieder einer Gruppe, die ihr kollektives Ritual vollzogen hatte, ob es in Ordnung sei, wenn sie ihre E-Mail-Adressen austauschten, damit sie sich außerhalb des Labors treffen könnten. Unser Ad-hoc-Ritual hatte die Gruppe dazu inspiriert, miteinander in Kontakt zu treten.[13]

Der Forscher Douglas A. Lepisto wollte dieses Phänomen – die Wirkung von Ritualen darauf, als wie sinnvoll Angestellte ihre Tätigkeit wahrnahmen – in einem echten Unternehmen untersuchen. 2022 veröffentlichte er eine Feldstudie, die zweiundzwanzig Monate in einer durchschnittlichen Firma, die Sportbekleidung und Sportschuhe herstellte, abdeckte (er nannte das Unternehmen Fitco, um dessen Anonymität zu wahren). Während dieser Zeit wurde bei Fitco etwas eingeführt, was sich Liven nannte, ein neuer Sportkurs für Angestellte. Um daran teilzunehmen, mussten sie über einen unbefestigten Weg zu einem Gebäude gehen, das speziell für dieses Training verwendet wurde. Rückte die Uhrzeit näher, zu der der Kurs starten sollte, wurde die Musik lauter, und es wurde heruntergezählt – »Drei, zwei, eins, los!« –, um den dramatischen Effekt zu verstärken. Die eigentlichen Übungen variierten von Mal zu Mal, waren aber immer *intensiv*. Sie mussten so schnell wie möglich absolviert werden, manchmal in nur fünf Minuten, sodass die Angestellten alles gaben. Insgesamt gefiel den Angestellten das

Training; einigen so sehr, dass sie danach gar keine Worte fanden, während andere explizit wurden:

»Wir haben etwas freigesetzt, das verdammt mächtig und transformativ für die Leute ist«, sagte eine leitende PR-Person von Fitco dem Forscher. »Niemand kann wirklich beschreiben, was es ihm bedeutet«, fügte jemand aus der Abteilung Kundenbeziehungen hinzu. »Sie wissen alle, wie toll es sich anfühlt, und wollen, dass die anderen es auch erleben, haben aber Mühe, es in Worte zu fassen.«

Jemand aus der Finanzabteilung sagte: »Ich glaube, die Organisation wurde dadurch etwas anderes ... Ich weiß nicht. Ich kann es nicht anders sagen, als dass Liven Fitco einen Sinn gegeben hat, und dieser Sinn bereicherte nicht nur mein Leben, sondern auch das anderer Leute, die ich kenne.«

Das Liven-Ritual hat für die Teilnehmenden eine fundamentale Änderung bewirkt. Und es hat nicht nur ihren subjektiven Zustand beeinflusst, sondern auch ihre Gefühle bezüglich der Arbeit und ihre gemeinsame Überzeugung von deren Sinnhaftigkeit. Wie jemand von der Firma es ausdrückte, unterstrich es, dass die Firma »für mehr da ist als für Schuhe und T-Shirts«.[14]

Funktionieren Vertrauensübungen wirklich?

Nicht jedes Teamritual wirkt so umwälzend wie das Liven-Workout. Manche Rituale fühlen sich gezwungen an; bei manchen müssen wir Hüftschwünge machen, die Augen verdrehen oder Schlimmeres. Bloomberg News interviewte Cristina Comben, eine Contentmanagerin bei Day Translations im spanischen Valencia. Sie beschrieb eine katastrophale Teambuilding-Übung, bei der ihr Chef alle zum Paintball mitnahm. Ja, es lief genauso schlecht, wie Sie denken. »Ich bin keine gute Schützin«, verteidigte sich Comben, »und ich habe nicht auf ihn gezielt, aber mein Paintball schoss in die falsche Richtung, und plötzlich lag mein Chef auf dem Boden. Das Spiel wurde gestoppt, ein Krankenwagen kam, und es war die Rede von einem möglichen Leberriss und Nierenschäden.« Combens Chef trug keinen bleibenden Schaden davon – Combens Karriere in dem Unternehmen hingegen schon. »Ich fühlte mich furchtbar«, schrieb sie, »und sechs Wochen später kündigte ich.«[15]

Abgesehen von offensichtlichen Katastrophen wie dieser – was haben wirksame Gruppenrituale gemeinsam, und was können wir von ihnen lernen? Wenn eine Gruppe Fremder durch gemeinsames Jubeln, Skandieren oder eine Teambuilding-Übung zusammengebracht wird, was genau bewirkt ihre Verbindung? Welche Elemente des Rituals erzeugen die begehrten Gefühle von Sinn und Einigkeit? Meine Kolleg*innen und ich haben herausgefunden, dass dafür nur eine überraschend einfache Kombination von Elementen nötig ist. Selbst die klischeebehafteten Übungen, bei denen man sich buchstäblich fallen lässt, können auf raffinierte Weise effektiv sein.

Stellen wir uns einen Weißwasser-Raftingtrip auf dem Yampa River in Colorado vor. Wenn wir ankommen, finden wir uns in einer Gruppe Fremder wieder, bereit, sich in die Stromschnellen zu stürzen. Das ist harte Arbeit. Wir stehen bei Sonnenaufgang auf, gehen auf den »Groover« (eine tragbare, schwimmende Toilette, die eigens für das Rafting entwickelt wurde) und schnüren die Ausrüstung im Boot fest. Wir paddeln morgens, wir paddeln mittags, wir paddeln abends. Doch wann wird aus uns – eine Ansammlung von Einzelpersonen, von denen jede ein Ruder hält – bei all diesen Anstrengungen ein geschlossenes Team? Um diese Frage zu beantworten, analysierten die Forschenden Eric Arnould und Linda Price, wie Raftingtour-Unternehmen Rituale nutzen, um eine Verbindung innerhalb der Gruppen, die das Weißwasser bezwingen sollen, zu schaffen.

In einem Ritual führte die Teamleitung die Mitglieder zu einem »Kussstein«, den *alle* küssen müssen, um eine sichere Passage durch einen gefährlichen Flussabschnitt zu gewährleisten. Bei einer anderen Gelegenheit erzeugen die Gruppen einen Wasserfall, indem sie den Strom mit ihren Körpern blockieren. Eine befragte Person beschrieb, dass sich die Rafter »umarmten und die Arme um Menschen legten, die wir unter anderen Umständen wohl als Fremde betrachtet hätten … Es war ein wunderbarer gemeinsamer Moment.«

Rafter von der Tour erzählten, dass ihre Exkursion einen Haufen Fremder in eine *Gruppe* verwandelt habe, die ihnen am Herzen liege. Eine Person schlug vor, man könne sich im nächsten Jahr erneut treffen, obwohl »wir alle so unterschiedlich waren, unterschiedliche Hintergründe und Ansichten hatten«.

Was ermöglicht diese Art von Kameradschaft? Zum einen, wie wir in unserem Laborexperiment gesehen haben, Synchronizität – dieselbe Handlung *gleichzeitig* mit einer Gruppe ausführen und gemeinsame Aufmerksamkeit: Alle dabei zu beobachten, wie sie das Gleiche tun, baut Vertrauen auf. Zweitens enthalten viele der Teambuilding-Rituale, die wir gesehen haben, ein Element von Kontakt und körperlicher Bewegung. Ähnlich wie bei Leistungsritualen hilft Bewegung in Gruppen Menschen, mit dem Grübeln aufzuhören und aus sich herauszugehen. Drittens, und vielleicht am wichtigsten, wird die Kameradschaft um die neue Identitätsarbeit der Rafter herum aufgebaut. Sie alle haben ihre vertrauten Zusammenhänge verlassen – wohlbekannte Verbindungen und Rollen – und sich in eine riskante Situation begeben, in der ihr Überleben vom Zusammenhalt der Gruppe abhängt.

Diese Rafter waren offen für die meisten von den Guides vorgeschlagenen Aktivitäten. Doch selbst Rituale, die viele Menschen nicht leiden können, können einen positiven Effekt haben. Manchmal ist eine schreckliche Teambuilding-Übung, die man gemeinsam durchstehen muss, die perfekte Methode, um Nähe aufzubauen. So war eines der meistgehassten Gruppenrituale dennoch bedeutungsvoll für die Weißwasserrafter:

> Das nächste Spiel war eine Vertrauensübung. Wir standen in einem engen Kreis, und eine Person ging in die Mitte, versteifte sich, schloss die Augen, und wir wiegten sie gewissermaßen durch den Kreis … Das war glaube ich eine Art Wendepunkt, was das Entstehen von Gemeinschaft auf diesem Trip betrifft.[16]

Ja, selbst diese Vertrauensübung kann funktionieren und eine positive Wirkung auf uns haben. Warum? Am Arbeitsplatz können sogar verhasste Rituale zum Vorteil des Unternehmens sein, und zwar aus einem etwas erschlichenen Grund. Die Angestellten beschweren sich untereinander, und mit diesem Murren wird genau das erreicht, worauf die Manager abgezielt haben: *Aus Fremden wird ein Team.* Gemeinsames Augenverdrehen mit Kolleg*innen bei einem besonders peinlichen, von oben aufgezwungenen Ritual ist synchronisiertes Gruppenverhalten, das viele Elemente eines effektiven Gruppenrituals aufweist.

Genau wie Regentänze eine Gemeinschaft in Krisenzeiten wieder zusammenbringen können, sind Teambuilding-Rituale geeignet, uns ein – mühsam errungenes – Gefühl von Kameradschaft zu bescheren, auch wenn es manchmal auf Kosten des Chefs oder der Chefin geht. Gruppenrituale – solche, die wir erschaffen, ebenso wie solche, die uns auferlegt wurden – können unseren Arbeitstagen und der Arbeit selbst mehr Sinn verleihen. Wirklich effektive Organisationen bieten außerdem Raum für die Mitarbeitenden, ihre eigenen Rituale und Persönlichkeiten mit zur Arbeit zu bringen, und ermöglichen, dass beide Arten von Ritualen ausgelebt werden können. Wir führen vielleicht Gruppenrituale wie das Morgenmeeting durch, damit alle ankommen. Aber die einzelnen Personen haben ihre eigenen Vorbereitungsrituale: Wir trinken eine Tasse Kaffee am Schreibtisch, während wir ein Kreuzworträtsel lösen, gehen eine Runde durch das Büro, um zu schauen, wer da ist, nehmen jeden Tag denselben Zug um 7:15 Uhr und tippen einmal auf das Firmenlogo in der Hoffnung, es möge uns Glück bringen. All diese Rituale sind wichtig für das Team als Ganzes.

Weshalb die meisten von uns Großraumbüros hassen

Wird der Kontakt zwischen Angestellten zu stark forciert, kann das Einzelnen von ihnen schaden – und das Gruppengefühl torpedieren. Der beste Beweis ist die Wut, die jede Planung, in Großraumbüros zu wechseln, begleitet. Eine Überschrift im *Guardian* behauptete: »Großraumbüros wurden von Satan in den tiefsten Tiefen der Hölle erdacht.«[17] Farhad Manjoo schrieb über Co-Working-Unternehmen wie WeWork: »Sein Aufstieg ist ein Zeichen dafür, dass es uns in unserem modernen Leben nicht gut gelingt, private, ablenkungsfreie Räume zu schätzen und zu bewahren.«[18] Ob wir uns strecken, summen, mit dem Fuß tippen oder einfach nur dreimal tief durchatmen – dieser Mangel an Privatsphäre kann die kleinen Rituale stören, die uns durch unsere Arbeitstage helfen. Unser Büroleben wird dadurch auf das reduziert, was diese Überschrift des Satiremagazins *Onion* verkündet: »Verkäufer im Einzelhandel hat tägliches kleines Ritual – er trinkt eine Dose Dr Pepper in einer ruhigen Ecke des Warenlagers und bringt sich nicht um.«[19]

Für Unternehmen geht es bei Großraumbüros meistens darum, Geld zu sparen: Es ist der kostengünstigste Weg, ein Gebäude zu nutzen. Häufig werden die Pläne den Angestellten jedoch so verkauft, als sollten sie spontane, zwanglose Gespräche ermöglichen, die eine stärkere Verbindung schaffen. Großraumbüros können aber den gegenteiligen Effekt haben: Statt dass die Offenheit die Kommunikation unter den Angestellten *verstärkt, verringert* sie sie oft eher. Ethan Bernstein und Ben Waber verfolgten direkte persönliche Interaktionen in den Hauptquartieren von zwei Fortune-500-Unternehmen in den Wochen vor und nach der Einführung offener Büroflächen. Diese nahmen dort nicht zu, im Gegenteil, sie gingen um 70 Prozent zurück.[20] Bernstein fragte sich, ob kleine Eingriffe für mehr Privatsphäre möglicherweise große Folgen haben könnten. Er arbeitete mit dem Management in einer Fabrik in China zusammen, um zu messen, was etwas weniger Offenheit bewirken könnte – indem manche Arbeitsteams buchstäblich in ihren eigenen privaten Räumen hinter einem Vorhang verschwanden. Nachdem diese Vorhänge probehalber aufgehängt worden waren, hörte Bernstein die Reaktion eines Beschäftigten: »Ich wünschte, sie hätten die Vorhänge die ganze Reihe entlang gehängt. Wir wären so viel produktiver, wenn sie das täten.« Also griffen sie den Wunsch auf und teilten die offene Fabrikfläche mit Vorhängen in kleinere Einheiten auf. Diese Intervention via Vorhang führte in den folgenden Monaten zu einer 10- bis 15-prozentigen Leistungsverbesserung.[21]

Die Arbeit mit nach Hause nehmen

Eine mögliche Lösung für den Mangel an Distanz und Privatsphäre durch Großraumbüros ist der Trend, der in der Coronapandemie sprunghaft zugenommen hat: Arbeit von zu Hause. Diese Lösung birgt jedoch ihre eigenen Herausforderungen. Als Millionen Berufstätige und Studierende anfingen, im Wohnzimmer zu arbeiten, wurde es ein täglicher Kampf, morgens vom »Zuhause-Ich« zum »Arbeits-Ich« zu wechseln und am Ende des Arbeitstages wieder zurück. Pendeln, Trennwände und Bürokleidung – auch wenn sie als lästig empfunden wurden – erleichterten es, zwischen den unterschiedlichen Rollen, die wir in unserem täglichen Leben einnehmen, zu wechseln. Ohne sie fiel es vielen Angestellten schwer, ihre Prioritäten auszubalancieren.

Als die Kolumnistin Nellie Bowles ihr neues Homeofficeleben begann, tat sie alles in ihrer Macht Stehende, um ihre Arbeitstagsrituale aufrechtzuerhalten:

> Ich brauche Rituale. Jeden Tag ziehe ich mich an, inklusive Schuhe, koche Kaffee, gieße ihn in einen Becher und sage meiner WG, dass ich zur Arbeit gehe und wir uns später sehen. Dann laufe ich ein paarmal im Kreis und setze mich an den Schreibtisch in der Ecke unseres Wohnzimmers, nur wenige Meter entfernt … So helfe ich meinem verschlafenen Geist zu begreifen, dass der Arbeitstag begonnen hat.[22]

In Toronto entwickelte Kyle Ashley ein ähnliches Ritual, das bei ihm funktionierte. Er war jeden Morgen mit dem Fahrrad zur

Arbeit gefahren – bis auch er begann, von zu Hause zu arbeiten. Doch irgendetwas stimmte nicht. Und da kam ihm ein Geistesblitz: »Eines Morgens wachte ich auf und dachte, etwas muss sich bewegen.« Von da an fuhr er mit dem Fahrrad aus seinem Schlafzimmer ins Wohnzimmer – eine Pendelstrecke von etwa zwei Metern.

Als die Menschen an ihre Arbeitsstätten zurückkehrten, waren sie mit einem weiteren Problem konfrontiert. Wie konnten sie die Rituale, die sie in der Privatsphäre des Homeoffices entwickelt hatten, ins Großraumbüro übertragen? Wie in diesem Beispiel, das mir jemand erzählt hat:

Als ich im März 2020 anfing, von zu Hause zu arbeiten, musste mein Tag damit starten, dass ich jeden Morgen in meine japanischen Hausschuhe schlüpfte. Es fühlte sich einfach so behaglich an. Nun, da wir an den meisten Tagen in der Woche wieder im Büro arbeiten, habe ich online ein zweites Paar bestellt. Das habe ich unter dem Schreibtisch verstaut, und sobald ich ankomme, ziehe ich es an. Zuerst habe ich versucht zu verbergen, dass ich bei der Arbeit Hausschuhe trage, aber mittlerweile weiß ich, dass es niemanden kümmert. Alle anderen haben auch ihre Annehmlichkeiten von zu Hause mitgebracht.

Vor dem Hintergrund, dass Unternehmen versuchen, die Balance zwischen den Möglichkeiten und den Risiken von mehr Ritualen im Tageslauf zu finden, sind die Zahlen von spirituellen Beratungen und Ritualexpert*innen gestiegen. Viele von ihnen entwickeln neue Wege, um die Sprache des Heiligen und den sozialen Zusammenhalt religiöser Gemeinschaften mit den

Anforderungen der Managementkultur des 21. Jahrhunderts zusammenzubringen. Gewissermaßen McKinsey mit Kerzen. Dass es diese Dienstleistungen überhaupt gibt, beweist die Relevanz von Ritualen für die heutige Unternehmenskultur. Es wird sich jedoch erst im Laufe der Zeit herausstellen, ob sich die Zunahme an Arbeitsplatzritualen auszahlt – für die Arbeitgebenden genauso wie für die Arbeitnehmenden.

Die Arbeit hinter sich lassen

Die schwindelerregende Vielfalt von Veränderungen, die in den vergangenen Jahren im Arbeitsleben stattgefunden haben, hat bewirkt, dass es vielen von uns Mühe bereitet, zwischen unserem individuellen Ich und unserer Arbeitsidentität zu jonglieren, während wir uns von zu Hause, aus dem Büro und von verschiedenen Orten dazwischen einloggen. Das macht unsere ritualisierten Übergänge am Ende des Arbeitstages umso wichtiger. Ob wir physisch ein Büro verlassen, den Laptop zuklappen oder unsere Studiotür hinter uns schließen – was können wir tun, um die Arbeit auch emotional hinter uns zu lassen?

Falls Sie Ihr Zuhause zur Arbeit nicht verlassen, können Sie sich klare Routinen überlegen oder Bereiche des Hauses oder sogar Gegenstände – wie Becher, Stifte oder einen Laptop – festlegen, die Sie *ausschließlich* bei der Arbeit nutzen. Das hilft uns, mit der Arbeit zu beginnen und Grenzen zu ziehen, wenn es an der Zeit ist aufzuhören.

Falls Sie ein Büro oder eine andere Arbeitsstätte verlassen, ist es wichtig, dass Sie Wege finden, um das Ende des Tages zu markieren. Das kann so etwas Einfaches sein wie ein zügiger Spaziergang nach Hause, ein Spritzer kaltes Wasser, bevor Sie das Gebäude verlassen, oder ein paar Minuten klassische Musik auf dem Heimweg. Ohne einen ritualisierten Übergang am Ende des Arbeitstages, um die Stressfaktoren im Büro zurückzulassen, sind wir alle anfällig für Burn-out und Leid.

In einer von Ben Rogers geleiteten Studie erforschten meine Kolleg*innen und ich die Rituale am Ende des Arbeitstages von fast dreihundert Krankenpflegern und -schwestern in North Carolina. Für die meisten von ihnen war die Arbeit nahezu jeden Tag hektisch und stressig. Wir fanden heraus, dass viele einzigartige Rituale durchführten. Wie eine Pflegerin berichtete:

Nachdem ich mich ausgestempelt habe, nehme ich bewusst mein Namensschild ab und lege es in meine Arbeitstasche. Während ich das tue, sage ich zu mir: »Ich bin fertig«, und mache mir klar, dass ich an diesem Tag nun nicht mehr für meine Patienten verantwortlich bin.

Eine andere Pflegekraft machte aus der abendlichen Dusche ein komplexes Ritual mit spezifischen Trankopfern:

Ich komme nach Hause und hole mir ein Bier, bevor ich in die Dusche steige. Wir haben einen alten Boiler, deshalb läuft nur sieben Minuten lang heißes Wasser. Ich erledige den Hygieneteil des Duschens, und dann dehne ich mich. Ich halte jede Position dreißig Sekunden und trinke danach einen Schluck Bier, bis kein heißes Wasser mehr kommt. Währenddessen konzentriere ich mich darauf, meinen Körper zu entspannen.

Bezeichnenderweise sind zwei Wörter, die beide Pflegekräfte verwendeten, um das Ziel und die letztliche Wirkung ihrer Rituale zu beschreiben, »abschalten« und »entspannen«. Das ist etwas, was wir alle brauchen – und wenn Ihnen das nicht gelingt, können ganz einfache tägliche wiederholte Rituale wie die der beiden Pflegekräfte Ihnen helfen, Ihr Arbeits-Ich am Ende des Tages abzustreifen und zurück in Ihr *wahres* Ich zu schlüpfen.[23]

—

Selbst wenn tägliche Stunden an Ritualen großartig für unser Wohlbefinden sind – wer hat dafür schon Zeit? Die satirische Website ClickHole veranschaulichte das Problem, indem sie der Leserschaft sagte, was sie *sonst noch* tun sollten, um ihr Leben zu verbessern: »Why Are You Not Already Doing This: 41 Things You Need to Be Doing Every Day to Avoid Burnout.«[24] Sich Ihre bereits existierenden Arbeitsplatzrituale bewusst zu machen und zu würdigen, muss gar keine Zeit kosten – Sie praktizieren Sie schließlich schon. Es geht nicht darum, sofort einundvierzig neue Rituale aufzunehmen, sondern eine Handvoll zu finden, die zu Ihnen passen. Manchmal bedeutet das kleine Veränderungen an sinnvollen Ritualen, die Sie bereits ausüben. Manchmal bedeutet es, bei null anzufangen.

12

Wie man spaltet

Wenn Rituale Spannungen und Ärger erzeugen

I hate so much about the things that you choose to be.
- Michael Scott zu Toby Flenderson, *The Office*[1]

Ein halbes Jahrhundert lang, von den 1950ern bis in die 2000er, war Esther Pauline Lederer Amerikas beliebteste Ratgeberkolumnistin. Unter dem Pseudonym Ann Landers sagte sie ihre Meinung zu unzähligen Ursachen von Reibereien zwischen Familienmitgliedern, in Freundschaften oder Paarbeziehungen. Ihre Weisheit wurde überall im Land verkauft, und ihre tägliche Leserschaft nickte stets zustimmend beim Lesen. Eine Aussage 1977 ließ ihre Fans jedoch wütend die Zeitung zerknüllen. Worum ging es? Um ein wenig gewürdigtes Haushaltsobjekt: Toilettenpapier.

In einer ansonsten harmlosen Kolumne schrieb Lederer, sie ziehe es vor, wenn das Toilettenpapier so hänge, dass es von hinten herausgezogen wird statt von vorne. Ohne es zu ahnen, hatte sie damit ihren am stärksten polarisierenden Artikel geschrieben. Über fünfzehntausend Briefe strömten herein, in denen sich starke Gefühle und blanker Hass ausdrückten. Viele gaben zu, dass das Thema Gegenstand hitziger Debatten war. In einer Umfrage unter Tausend Einsender*innen behaupteten ganze 40 Prozent, dass die Richtung, in die das Toilettenpapier abgerollt wird, eine Streitquelle bei ihnen zu Hause sei. Die Debatte war noch lange nicht geklärt. Sie erstreckte sich bis in die am weitesten entfernten von Menschen bewohnten Regionen: Forschende in der beengten Amundsen-Scott-Forschungsstation am Südpol berichteten von ihren häufigen Auseinandersetzungen wegen … der Ausrichtung der Toilettenpapierrolle.[2] Noch Jahrzehnte danach wurde Lederer vom »Toilettenpapierthema« verfolgt, wie sie es nannte. Bis zu ihrem Tod im Jahr 2002 tauchte es in Briefen an sie und ihre Kolumne auf.[3]

Wie konnte etwas so Harmloses die Menschen derart spalten?

All die Schwüre, Parolen und das Fahnenschwenken unserer verschiedenen Gruppen ermöglichen es uns, der Welt zu verkünden: »Ich bin ein Mitglied dieses Stammes.« Aber das so verstärkte Gefühl von Identität und Verantwortung ist potenziell ein zweischneidiges Schwert. Wenn wir meinen, unsere Gruppe sei gut, ist es nur ein kleiner Schritt dahin zu glauben, die Menschen außerhalb unserer Gruppe seien schlecht. Könnte unser Beharren auf die korrekte, immer gleichbleibende Ausführung unserer Rituale dazu führen, dass wir andere ausschließen? Rituale können unsere Fähigkeit, uns mit den Mitgliedern einer Gruppe zu verbinden, verstärken; genauso können sie aber auch Spaltung, Misstrauen und Rachsucht zwischen unterschiedlichen Gruppen fördern.

Ob nah oder fern, an unserem Esstisch oder auf der internationalen Bühne: Konflikte brechen wegen der kleinsten »Verstöße« gegen Rituale aus. Im September 1922 herrschten in New York acht Tage lang Aufstände, es gab Verletzte und Verhaftungen. Der Grund? Männer trugen nach dem traditionellen Tag des Hutwechsels am 15. September noch Strohhüte (an diesem Tag sollten sie zu den jahreszeitlich korrekten Filzhüten oder Zylindern wechseln). In dem darauffolgenden Chaos »streiften jugendliche Gangs durch die Straßen mit langen Stöcken, teilweise mit durch die Spitze getriebenen Nägeln, hielten Ausschau nach Passanten mit Strohhüten und verprügelten diejenigen, die sich weigerten, ihre abzusetzen.« Unter den daraufhin Festgenommenen war ein gewisser A. Silverman, der zu drei Tagen Haft verurteilt wurde von einem Richter mit dem Hut (im Englischen: *hat*) im Namen: Peter Hatting.[4]

Sowohl die Sitte als auch der Konflikt erscheinen aus heutiger Sicht absurd. Aber dieses Kopfbedeckungsritual signalisierte Stabilität und Tradition, eine gesellschaftliche Ordnung und Struktur, innerhalb derer die Rollen und Identitäten der Mitglieder klar waren. Als dieses Gefühl der sozialen Ordnung gestört war, ging das jemandem über die Hutschnur, am 16. September 1922 erwachte er und rief: »Das geht so nicht! Etwas muss getan werden!« Aus dem Antippen einer – falschen – Hutkrempe war ein Aufstand geboren.

Vielleicht halten Sie sich für immun: »Wegen einer solchen Kleinigkeit würde ich mich nicht aufregen.« Deshalb frage ich mein Publikum immer: »Räumt Ihr Partner oder Ihre Partnerin die Spülmaschine richtig ein?« Das ruft unweigerlich eine lautstarke Reaktion hervor. Eine erstaunliche Anzahl von Menschen ist der Ansicht, die Strategie ihres Partners oder ihrer Partnerin sei nicht nur ineffizient und schädlich für die Maschine, sondern auch ein Zeichen für schlechtes Urteilsvermögen und fragwürdige Moral: »Wie kann er die Schüsseln oben einsortieren?« Noch schlimmer, die Gefühle sind oft beidseitig und die Meinungen entgegengesetzt: »Schüsseln unten? Wer macht denn so was?« Übrigens werden viele Spülmaschinen mit einer Anleitung zur optimalen Befüllung geliefert. Doch da Anleitungen häufig nicht gelesen werden, räumen *beide* Parteien sie in der Regel *falsch* ein. Das hindert uns jedoch nicht zu glauben, unsere Art und Weise sei die richtige und die andere die falsche. Das perfekte Rezept für Konflikte.

Dieselben Praktiken, die die Macht haben, uns zusammenzuschweißen, können zu Frontlinien werden, die uns entzweien. Um den Frieden zu wahren – in der Gesellschaft im Ganzen und an der Heimatfront –, ist es essenziell zu verstehen, wann und warum Rituale ein Risiko werden und wie wir die engen Verbindungen, die wir durch unsere Gruppenrituale kreieren, erhalten können, ohne ihrer dunkleren Seite zum Opfer zu fallen.

Rituale, Vertrauen und Misstrauen

Habe ich mein Publikum aufgefordert, die Einmal-klatschen-mit-dem-rechten-Fuß-aufstampfen-Übung auszuführen, geschieht oft etwas Interessantes. Sobald die Leute ihr Klatschen und Stampfen synchronisieren, breitet sich ein Lächeln auf ihren Gesichtern aus – klatscht jedoch jemand zum *falschen* Zeitpunkt, wird aus dem Lächeln ein Stirnrunzeln. Frage ich, was das Problem ist, lautet die Antwort: »Diese Leute machen es falsch.« Mit »es« meinen sie das von mir ausgedachte Ritual, das sie noch nie zuvor vollzogen haben, bei dem sie jedoch sofort der Meinung sind, es gebe eine korrekte Art der Durchführung. Und mit »diesen Leuten« meinen sie diejenigen, deren einziges Vergehen es war, an anderer Stelle zu klatschen als der Rest der Gruppe.

Ich würde gern glauben, dass banale Unterschiede in Ritualen keinen großen Unterschied darin machen, wie wir andere Menschen beurteilen. Doch die Realität ist weniger schön. Die kleinen Unterschiede können tatsächlich *die* wesentlichen Kennzeichen der Gruppe sein, die wir als wichtige Abgrenzung nach außen betrachten. In einer von Nick Hobson geleiteten Studie, an der hundertsieben Menschen teilnahmen, teilten wir diese in willkürliche Gruppen ein, um herauszufinden, ob kleine rituelle Unterschiede einen Einfluss darauf haben würden, wie sehr sie einander vertrauten oder misstrauten.

Unser Forschungsteam teilte die Probanden zunächst gemäß dem Ansatz des »minimalen Gruppenparadigmas« willkürlich in zwei Gruppen ein[5]. Hierfür wurde ihnen ein Bildschirm gezeigt, auf dem lauter kleine Punkte zu sehen waren, deren Anzahl die Teilnehmenden schätzen sollten. Auf dieser Grundlage ordneten wir sie zwei Gruppen zu: denjenigen, die die Zahl überschätzt hatten, und denjenigen, die sie unterschätzt hatten. Eine bedeutungslosere Gruppeneinteilung ist kaum vorstellbar – eine Kultur von zu vielen Punkten auf einem Bildschirm gegenüber einer Kultur mit zu wenigen? –, aber wir fragten uns, ob wir die Gruppenidentität durch ein Ritual verstärken konnten.

In ihrem Gruppenritual führten die Teilnehmenden eine Woche lang täglich dieselbe Abfolge von Handlungen durch:

Atmen Sie zunächst fünfmal mit geschlossenen Augen tief ein und aus und richten Sie Ihre Aufmerksamkeit auf den Ablauf, den Sie nun ausüben werden. Neigen Sie sanft den Kopf, schließen Sie die Augen und machen Sie mit Ihren Händen eine Wischbewegung von Ihrem Körper weg. Beenden Sie die Übung, indem sie die Arme in Ruheposition hängen lassen.

Es endete mit:

Führen Sie die Arme hinter den Rücken und legen Sie die Hände zusammen. Gehen Sie leicht in die Knie und vollführen Sie diese Bewegung fünfmal. Lassen Sie nun die Arme nach unten sinken. Neigen Sie den Kopf, schließen Sie die Augen und machen Sie die Wischbewegung. Enden Sie mit den Armen an den Körperseiten. Atmen Sie fünfmal durch. Sie sind fertig.

Am Ende der Woche kamen alle in unser Labor und spielten das Vertrauensspiel.[6] Das ist ein Experiment, bei dem echtes Geld zum Einsatz kommt, um das Vertrauen zwischen den Teilnehmenden zu messen. Einige spielten es mit einer Person aus der eigenen Gruppe, andere mit jemandem von der anderen Gruppe.

Allein auf Grundlage des Rituals maßen die Menschen ihrer willkürlich zugewiesenen Gruppenidentität Bedeutung bei: Sie trauten »ihresgleichen« und belohnten sie und misstrauten den »anderen« und bestraften sie. Unterschätzende teilten anderen Unterschätzenden mehr Geld zu (6,30 Dollar von den 10 Dollar, die sie zur Verfügung hatten) als Überschätzenden (5,29 Dollar). Eine andere Gruppe von Teilnehmenden spielte das Vertrauensspiel ebenfalls, diese Leute hatten allerdings das Gruppenritual nicht durchgeführt. Sie vertrauten Menschen aus beiden Gruppen gleichermaßen.[7]

In einem ähnlichen Experiment baten wir die Teilnehmenden, andere dabei zu beobachten, die das Vertrauensspiel spielten, und überwachten mithilfe eines Elektroenzephalogramms (EEG) ihre Gehirnaktivität. Unser Fokus lag auf einem spezifischen Muster im Gehirn – den P300-Amplituden[8] –, das die Gedanken über Belohnung und Bestrafung abbildet. Menschen, die das Gruppenritual durchgeführt hatten, zeigten eher positive Verarbeitung, wenn sie Mitglieder der eigenen Gruppe beobachteten, hingegen eher negative, wenn sie Mitglieder der anderen Gruppe beobachteten. Sie mochten ihre eigene Gruppe und waren bereit, die andere zu bestrafen.

Das Gruppenritual baute Vertrauen in der einen Gruppe auf und Misstrauen gegenüber der anderen. Es ist fast, als würde das Ritual die Teilnehmenden dazu veranlassen, die Reihen zu schließen und zu sagen: »Ich weiß, wem ich trauen kann, und die sind es nicht.«

Wir fragten uns, ob wir irgendetwas darüber herausfinden konnten, welche Aspekte des Rituals zu diesem Vertrauen beziehungsweise Misstrauen führten. Also entwickelten wir eine Variante dieses Experiments mit mehreren unterschiedlichen Ritualen – einem, das komplizierter und anstrengender war, und einem einfacheren, kürzeren. Auf der Grundlage unserer Forschung zur Rolle des Aufwands beim IKEA-Effekt – die gezeigt hatte, dass wir einer Sache mehr Wert beimessen, wenn sie uns Mühe gekostet hat – vermuteten wir, dass Aufwand die Intensität unserer Sanktionsbereitschaft gegenüber Menschen mit dem falschen Ritual verstärken könne.

Aufwand ist eindeutig eine Komponente vieler bestehender Gruppenrituale. Forschende untersuchten Menschen, die zwei unterschiedliche religiöse Rituale beim jährlichen hinduistischen Thaipusam-Festival ausübten. Eines war mit »geringer Qual« (Singen, Tanzen, gemeinsames Beten) verbunden, das andere mit »großer Qual« (Bodypiercing mit mehreren Nadeln und das Tragen schwerer Schreine auf den Schultern). Nach diesen Ritualen erfassten die Forschenden die Hingabe der Menschen an ihre Religion, indem sie sie aufforderten, für ihren Tempel zu spenden. Das mit großer Qual verbundene Ritual bewirkte eine ausgeprägtere Großzügigkeit (die sich in einer Gabe von etwa 132 Rupien ausdrückte) als das mit geringer Qual verbundene (um die 80 Rupien). Der Schmerz, den die Menschen empfanden, korrelierte mit der Höhe ihrer Spende: größere Schmerzen, größere Spenden, größere Loyalität gegenüber der Gruppe.[9]

So weit konnten wir in unserer eigenen Forschung nicht gehen, aber wir erdachten ein letztes Experiment, um die Wirkung des Aufwands zu messen. Eine Gruppe sollte ein Ritual ausüben, das wenig Anstrengung erfordert (weniger Handlungen, weniger Wiederholungen), eine andere eines, das größere Anstrengung erforderte (mehr Handlungen, mehr Wiederholungen). Dann sollten sie zweimal das Vertrauensspiel spielen, einmal mit einem Mitglied der eigenen Gruppe und einmal mit einem Mitglied der anderen. Diejenigen, die das weniger mühsame Ritual durchgeführt hatten, bevorzugten Mitglieder der eigenen Gruppe nur leicht, gaben ihnen im Durchschnitt 31 Cent mehr als Mitgliedern der anderen Gruppe. Bei denjenigen, die das mühevollere Ritual ausgeübt hatten, war die Differenz zwischen »wir gut« und »die böse« dagegen doppelt so hoch: Der Unterschied betrug 72 Cent.

Schwarze Schafe

Wenn ich ein Publikum bitte, ein Ritual durchzuführen, kann ich eine Reaktion präzise voraussagen. Eine Person, üblicherweise ein Mann, dem es wichtig ist, intelligenter als alle anderen zu erscheinen, weigert sich teilzunehmen. (Diese Person hebt auch nicht die Hand, wenn ich einem Publikum Fragen stelle wie »Wie viele von Ihnen denken A?« oder »Wie viele denken B?«; aber wenn ich frage: »Wie viele haben sich geweigert, die Hand zu heben?«, dann schießt ihre Hand triumphierend in die Höhe.) Ebenso vorhersehbar ist, dass die Menschen im Publikum eine besondere Art von Verachtung für diese Verweigerer zeigen. Denn bei Ritualen gibt es keine Zuschauer.

Entweder macht man es richtig und gehört dazu – oder man ist fehl am Platz..

Wenn wir unseren eigenen Ritualen eine tiefe Bedeutung verleihen – wenn sie sakrosankt werden –, bedeutet das Abweichen vom Pfad einen Verstoß, der Konsequenzen nach sich ziehen muss. Deutliches Misstrauen entsteht, wenn die Rituale anderer Gruppen unseren zuwiderlaufen. Eine zweite Art von Feindschaft, die durch Rituale hervorgerufen wird, ist ein Spiegelbild dieses Konflikts: Hass nicht gegen *andere* Gruppen, sondern gegen Menschen unserer *eigenen* Gruppe, die *unser* Ritual falsch ausführen. Das nennt sich Black-Sheep-Effekt.[10] Mit Mitgliedern der eigenen Gruppe sind wir strenger, wenn sie sich danebenbenehmen, als gegenüber Mitgliedern anderer Gruppen. Sie wären beispielsweise wütender auf Ihre Schwester, wenn sie nicht zu Ihrer Hochzeit käme, als auf einen ehemaligen Kollegen; Gleiches gilt in Bezug auf Ihre beste Freundin, wenn diese Ihren Expartner datet, im Gegensatz zu einer fremden Person. Und wie sieht es mit Ihrem besten Freund aus, wie Sie seit Kindheitstagen ein treuer Knicks-Fan, der das Undenkbare tut und nach dem College auf einmal die Celtics unterstützt? Wir erwarten mehr von diesen Menschen – wir erwarten, dass wir ihnen vertrauen können.[11]

Immer wenn ich einen Gottesdienst eines anderen Glaubens als des meinen besuche, fällt mir auf, dass ich *deren* Rituale mit *meinen* vergleiche und dabei nach Ähnlichkeiten und Unterschieden suche: An dieser Stelle stehen wir immer auf, sie schütteln die Hände vor diesem anderen Teil, wir sagen diesen Satz so, nicht so. In einem von Dan Stein – damals Doktorand an der University of California-Berkeley – geleiteten Projekt wollten meine Kolleg*innen und ich Reaktionen auf Verstöße gegen Rituale innerhalb der eigenen Gruppe untersuchen. Wie viel kann man verändern oder anpassen, bevor es Ärger gibt? Beginnen wir mit einer kleinen Änderung, fügen dann eine weitere hinzu und noch eine und noch eine – ab welchem Punkt geht unser Verstoßalarm los? Was können wir durchgehen lassen, und wann läuten die Alarmglocken?

Um das herauszufinden, baten wir jüdische Menschen, das folgende Szenario vor ihrem inneren Auge ablaufen zu lassen:

Stellen Sie sich vor, Sie wären vor Kurzem in eine neue Gegend gezogen und Mitglied einer neuen Gemeinde geworden. Dort werden Sederabende bei verschiedenen Gemeindemitgliedern gefeiert. Sie melden sich dafür an und werden zum Seder an Pessach eingeladen. Als Sie erscheinen, werden Sie von der Person, die den Seder leiten wird, empfangen und zum Sedertisch geführt.

Dann fragen wir die Teilnehmenden nach ihren Empfindungen, wenn der Gastgeber oder die Gastgeberin ein paar Veränderungen bei den Sederspeisen bekannt geben würde. Sie sollten sich ausmalen, es wären entweder eine, zwei, drei, vier, fünf oder sechs Speisen ausgewechselt worden, und dann den jeweiligen Ersatz. Das Ei (*Beitzah*) wäre beispielsweise durch Käse oder die Lammkeule (*Seroa*) durch einen Hühnerknochen ersetzt worden.

Wir befragten alle zu dem Ausmaß ihres Ärgers aufgrund dieser Änderungen und zu ihren Gefühlen bezüglich der (mangelnden) Moral des Gastgebers oder der Gastgeberin. Menschen in der Kontrollgruppe sollten sich vorstellen, es gäbe keinerlei Veränderungen.

Eine Prognose wäre ein linearer Trend: Jeder ausgetauschte Gegenstand würde das Urteil etwas negativer ausfallen lassen. Doch wenn Rituale sakrosankt sind – wenn unsere Gruppe auf keinen Fall die Traditionen antasten würde –, könnte auch schon eine einzige Veränderung Ärger und moralische Entrüstung hervorrufen, deren Intensität vergleichbar mit jener wäre, wenn man die gesamte Zeremonie auf den Kopf gestellt hätte. Unsere Ergebnisse stützten die Hypothese, dass Rituale sakrosankt sind: Der größte Anstieg an Gefühlen von Wut und Entrüstung fand bei der ersten Modifikation statt, einer einzigen Ersetzung. Danach haben weitere Veränderungen nur einen geringen Effekt; sie sorgen für negativere Reaktionen; den größten Schaden richtete jedoch die erste Veränderung an.

Diese harschen Reaktionen auf Menschen, die gegen Rituale verstoßen, treten nicht nur im Judentum auf. In einem anderen Experiment baten wir Katholik*innen, sich Videos von Menschen anzuschauen, die das Kreuzzeichen schlagen. Einige Videos zeigten eine korrekte Ausführung: Die Menschen berührten mit Fingern der rechten Hand (1) die Stirn, (2) die Brust, (3) die linkte Schulter und (4) die rechte Schulter. Andere Videos zeigten Menschen, die Schritte ausließen. Dann sollten sich die Katholik*innen vorstellen, dass Sie im Kirchenvorstand wären und ein großes Ereignis planen müssten. Dabei müssten einige unangenehme Aufgaben unter Gemeindemitgliedern verteilt werden – darunter auch das Putzen der Toiletten. Diejenigen, die gesehen hatten, wie andere Katholik*innen das Kreuzzeichen falsch ausführten, teilten diese Personen eher für diese Tätigkeit ein.[12]

Aus diesen Ergebnissen lassen sich praktische Ratschläge ableiten. Wenn wir private Rituale entwickeln, haben Änderungen ausschließlich auf uns selbst Auswirkungen. Versuchen wir jedoch Rituale zu verändern, die anderen am Herzen liegen, selbst wenn wir glauben, unseren eigenen Gruppenmitgliedern würde es nichts ausmachen, geraten wir in unruhigere Gewässer. Häufig meinen Menschen, die vorhaben, ein Ritual aufzugeben oder zu verändern, nur an kleinen Elementen zu drehen, könne die Ritualanhänger*innen besänftigen. »Wir essen dieses Jahr bloß Schinken statt Truthahn nach Omas Rezept«, wäre ein Beispiel. Aber diese eine Veränderung ruft oft genauso viel Ärger hervor wie eine komplette Überarbeitung.

Möglicherweise gibt es eine andere, kühnere Strategie. Veränderungen an *existierenden* Ritualen regen uns auf – also ist es vielleicht besser, ganz von vorn anzufangen, mit einem völlig neuen Ritual. Ist Weihnachten ohne die Kinder zu Hause einfach nicht mehr dasselbe, versuchen Sie, nicht an Ritualen zu hängen, die Sie geliebt haben, als Sie alle zusammen waren, und entwickeln stattdessen ein neues Ritual von der Pike auf – vielleicht ist es an der Zeit, dieses Jahr nicht zu Hause zu feiern, sondern irgendwo, wo es warm ist.

Die Elemente des Hasses

Die Forschung zeigt, dass Gruppenrituale uns miteinander verbinden und zugleich eine Quelle für Auseinandersetzungen sein können. Welche Elemente führen am ehesten dazu, dass unsere Rituale Konflikte auslösen? Zwei miteinander in Zusammenhang stehende Faktoren stechen hervor: Bedrohung und Überzeugung.

Stellen andere Gruppen unsere Überzeugungen und unsere Rituale infrage oder bedrohen sie, ist die Wahrscheinlichkeit, dass wir ihnen unfreundlich begegnen, größer. Wegen der Identitätsarbeit, die Rituale leisten, reagieren wir, als würden die anderen versuchen, uns darin einzuschränken, wie wir unsere Identität als Gruppe ausdrücken.[13] Das spiegelt sich in Formulierungen wie »der Krieg gegen Weihnachten«. In diesem Fall sehen vornehmlich weiße Christ*innen ihre Lebensweise und ihre Rituale als bedroht an – so sehr, dass selbst ein scheinbar harmloser Wechsel von »Frohe Weihnachten« zu »Frohe Feiertage« Wut und Empörung auslöst, eine Wir-gegen-die-Mentalität. Eine alternative Sichtweise könnte sein, hey, andere Gruppen haben andere Winterrituale, und der Satz »Frohe Feiertage« ist inklusiver und spricht mehr Gruppen an. Bedrohungen und Überzeugungen sind eng miteinander verknüpft – wir fühlen uns wegen unserer Überzeugungen bedroht, und dieses Bedrohungsgefühl versichert uns noch stärker, dass unsere Überzeugungen richtig sind.[14]

Denken Sie an den Hutaufstand von 1922. Die Wut an diesem Tag war nicht zu bestreiten. Aber die Bedrohung? Im Nachhinein wirkt diese ziemlich vernachlässigbar. Vergessen Sie jedoch nicht, wie die Wirkung von Ritualen unser Denken verzerren kann. Rituale können uns stärker miteinander verbinden – sie machen uns zu denen, die wir sind –, aber diese Verbindung kann exklusiv sein und ihren Preis haben. Sind Rituale nicht nur das, was wir tun, sondern was getan werden muss, können sie statt positiver Effekte Misstrauen, Ablehnung und Bestrafung für Menschen mit Ritualen hervorbringen, die unseren widersprechen. Wenn wir verlangen, dass andere unsere Rituale übernehmen – oder übersehen, dass sie ihre eigenen haben –, führt das unweigerlich zu Konflikten. Manchmal sind diese Konflikte banal – wie bei den Auseinandersetzungen um Toilettenpapier oder Spülmaschinen –, aber sie können auch ungeheuer zerstörerisch sein. Jahrhundertelange Feindschaften resultieren aus dem Hass, den verschiedene religiöse Gruppen gegeneinander hegen. Der Dreißigjährige Krieg lässt sich im Grunde auf eine Uneinigkeit über Rituale herunterbrechen – die Frage, ob wir, wenn wir in der Kirche eine Oblate essen und am Wein nippen, tatsächlich den Körper Jesu aufnehmen oder ob der Vorgang bildlich gemeint ist. Die Katholiken glaubten, er sei real, die

Protestanten, er sei metaphorisch. Und deshalb versank Europa in einem drei Jahrzehnte währenden Krieg.[15]

Hass auflösen

Wir haben ein bei jedem Menschen vorhandenes todsicheres Mittel, um unsere Wut auf *die* im Zaum zu halten: Wir sind Mitglieder vieler, vieler Gruppen – wer *die* sind, ist also ständig im Fluss. Denken Sie an einen Demokraten und eine Republikanerin, kommt Ihnen wahrscheinlich sofort in den Sinn, was die beiden unterscheidet: Sie glauben an unterschiedliche Dinge, sie haben unterschiedliche Rituale (jeden Morgen schaltet die eine Seite als Erstes NPR ein, die andere Fox News). Aber wenn diese beiden Menschen bei einem Baseballspiel ihres Teams mitfiebern, kümmern sie sich nicht darum, wer wie gewählt hat, bevor sie gemeinsam die Welle machen. Studien zeigen, dass diese Art von sich überschneidenden Zugehörigkeiten das Potenzial hat, scheinbar unüberbrückbare Differenzen zwischen Gruppen zu überwinden.[16] In einer Studie mit mehr als achtundzwanzigtausend Teilnehmenden in achtzehn Ländern südlich der Sahara führte ein Sieg der Nationalmannschaft zuverlässig dazu, dass die Menschen sich nicht mehr über ihre ethnische Zugehörigkeit, sondern über ihr Land identifizierten. Das galt besonders, wenn die ethnische Vielfalt des Nationalteams stärker diejenige des gesamten Landes widerspiegelte. Es ist, als würden sich die Leute sagen: »Wenn die gut genug miteinander zurechtkommen, um ein erfolgreiches Team zu bilden, können wir es vielleicht auch.«[17]

2019 hostete der Radiomoderator Jad Abumrad den Podcast *Dolly Parton's America*. Die Prämisse war, dass es in einer Zeit extrem gespaltener politischer Überzeugungen und Kulturen nur eine Sache – oder besser gesagt, eine Person – gab, auf die sich alle einigen konnten: Dolly Parton. Verschieben wir den Identitätsrahmen hin zu »Dolly-Parton-Fans«, so Abumrads Logik, ist das eine Gelegenheit, mehr Gemeinsamkeiten zu finden. Und vielleicht ist es eine Chance, genauer hinzuhören, worin der Unmut der anderen besteht.[18]

Rituale dienen als sozialer Kleber, der unsere Gruppenidentitäten festigt, im Guten *genauso* wie im Schlechten. Die positive Nachricht ist, dass diese Identitäten geformt und auf eine größere Vielfalt von Menschen und Praktiken ausgedehnt werden können. Vergrößern wir unseren Stamm – verrücken wir den Rahmen beispielsweise von polarisierenden, um Politik herum gebildeten Identitäten zu Identitäten, bei denen Sport, Musik und andere kulturelle Aspekte im Zentrum stehen –, ist das eine Möglichkeit, Konflikte aufzulösen, auf einen produktiven Wandel hinzuarbeiten und das Zugehörigkeitsgefühl aller zu erweitern.

13

Heilen

Rituale und Versöhnung

> Die Kommissionsmitglieder betreten den Saal in einer Prozession, und diese Prozession bildet einen heiligen Raum für die Opfer. Er enthält Zeichen der Ehrerbietung wie die Kerze, das Totengebet und die Stille der Erinnerung. Dann werden die Opfer auf ihre Plätze geführt. Während sie dort stehen, gehen der Vorsitzende und die Mitglieder der Kommission zu ihnen und begrüßen sie. Sie danken ihnen für ihr Kommen und geben jedem Opfer die Hand. Während alle noch stehen, entzündet der Vorsitzende die Kerze, und die Namen der Opfer und der Toten werden vorgelesen. Es folgt ein Augenblick der Stille. Dann wird die Anhörung mit einem Bibelvers, einem Gebet, einem Lied oder der Gelegenheit für ein stilles Gebet eröffnet.

Die hier beschriebene Zeremonie markierte den Beginn der Anhörungen der Wahrheits- und Versöhnungskommission in Südafrika als Teil der Bemühungen des Landes, die schmerzliche Geschichte der Apartheid aufzuarbeiten. Die Journalistin Antjie Krog bezeichnete diese Verfahren als Versuch, ein neues

»nationales Ritual« zu erschaffen.[1] Das Vorlesen der Namen ist eine Anerkennung des Leids, das die Apartheidpolitik verursacht hat, die jahrzehntelang systematisch und brutal die Vorherrschaft der Weißen in Südafrika erzwungen hat. Nur der zermürbende, lang anhaltende Kampf von Aktivist*innen, angeführt von Nelson Mandela und anderen, konnte die Apartheid letztlich beenden. Doch was dann? Wie heilt eine Nation, nachdem Blut und Tränen vergossen wurden?

Die Wahrheits- und Versöhnungskommission entschied, dass es mit einem Ritual beginnen müsse, einem, das zumindest als symbolischer Neustart und als Demonstration von Respekt nach so viel Gewalt dienen konnte. Der Ablauf des Rituals ist formell und fast dramatisch, aber es soll zeigen, dass Frieden und Einigung möglich sind. Dabei ist nicht alles nur Show. Bischof Joseph Humper, der Vorsitzende von Sierra Leones Wahrheits- und Versöhnungskommission, stellte klar, dass das nationale Ritual nicht nur für einen Neubeginn stehen müsse, sondern auch für Gedenken und das landesweite Öffentlichkeitmachen der Wahrheit. Verständnis und Gedenken waren essenziell für die Versöhnung. Einige kritisierten die Konzentration auf das Gedenken, sie hätten einen »Vergeben und vergessen«-Ansatz vorgezogen. Bischof Humper verteidigte das Vorgehen jedoch, indem er fragte: »Warum gehen wir her und reißen die Wunden wieder auf? Warum gehen wir her und rufen die Vergangenheit ins Gedächtnis? Wir müssen die Wunden wieder aufreißen, weil sie nicht verheilt sind. Oberflächliche Heilung wird sie wieder aufbrechen lassen. Um vollständig heilen zu können, müssen wir noch einmal auf die Ereignisse zurückkommen.«[2]

Mit anderen Worten, Heilung kann nur geschehen, wenn der Entschuldigung ein Verstehen vorausgegangen ist.

Reif für eine Entschuldigung

Was tun wir, wenn wir etwas verbockt haben – wenn wir jemanden verletzt haben und im Unrecht waren? Alle Eltern, Trainer*innen und Lehrer*innen, die jemals zwei streitende Kinder vor sich hatten, wissen, was zu tun ist: Als Erstes müssen sie sich entschuldigen. Entschuldigungen sind unsere favorisierte Lösung eines Konflikts zwischen zwei Parteien.

Entschuldigungen sind allerdings viel komplizierter, als wir glauben. Einfach »Es tut mir leid« zu sagen, reicht nicht. Im Gegenteil, die wirksamsten Entschuldigungen nehmen die Form eines Rituals an. Unsere Taxonomie der Entschuldigungen zur Beilegung von Auseinandersetzungen zwischen Nachbar*innen enthält ganze zehn notwendige Elemente: die Entschuldigungserklärung (weiter gehen die meisten von uns nicht); das Benennen des Vergehens; Verantwortung übernehmen; versuchen, das Vergehen zu begründen; Emotionen vermitteln; die Emotionen des oder der anderen sowie den zugefügten Schaden ansprechen; zugeben, dass man etwas falsch gemacht hat; versprechen, es nicht wieder zu tun; anbieten, den Schaden wiedergutzumachen; ausdrücklich um Annahme der Entschuldigung bitten. Mit einer Entschuldigung, die mit den Worten beginnt: »Es tut mir leid, wenn dich das, was ich getan habe, irgendwie verletzt hat«, übernimmt man keine Verantwortung und gesteht nicht ein, dass man etwas falsch gemacht hat. Es fehlt die Anerkennung, dass das eigene Verhalten falsch war, und impliziert, die gekränkte Person habe überreagiert.[3]

Diese Unterscheidung hat mit einem der wesentlichen Aspekte einer erfolgreichen Entschuldigung zu tun: dem Eindruck, dass das Gegenüber einen versteht und begreift, warum man verletzt ist. Konfliktlösungsexpert*innen verwenden den Ausdruck »Reife«, um zu beschreiben, ob jemand für eine Entschuldigung bereit ist.[4] Damit wir diesen Zustand erreichen, müssen wir das Gefühl haben, der anderen Person sei klar, welchen Schaden sie angerichtet hat. In einer Studie, in der die Teilnehmenden gebeten wurden, sich an Situationen zu erinnern, in denen man ihnen Unrecht getan hat, war es ihnen wichtig, dass der Übeltäter oder die Übeltäterin vor der Entschuldigung andere Voraussetzungen erfüllte wie zum Beispiel »Fragen stellen, damit er oder sie versteht, was ich meine« und »meine Gefühle und meinen Standpunkt verstehen«. Die vorauseilende Entschuldigung ist leider allzu verbreitet – im wahren Leben wie in der Popkultur. Zwei sehr unterschiedliche Fernsehväter versuchten auf diese Weise Verantwortung zu übernehmen – sowohl Tony Soprano als auch Homer Simpson wurde nach einem Entschuldigungsversuch gesagt, sie wüssten nicht einmal, wofür oder warum sie sich entschuldigten. Das Verstehen ist so wichtig, dass eine Entschuldigung, bei der man nicht weiß, warum oder wofür man sich entschuldigt, häufig nicht wirksamer ist als gar keine Entschuldigung.[5]

Eine gute Entschuldigung kann zu Versöhnung führen, aber sie ist meist nur der erste Schritt. Das ist wahrscheinlich der Grund, weshalb in so vielen Kulturen Gesten der Ausgangspunkt für eine Aussöhnung sind. Eine Geste, die für Verständnis und guten Willen steht, ist das überraschend häufig vorkommende Händeschütteln. Kann sich jemand entschuldigen und sind beide Parteien in der Lage, sich die Hände zu reichen – und es auch zu meinen –, dann sagt diese einfache Geste oft mehr als tausend Worte.

Händeschütteln ist eines unser gängigsten Rituale – kurz und dennoch psychologisch machtvoll –, es tritt auf in Bereichen vom Treffen der Schwiegereltern über das Beweisen von Sportsgeist in universitären Baseballspielen bis zum Beginn und Ende von Verhandlungen. Internationale Politik kann an Händeschütteldramen hängen, besonders an gelegentlichen Verletzungen der damit zusammenhängenden Etikette. 2005 beleidigte George W. Bush versehentlich slowakische Offizielle, weil er nicht seine Handschuhe auszog, bevor er ihnen die Hand reichte; Hassan Rohanis Weigerung 2013, Barack Obama die Hand zu geben, galt als »historisches Nichthändeschütteln«, das den »Verhandlungen irreparablen Schaden zufügte«.[6] Auf der anderen Seite wird ein erfolgreich absolviertes Protokoll des Händereichens oft als Beleg dafür gesehen, dass sich beide Seiten wohlgesonnen sind. 2014 trafen sich der japanische Premier, Shinzō Abe, und der chinesische Staatspräsident Xi Jinping nur zu einem einzigen Zweck: sich die Hände zu geben. In den Medien hieß es in diesem Zusammenhang, diese kleine Geste sei »von großer Bedeutung«.[7]

Wie konnte eine so unscheinbare Geste so wichtig werden? Wie Margaret Atwood es ausdrückte: »Berührung kommt vor Sehen, vor Sprechen. Berührung ist die erste Sprache und die letzte, und sie sagt immer die Wahrheit.«[8] Sich die Hände reichen ist etwas, was alle tun können, unter allen Umständen, solange sich zwei Menschen von Angesicht zu Angesicht gegenüberstehen. Der Ursprung der Geste ist unklar, die zwei gebräuchlichsten Erklärungen spiegeln jedoch diese Einfachheit und Parität wider: Entweder symbolisiert das Ergreifen der Hände einen bindenden Schwur oder, praktischer, durch das Händeschütteln werden verborgene Dolche aus dem Ärmel gerüttelt.[9]

Heute haben wir nicht mehr so viele Dolche im Ärmel. Warum geben wir uns also immer noch die Hände?

In einer engen Beziehung – wie in einer Familie oder Ehe – ist natürlicherweise ein gewisses Vertrauen vorhanden: Ich möchte deine Beweggründe verstehen und vertraue darauf, dass du meine ebenfalls verstehen möchtest. Bei Fremden ist das nicht immer selbstverständlich. Ein Händeschütteln zeigt uns jedoch, dass diese Leute, auch wenn wir sie nicht kennen, bereit sind, mit uns in Kontakt zu treten. Das kann die Anspannung so weit lösen, dass es die Aufnahme einer Beziehung ermöglicht.

Doch bevor Sie jetzt jeder Person, der sie begegnen, enthusiastisch die Hand schütteln, sollten Sie die Geste vielleicht mit einem Freund oder einer Freundin üben: An dem alten Mythos, ein fester Händedruck sei positiv zu bewerten, ist etwas dran. In einer Studie gaben sich Studierende vor einem gespielten Vorstellungsgespräch die Hand. Die Studierenden, deren Händedruck »lasch« war, zu lang oder zu kurz, wurden von ihrem Gegenüber negativer bewertet. Man glaubte sogar, sie seien schlechter für die Stelle qualifiziert.[10]

Sich die Hände zu geben, ist ein Miniritual, das wir durchführen, um Kontakt aufzunehmen. Darüber hinaus verwenden wir jedoch noch viele andere einfache Gesten, wenn wir Verständnis oder Versöhnung suchen, und alle haben ihre eigene Logik.

Nehmen Sie zum Beispiel die High-five-Geste. Sie kommt häufig vor, ist aber noch recht jung: 1977 wurde sie von dem Baseballspieler Dusty Baker erfunden, der, nachdem er einen Homerun erzielt hatte, einen Teamkollegen mit erhobener Hand sah und beschloss, einzuschlagen. Damals eine willkürliche Geste, die sich dann jedoch verbreitete und zu einem wichtigen Ritual wurde.[11]

Oder die einfache Umarmung. Umarmen wir einen Freund oder eine Freundin, laufen dabei bedeutsame, komplexe Dinge ab. Zuerst machen wir »geschmeidige, nachgiebige Bewegungen mit glatten Übergängen zwischen muskulärer Anspannung und Entspannung«; dauert die Umarmung jedoch zu lang, beenden wir sie rasch, indem wir einen Schritt zurücktreten oder uns gegenseitig auf den Rücken klopfen.[12]

Oder ein harmloser Spaziergang. Warum gehen Staatschefs und Staatschefinnen miteinander spazieren? Warum lustwandeln amerikanische Präsidenten mit den Parteiführern des Kongresses durch den Rosengarten? Schon das bloße Nebeneinanderhergehen kann den Austausch vereinfachen und Kooperation ermöglichen. Die Forschung zeigt, wenn Menschen Seite an Seite gehen, synchronisieren sie automatisch ihre Bewegungen und erleben eine »gemeinsame Aufmerksamkeit« (sie sehen dieselben Dinge), was ihnen helfen kann, die Perspektive der anderen Person zu verstehen.[13]

Entschuldigungen, Händeschütteln und High fives haben ihre Berechtigung. Manche Konflikte erfordern jedoch stärkere Maßnahmen. Versöhnungsrituale sind nicht nur für unsere Bemühungen, einander zu verstehen und übereinzukommen, zentral, sondern auch um verschiedene Gruppen zusammenzubringen. Wie überwindet man die Gräben zwischen Parteien mit vollkommen unterschiedlichen Perspektiven?

Wie man aus eins plus eins eins macht

Denken Sie an all die Insiderwitze, die sie und Ihre Freunde und Freundinnen haben, all die Kurzformen und Nonsenssätze, die nach und nach Bedeutung bekommen haben. Ein Blick oder eine gehobene Augenbraue kann Ihrer besten Freundin alles sagen. Wie lange hat es gedauert, dieses Maß an Verständnis zu erreichen? Wann hat sich der Übergang von der Freundschaft zu einer eigenen Minikultur ereignet?

Psychologie und Soziologie sind unendlich fasziniert davon, wie sich Gruppen bilden, wie Verbindungen entstehen und wie sie eigene Kulturen bilden – und was geschieht, wenn diese Kulturen aufeinanderprallen. In den frühen 2000ern erdachten die Forscher Roberto Weber und Colin Camerer ein cleveres Spiel, um diese Fragen zu erforschen. Das Experiment ähnelt Gesellschaftsspielen wie Celebrity, bei denen in jeder Runde strengere Regeln gelten und es immer lustiger wird, wenn beide Seiten sich Hinweiswörter und Gesten ausdenken, um die Promis aus Runde eins darzustellen.

Stellen Sie sich vor, Sie sind ein kleines Team aus nur zwei Personen. Sie repräsentieren das Management, ihr Spielpartner oder ihre Spielpartnerin hat die Angestelltenrolle. Sie bekommen beide sechzehn Bilder, auf jedem ist eine andere Büroszene abgebildet. Die sechzehn Bilder weisen Gemeinsamkeiten auf – Menschen, Möbel und Beigetöne –, aber es gibt auch Merkmale, in denen sie sich unterscheiden, etwa in Gender, ethnischer Zugehörigkeit und Kleidung der Personen sowie ihren Handlungen, zum Beispiel sich mit anderen sichtbaren Personen unterhalten, telefonieren oder am Computer arbeiten. Zu Spielbeginn bekommen Sie als Manager*in acht der Bilder in einer bestimmten Reihenfolge und sollen sie so beschreiben, dass ihr Angestellter oder ihre Angestellte erraten kann, welche Bilder vor Ihnen liegen und in welcher Reihenfolge. Sie sollen dieses Ratespiel zwanzig Runden lang spielen und erhalten eine Bezahlung, deren Höhe sich danach richtet, wie schnell Sie die Bilder identifizieren können.

Die Spielpaare entwickelten rasch einen idiosynkratischen Jargon, der es ihnen ermöglichte, immer schneller zu werden. In der ersten Runde beschrieb ein Spielpaar ein Bild beispielsweise mit den Worten: »Drei Leute: zwei Männer und eine Frau. Die Frau sitzt links. Sie schauen alle auf zwei Computer, auf denen PowerPoint-Grafiken oder Diagramme zu sehen sind. Die beiden Männer tragen Krawatte, und die Frau hat kurze blonde Haare. Ein Typ zeigt auf eines der Diagramme.«

Nach einigen Runden bezog sich das Paar kurz und bündig mit dem Wort »PowerPoint« auf das Bild.

Dann wartete eine Überraschung auf die Paare: Ihr Zwei-Personen-»Unternehmen« wurde mit einem anderen zusammengelegt, und das Spiel ging mit diesen neuen Partner*innen in weitere Runden. Nun hatten sie ein Problem. Genau wie das Paar, das seine verbalen Hinweise effizient auf das Wort »PowerPoint« reduziert hatte, um ein bestimmtes Bild zu beschreiben, hatten die anderen Spielpaare dasselbe Bild ebenso knapp beschrieben, aber mit anderen Worten. Ein Paar sagte »sitzende, lächelnde Frau« und ein anderes »vorgebeugter Typ«. Die vergrößerten Unternehmen mussten eine neue, gemeinsame Sprache finden.

Was geschah nach der Fusion? Die Idiosynkrasien – die gemeinsame Sprache des jeweiligen Teams – hatten sie im ersten Teil des Spiels extrem effizient werden lassen. Neue Teammitglieder mit anderen Sprachen verlangsamten die neuen Unternehmen in der zweiten Hälfte. Stellen Sie sich die Frustration der Person in der Managerrolle vor, die immer wieder »PowerPoint!« ruft, während die neuen Angestellten ratlos vor ihnen sitzen und überlegen, welches Bild wohl gemeint sein könnte. Die Neuen haben nichts falsch gemacht, aber dass sie die idiosynkratische Sprache (und Kultur) der anderen Firma nicht verstehen, macht die Person in der Chefrolle dennoch wütend. Angestellte, die bei dem »Zusammenschluss« übernommen wurden, bewerteten die neue Managementperson negativer als die alte und gaben an, sie kommuniziere schlecht.[14]

Was fehlte, war das Gefühl von gemeinsamer Identität und Einvernehmen in der Gruppe. Sich verstanden zu fühlen, ist verbunden mit emotionalem und sogar körperlichem Wohlbefinden. In einer Studie beantworteten Menschen Fragen zu ihrem Tag, darunter »Wie zufrieden sind Sie heute mit Ihrem Leben?« und »Wie sehr fühlten Sie sich heute im Austausch mit anderen verstanden?«. Diejenigen, die sich besser verstanden fühlten, waren zufriedener – und berichteten sogar von weniger negativen physischen Symptomen wie Kopfschmerzen, Magenschmerzen oder Schwindel.[15]

Die Studie bildete in einem Mikrokosmos ab, warum so leicht Konflikte auftreten, wenn wir unterschiedliche Kulturen zusammenbringen. Werden zwei Unternehmen zusammengelegt, werden zwei Familien zu einer, treffen verschiedene Freundeskreise aufeinander, bringen beide Seiten jeweils ihre eigenen Insiderwitze, Erinnerungen und Rituale mit. Das kann zu Zusammenstößen führen. Wie machen wir aus Zweien eins?

Die Forscherinnen Dawn Braithwaite, Leslie Baxter und Anneliese Harper wollten diese Frage beantworten und richteten dabei den Fokus insbesondere auf Patchworkfamilien. In dem Versuch, zwei Familien zusammenzuwürfeln, möchten Eltern häufig etwas Neues aufbauen, die Kinder aber wollen tendenziell die Traditionen ihrer Ursprungsfamilie beibehalten. Um zu verstehen, was funktioniert und was nicht, fragten Braithwaite, Baxter und Harper zwanzig Stiefelternteile und dreiunddreißig Stiefkinder, wie sie mit der Spannung umgingen, die bei der Vereinigung von Altem und Neuem entsteht. Das kann ziemlich schlecht laufen, wie es diese Stieftochter aus der Studie erlebt hat:

In meiner ursprünglichen Familie sind wir jeden Samstagabend in dasselbe Restaurant gegangen. Es ist das Lieblingsrestaurant meiner Mutter. Wir hatten jeden Samstagabend denselben Tisch, denselben Kellner. Als mein Vater wieder geheiratet hat, haben wir es dann wieder gemacht. Wir sind eine Weile in dasselbe Restaurant gegangen, bis ich eines Tages rief: »Das ist Mums Lieblingsrestaurant!« Meine Stiefmutter meinte: »Gut, wir kommen nicht mehr hierher.« Also sind wir von da an in ein anderes Restaurant gegangen. Ich erinnere mich nicht mal mehr an den Namen. Es war furchtbar.

Feiertage und Feste können eine Schlacht um Loyalitäten werden: Entweder bist du für mich (und *meine* Rituale) oder gegen mich (und für *deren* Rituale). Ein tatsächlicher Zusammenschluss zweier Familien – zwei Familien kommen zusammen, behalten aber individuelle Elemente bei – ist erfolgreicher als eine feindliche Übernahme.

Ein kluger Schachzug ist es, existierende Rituale anzuerkennen. Ein Stiefvater aus derselben Studie war bereit, ein Ritual der Familie seiner neuen Frau zu übernehmen, kommentierte es aber mit den Worten: »An Silvester muss es bei ihnen Schweinefleisch mit Sauerkraut geben, und das Sauerkraut ist roh. Ich kann es nicht leiden. Ich hasse es! Aber ich tue es trotzdem.« Trotz seiner Abneigung macht er mit, denn »es erzeugt ein Zusammengehörigkeitsgefühl, eine Verbindung«. Andere sorgen dafür, dass neue Familienmitglieder in bestehende Rituale eingebunden werden, wie der Stiefvater, der individuelle Weihnachtsgeschenke für seine Stieftochter aussucht, genau wie er es für seinen Sohn tat. Ihr Kommentar dazu: »Es fühlt sich an, als wäre ich seine Tochter … Ich bin nicht bloß seine Stieftochter, sondern genau wie sein Sohn.«

Viele Familien entschieden sich für eine dritte Strategie des Zusammenlegens: Sie erschufen gemeinsam neue Rituale. Der beste Ansatz ist oft, *ein paar* Elemente der alten zu bewahren, als Anerkennung der wichtigen Rolle der vergangenen Rituale, das neue Ritual aber einzigartig genug zu gestalten, dass es sich anfühlt, als gehörte es ausschließlich der neuen Familie. Zum Beispiel erzählte eine Stiefmutter in der Studie, dass ihre Patchworkfamilie jedes Jahr ihre eigene Weihnachtsdekoration bastele. Jedes neue Ornament markiert die Jahre zusammen als (neue) Familie:

> Es ist eine Zeit von Kameradschaft und Teamwork, und wir denken dabei zurück an frühere Feiertage, an Weihnachten und Ferien, die wir miteinander verbracht haben. Und wenn wir fertig sind, sind wir immer erstaunt: »Wow, das haben wir gemacht – und es sieht toll aus!« Ja, und alle haben ihren Beitrag geleistet.

Lassen Eltern sich scheiden und heiraten wieder, können Kinder sich unter Druck fühlen, sich für eine Familie zu entscheiden. Das verstärkt ihre Schwierigkeiten, die Trennung zu verarbeiten. Bekommen die Rituale der Kinder aus ihrer Ursprungsfamilie jedoch Raum, lassen die Stiefeltern die Kinder an bestehenden Ritualen teilhaben, oder entwickelt die neue Familie neue Rituale, die sich anfühlen wie gemeinsame und speziell zu dieser Familie gehörige, nehmen sie den Kindern damit einen Teil der emotionalen Arbeit ab. Rituale zementieren die Verbindungen innerhalb der neuen Familie, sie gehören allen Mitgliedern und lassen sie zu einer neuen Einheit werden.[16]

Dieselbe Strategie, die Menschen verwenden, wenn sie eine neue Familie aus zwei alten schaffen, ist auch ein bewährtes Verfahren bei der Fusion von Unternehmen. Die erfolgreichsten kommen zustande, wenn Unternehmen Rituale nutzen, um etwas von dem Alten zu erhalten, etwas loszulassen und neue gemeinsame Maßstäbe schaffen, die einzigartig für die neue Organisation sind.

In einer Studie wurden fünfzig Unternehmenszusammenschlüsse von Firmen aus den USA und Schweden untersucht.

Die Effektivität jeder Fusion wurde auf einer Skala bewertet, die von »erfolgreiche Verschmelzung« bis »sehr geringe Anpassung« – beschrieben als anhaltend starke kulturelle Konflikte und so gut wie keine gemeinsame Organisationskultur – reichte. Was war der Unterschied zwischen den Gewinnern und Verlierern? Die Forschenden hielten fest, dass »fast nur eines zählt: die betroffenen Angestellten in Kennenlernaktionen wie Vorstellungsprogrammen, Trainings, gegenseitigen Besuchen, Teilnahmen an Retreats, Feiern und andere Ritualen zum Knüpfen von Kontakten zu involvieren«. Ganz recht, es ist wichtig, Rituale zu nutzen, um beide Parteien ins Boot zu holen. Damit und indem die Angestellten bei diesen Ritualen im Vordergrund standen, wurde eine Übereinstimmung geschaffen, die von unten nach oben wirkte. Die positiven Effekte von Ritualen galten für die unterschiedlichsten Zusammenschlüsse – für amerikanische genauso wie für schwedische, für kleinere wie für größere Firmen. Bemerkenswerterweise waren von den Angestellten selbst geschaffene Rituale wichtiger als »offizielle« Aktivitäten im Zusammenhang mit den Fusionen, etwa die Einführung von Übergangsteams oder Personalrotation.[17]

Der Führungskräftecoach Brian Gorman beschreibt eine Fusion, bei der beispielhaft der Zusammenschluss im Gegensatz zur Übernahme betont wurde – und zwar indem man Altes und Neues erfolgreich kombinierte. Die Angestellten wurden gebeten, auf Zettel zu schreiben, was sie nach der Fusion loslassen und was sie in das neue Unternehmen mitnehmen wollten. Dann warfen sie die Zettel mit dem, was sie loslassen wollten, ins Feuer. Ein paar Tage später kam die neue Firma zusammen, um sich über ihre neue Identität zu verständigen. Die Angestellten wurden ermuntert vorzulesen, was sie beibehalten wollten. Danach wurden die Zettel an einer Wand befestigt. So wurde auf einen Schlag eine neue gemeinsame Identität geschaffen.

War das bloß eine schlaue Idee, oder hat es tatsächlich funktioniert? Die Antwort zeigt sich darin, was die Angestellten anschließend taten: Bei der Versammlung wurden Fotos von der Zettelwand gemacht, die ihnen im Nachhinein zur Verfügung gestellt wurden. Noch Jahre später hatten einige von ihnen diese Fotos als Bildschirmhintergrund.[18]

Der Heilungsprozess

Werden zwei Familien oder Unternehmen zusammengeführt, kann das am Anfang wie ein Pulverfass wirken, an das bloß noch niemand ein Streichholz gehalten hat. Was jedoch tun wir, wenn das Feuer entzündet wurde, der Brand gelodert hat und nun dichter Rauch in der Luft hängt? Wie überwinden wir Konflikte, bei denen nichts als verbrannte Erde zurückgeblieben ist? Eine Ehe, die in Scherben liegt, ein Familienstreit, der seit Jahrzehnten wütet, oder sogar jahrhundertealtes über Kontinente und Kulturen hinweg begangenes Unrecht?

1910 verübte Eric Mjöberg ein schreckliches Verbrechen. Der in Australien lebende Schwede floh mit einem Schatz, den er auf Aborigineland gestohlen hatte, zurück in sein Heimatland. Es war kein Kunstwerk oder Edelmetall, mit dem er sich davonmachte – viel schlimmer. Mjöberg nahm fünfzehn Schädel und andere Skelettteile mit, die bald in der Sammlung des Ethnografischen Museums in Stockholm landen sollten. Dieses Verbrechen blieb fast ein Jahrhundert ungesühnt, 2004 jedoch reagierte das Museum endlich auf den Ruf nach Gerechtigkeit. Die Rückgabe der gestohlenen Schädel war längst überfällig, und es war höchste Zeit, sich dem angerichteten kulturellen Schaden zu stellen.

Die Rückführung konnte kein heimlicher Austausch sein, und es gab keinen einfachen Weg, die Heilung der Wunde einzuleiten. Wie auch? Mitglieder der australischen Aboriginedelegation und die Museumsangestellten erdachten gemeinsam ein Ritual für diesen wichtigen Anlass, eines, mit dem das Heimkommen gefeiert wurde und das der schwedischen Seite das Ausmaß des Verlustes vor Augen führe, den einer der ihren verursacht hatte. Die Zeremonie – die bei australischen Aborigines üblicherweise der spirituellen Reinigung dient – war das Ergebnis gemeinsamer Anstrengungen und sollte, im Gegensatz zu dem ursprünglichen Verbrechen, eine Brücke zwischen beiden Kulturen schlagen. Eine Person, die dabei war, beschrieb es so:

> Bald erhob sich duftender weißer Rauch vor dem Grün: In diesem Moment fühlte es sich bedeutungsvoll an, dass es der Rauch von Pflanzen verschiedener Landschaften war. Eine besondere Art grüner Zweige – jemand sagte etwas von »Kirsche« – war im Flugzeug aus Australien mitgebracht worden. Andere Zweige stammten von einer der Stockholmer Halbinseln. Der weißbärtige Anführer der Delegation australischer Aborigines sagte wenige, aber freundliche Worte darüber, wie befriedigend es sich anfühle, die Ahnen wieder mit nach Hause zu nehmen, wohin sie wirklich gehören. Ein Mann begann Didgeridoo zu spielen. Dann war es Zeit, durch den Rauch zu gehen.

Für die Aboriginedelegation war es von großer Bedeutung, ihre Identität vollständig zu repräsentieren und dass ihre schwedischen Gegenüber sowohl verstanden, was diese Identität ausmachte, als auch welches Unrecht in der Vergangenheit begangen wurde, indem diese ignoriert worden war. Um die Schwere des Verbrechens anzuerkennen, war eine weitere wichtige Person anwesend: Lotte Mjöberg, eine Verwandte von Eric Mjöberg. Lotte war es, die die Deckel auf die Transportkisten schraubte und damit die Taten ihres Vorfahren rückgängig machte, soweit das möglich war. Das Vergehen war so schwerwiegend, dass es mit diesem rituellen Element physisch ungeschehen gemacht werden musste, damit es psychologisch ungeschehen gemacht werden konnte.[19]

Dass die australischen Aborigines die schwedische Seite in ein Ritual einbezogen, das auf ihre eigene Tradition zurückging und dann so modifiziert wurde, dass es schwedische Elemente enthielt, mag überraschen. Es ist jedoch ein roter Faden bei heilenden Ritualen, die viele Gemeinsamkeiten mit Ritualen haben, die Familien oder Unternehmen zusammenzubringen sollen. Das Ziel ist, allen Betroffenen zu ermöglichen, sich zu beteiligen und gemeinsam mitzumachen; dass die Verantwortung für das ursprünglich begangene Verbrechen übernommen wird, ist essenziell; aber die Barriere niederzureißen, die zwischen den beiden Parteien liegt, damit Versöhnung stattfinden kann, ist ebenso wichtig.

Denken Sie zurück an die Post-Apartheid-Rituale in Südafrika: Sie erforderten Wahrheit und Klarheit, aber auch die Schöpfung eines neuen Rituals, das eine neue Nation gemeinsam vollziehen konnte, sodass eine Zukunft möglich wurde, in der die großen Verletzungen der Vergangenheit überwunden sein würden.

In all diesen Zusammenhängen können wir nicht heilen oder uns als Gemeinschaft mit einer anderen Gruppe sehen, wenn wir nicht das Gefühl haben, dass die andere Seite uns versteht. In einer Umfrage, in der über fünftausend Schotten und Schottinnen zu Schottlands Unabhängigkeit befragt wurden, hing ihre Antwort davon ab, ob sie glaubten, die Engländer würden die schottischen Ansichten und Werte verstehen. Das Kriterium, ob die Menschen Teil Großbritanniens bleiben wollten oder nicht, war nicht so sehr, wie sehr sie die Engländer mochten, sondern wie sehr sie glaubten, dass diese sie verstünden. Fühlten sie sich verstanden, war die Wahrscheinlichkeit höher, dass sie versuchen wollten, dafür zu sorgen, dass das Bündnis funktionierte – dass sie in der britischen Nation bleiben wollten.[20]

Bei Ritualen, die einen Bruch zwischen Gruppen reparieren sollen, geht es oft darum, eine gemeinsame Identität zu bilden. Sie erreichen das jedoch, indem zunächst die individuellen Identitäten der beteiligten Gruppen anerkannt werden. William Ury, der Autor von *Die Harvard-Methode* und Verhandlungsexperte, der bei mehreren Mediationen zwischen Israel und Palästina dabei war, ist der Ansicht, dass dieser individuelle Respekt bei den herausforderndsten Verhandlungen häufig fehlt, obwohl es in seinem Bestseller heißt: »Kaum ein Zugeständnis kostet Sie weniger, als die anderen wissen zu lassen, dass man ihnen zuhört.«[21]

Rituale bieten uns eine Reihe von Handlungen, die wir alle zusammen durchführen können, um diesen Respekt und dieses Verständnis zu zeigen und einen Neustart zu markieren. Das gilt für Nationen und große Organisationen, ist aber ebenso wichtig für die Heilung lang bestehender Zerwürfnisse an der Heimatfront.

Tom und Sagan Lewis waren seit zweiundzwanzig Jahren geschieden, als sie exakt fünfundzwanzig Jahre und einen Tag nach ihrer ersten Hochzeit erneut heirateten. (Sie waren allgemein Fans von Ritualen: Als sie sich 1993 scheiden ließen, feierten sie eine Party zu ihrem letzten Jahrestag und sagten ihren Gästen: »Wenn ihr uns unbedingt Geschenke machen wollt, müsst ihr zwei mitbringen.«) Es kommt selten vor, dass ein Paar zweimal heiratet, und wenn, dann geschieht das der Ehetherapeutin

Michele Weiner-Davis zufolge, weil beide »die Beziehung mit einer neuen Reife und Bereitschaft angehen herauszufinden, wie sie beim ersten Versuch scheitern konnte … Sie sind viel stärker bereit, sich anzuschauen, was sie jeweils anders machen können, damit sie nicht wieder in derselben Lage enden.« Tom und Sagan hatten einander in den zwei Jahrzehnten ihrer Scheidung vermisst, aber ihre erneute Heirat war nur möglich, weil sie einräumten, dass sie in ihrer ersten Ehe zu sehr auf Konflikte statt auf Zusammenarbeit fokussiert gewesen waren. Sie mussten beide verstehen, was sie zurückgehalten hatte und was sie leisten mussten, damit »glücklich bis an ihr Lebensende« diesmal gelang. In ihrer (zweiten) Hochzeitseinladung stellen sie jedenfalls übereinstimmend fest: »Nach 22 Jahren ist deutlich geworden, dass die Scheidung nicht funktioniert hat.«[22]

—

Wir können Rituale nutzen, um uns miteinander zu verbinden und unseren gemeinsamen Unternehmungen einen Sinn zu verleihen. Wir können Rituale aber auch einsetzen, um zu spalten und Misstrauen gegenüber jenen zu säen, deren Rituale sich von unseren unterscheiden. Glücklicherweise können Rituale, wenn sich der Staub gelegt hat, wiederum bei der Versöhnung helfen. Sie fördern Verständnis – oft indem sie es zum Teil des Rituals selbst machen, indem sie den Beteiligten die Gelegenheit geben, ihre Perspektive darzulegen und die andere Seite anzuhören. Bei unseren (zweiten) Ehen, unseren (Patchwork-)Familien, bei unseren Fusionen und Übernahmen, bei Nationen, die sich nach Frieden sehnen, können Rituale der Versöhnung helfen, ein neues Kapitel zu beginnen.

Nachwort

Ein Leben voller Rituale

Es ist Montagmorgen. Vor Sonnenaufgang beginnt Flannery O'Connor ihren Tag mit dem Morgengebet und einer Thermoskanne Kaffee, und Maya Angelou öffnet die Tür zu ihrem Motelzimmer, von dessen Wänden die Kunstwerke abgehängt wurden. Eine weitere Frau, die auf der anderen Seite des Landes lebt, lässt ihr Smartphone unbeachtet neben dem Bett liegen, zieht erst einmal die Vorhänge auf, atmet tief durch und begrüßt den Tag. Zur selben Zeit betritt ein Mann das Bad und dreht den Wasserhahn auf die kälteste Stufe. Dreimal schaufelt er sich eiskaltes Wasser ins Gesicht – immer drei Handvoll – und beginnt den Tag mit einem belebenden Schock.

Gegen 9 Uhr, nachdem Victor Hugo sich nackt ausgezogen und seinen Diener angewiesen hat, die Kleidung zu verstecken, bis er sein tägliches Schreibziel erreicht habe, trifft sich eine Marketingchefin mit ihrem Team zum Montagmorgenmeeting, bei dem jedes Teammitglied von einem Highlight seines Wochenendes berichtet. Sie nippt an ihrem zweiten Kaffee – diese zweite Tasse trinkt sie immer im Büro, wo sie den Kinderbecher ihrer Mutter in der Schreibtischschublade aufbewahrt. Sie genießt den Kaffeeduft und fährt mit dem Finger über die Keramikkanten, eine Geste, die sie jedes Mal an die Hände ihrer Mutter denken lässt.

Genau um 15:30 Uhr, dem Augenblick, in dem Immanuel Kant zu seiner nachmittäglichen Runde aus der Tür tritt, den

Spazierstock in der Hand, bereitet sich ein Fondsmanager möglicherweise auf die wichtigste Präsentation des Geschäftsjahres vor. Er huscht in sein Büro und macht die übliche Folge von Sonnengrüßen, die ihm helfen, sich selbstbewusster und entspannter zu fühlen. Er verlässt das Büro – immer mit dem rechten Fuß voraus – und klopft dreimal auf das Schild über seiner Tür, das soll ihm Glück bringen. Dann ist es an der Zeit, den Konferenzraum zu betreten, in dem schon die Kolleg*innen und Klient*innen warten.

Am Ende des Arbeitstages, ungefähr dann, wenn Agatha Christie in die Badewanne steigt und einen Apfel isst, kommt die Lehrerin einer dritten Klasse nach Hause, streift sich die Arbeitskleidung ab und wäscht den Stress des Tages mit einer langen Dusche ab. Sie stellt sich vor, wie die Sorgen um einen schwierigen Schüler von ihrem Körper gespült werden und im Abfluss verschwinden. Beim Abendessen leitet ihr Sohn die Familie durch die »Rose, Dorn und Knospe«-Reflektionsübung, bei der alle eine gute und eine schlechte Sache von ihrem Tag erzählen sowie von etwas am nächsten Tag, auf das sie sich freuen. Sie atmet tief durch und sagt ihrer Familie, ihre Rose sei die Dankbarkeit, die sie für die einfache Freude des gemeinsamen Abendessens empfinde.

Unser Montag neigt sich dem Ende zu. Charles Dickens holt seinen Kompass hervor, um sicherzugehen, dass das Bett nach Norden ausgerichtet ist. Eine junge Mutter bringt ihr Kind mit den immer selben zwei Büchern und vier Liedern ins Bett, während eine Großmutter am anderen Ende der Welt eine Kerze anzündet und einen Dank für ihre gute Gesundheit spricht. Ein Teenager, erschöpft nach einem Fußballspiel, schafft es gerade noch, seinen Pyjama in einer Reihenfolge anzuziehen, die ihm ein Gefühl von Behaglichkeit und Ruhe gibt – als Erstes das Oberteil, dann die Hose, in die er zuerst mit dem linken, dann mit dem rechten Fuß steigt. Überall auf der Welt ist es an der Zeit, den Tag auf eine Weise zu beenden, die sich »genau richtig« anfühlt.

Diese einfachen Handlungen verändern vielleicht nicht die Welt um uns herum, aber sie beeinflussen uns – uns alle – im Inneren. Ob sie uns vermitteln, die Dinge im Griff zu haben, unsere Identität und Zugehörigkeit bestätigen oder uns ein stärkeres Gefühl von Sinn bescheren – Rituale sind eins der großartigsten Werkzeuge der Menschheit, um im richtigen Augenblick für den passenden emotionalen oder psychologischen Effekt zu sorgen. Rituale sind überall und verleihen unseren alltäglichen Handlungen eine besondere Kraft. Alle von uns führen ein Leben voller Rituale.

Ob wir uns von den Großen der Welt inspirieren lassen, von Menschen aus der Wissenschaft, der Kunst und dem Sport, und individuelle Rituale vor einem wichtigen Ereignis vollziehen, unsere Verbindungen und unser Engagement aufrechterhalten – bei der Arbeit und zu Hause – oder Wege suchen, um mit einem Verlust zurechtzukommen: Rituale, diese merkwürdigen Muster wiederholter Verhaltensweisen, existieren, weil wir Menschen uns seit jeher auf sie verlassen haben. Sie sind immer und jederzeit verfügbar – mit ein wenig Aufwand und, noch besser, einem Hauch Individualismus können wir ihre unverfälschte Magie heraufbeschwören.

Das ist die große Chance für Rituale im 21. Jahrhundert. Sie bieten uns eine Möglichkeit, unserem Leben ein gewisses Extra hinzuzufügen. Experimentieren Sie. An jedem Tag unseres Lebens können wir gewöhnliche Handlungen in außergewöhnliche verwandeln. Was haben Sie heute getan, um ein kleines bisschen mehr zu lieben, wertzuschätzen, zu lachen, zu trauern, zu genießen, zu *erleben*? Und was können Sie morgen tun?

Dank

Folgenden wunderbaren Menschen möchte ich meinen Dank aussprechen:

Meinen vielen, vielen Mitarbeitenden bei unserer Forschung zu Ritualen. Es ist ein ungewöhnliches Thema, und ich danke jedem und jeder von euch, dass ihr bereit wart, es in euren Lebenslauf aufzunehmen.

Meinen Agentinnen Alison MacKeen und Celeste Fine – nur weil ihr an die Ideen in diesem Buch geglaubt habt, habe ich es überhaupt geschrieben.

Meinem Lektor Rick Horgan und meiner Lektorin Nan Graham, durch die das Buch interessanter und nützlicher für die Lesenden geworden ist.

Alison MacKeen, Campbell Schnebly, Jon Cox und Ann Marie Healy – den Menschen, die geholfen haben, die Ideen in diesem Buch zu formen und zu begleiten (in der Reihenfolge ihres intellektuellen Auftretens).

Norma Hellstein für exzellentes Korrekturlesen und Katie Boland dafür, dass sie die Anmerkungen so professionell ergänzt hat. Corey Powell und Peter Guzzardi für ihr hilfreiches Feedback in Bezug auf die Struktur des Buchs und Chris McGrory für seine Unterstützung dabei, geeignete Beispiele zu finden.

Den Studierenden in den drei Erstsemesterseminaren, die ich in Harvard gegeben habe, für unsere zahlreichen spannenden Diskussionen darüber, wie Rituale in unserem Leben auftreten (und ohne die es hier keine einzige Referenz zu einem kulturellen Ereignis aus diesem Jahrhundert gäbe).

Und vor allem meiner Mutter, meinem Vater, meinen Geschwistern und der gesamten erweiterten irisch-katholischen Familie für die Rituale, die ihr mir geschenkt habt, sowie Deals und Tootch für die Rituale, die wir zusammen erschaffen haben.

Anmerkungen

Vorwort: Wiederverzauberung

1 Howard Thompson, »Quiet Murders Suit Miss Christie; Visiting Writer Still Prefers to Keep Crime in Family«, *New York Times*, 27. Oktober 1966, www.nytimes.com/1966/10/27/archives/quiet-murders-suit-miss-christie-visiting-writer-still-prefers-to.html. James Surowiecki, »Later«, *New Yorker*, 4. Oktober 2010, www.newyorker.com/magazine/2010/10/11/later; Mason Currey, *Daily Rituals: How Artists Work* (New York: Alfred A. Knopf, 2013).

2 Emmie Martin, »14 Bizarre Sleeping Habits of Super-Successful People«, *Independent*, 26. April 2016, www.independent.co.uk/news/people/14-bizarre-sleeping-habits-of-super-successful-people-a7002076.html.

3 David Sanderson, »Keith Richards Finds Satisfaction in Pre-concert Shepherd's Pie«, *Times*, 8. Juni 2018, www.thetimes.co.uk/article/stones-find-satisfaction-in-pre-concert-shepherds-pie-qn8oglfmh.

4 »Chris Martin Gig Ritual«, *Clash Magazine*, 10. März 2009, www.clashmusic.com/news/chris-martin-gig-ritual/.

5 Nanny Froman, »Marie and Pierre Curie and the Discovery of Polonium and Radium«, Nobel Prize, www.nobelprize.org/prizes/themes/marie-and-pierre-curie-and-the-discovery-of-polonium-and-radium/.

6 Julie Hirschfeld Davis, »Obama's Election Day Ritual: Dribbling and Jump Shots«, *New York Times*, 8. November 2016, www.nytimes.com/2016/11/09/us/politics/obama-election-day.html.

Kapitel 1: Was sind Rituale?

1 *Arrested Development*, Staffel 2, Folge 13.

2 Charles Taylor, *Ein säkuläres Zeitalter* (Berlin: DeGruyter, 2019).

3 Reem Nadeem, »How U.S. Religious Composition Has Changed in Recent Decades«, Pew Research Center's Religion & Public Life Project, 13. September 2022, www.pewresearch.org/religion/2022/09/13/how-u-s-religious-composition-has-changed-in-recent-decades/.

4 Jeffrey M. Jones, »Confidence in U.S. Institutions Down; Average at New Low«, Gallup, 5. Juli 2022, https://news.gallup.com/poll/394283/confidence-institutions-down-average-new-low.aspx.

5 Max Weber, Gesamtausgabe, Bd. 17, »Politik als Beruf« (Tübingen: J. C. B. Mohr (Paul Siebeck), 1992).

6 Jeffrey M. Jones, »Belief in God in U.S. Drops to 81 %, a New Low«, Gallup, 17. Juli 2022, https://news.gallup.com/poll/393737/belief-god-dips-new-low.aspx.

7 »Religiously Unaffiliated«, Pew Research Center, 18. Dezember 2012, www.pewforum.org/2012/12/18/global-religious-landscape-unaffiliated/.

8 Penelope Green, »How Much Hip Can the Desert Absorb?«, *New York Times*, 12. April 2019, www.nytimes.com/2019/04/12/style/coachella-desert-hipsters-salton-sea.html.

9 Melissa Fiorenza, »Project: Hell Week—Preview & Expert Tips«, Orangetheory Fitness, www.orangetheory.com/en-us/articles/project-hell-week.

10 Julie Hirschfeld Davis, »A Beat and a Bike: The First Lady's Candlelit Habit«, *New York Times*, 10. January 2016, www.nytimes.com/2016/01/11/us/politics/a-beat-and-a-bike-michelle-obamas-candlelit-habit.html.

11 Rachel Strugatz, »How SoulCycle Got Stuck Spinning Its Wheels«, *New York Times*, 27. Mai 2020, www.nytimes.com/2020/05/19/style/soulcycle-peloton-home-exercise-bikes-coronavirus.html.

12 Mark Oppenheimer, »When Some Turn to Church, Others Go to CrossFit«, *New York Times*, 27. November 2015, www.nytimes.com/2015/11/28/us/some-turn-to-church-others-to-crossfit.html.

13 Anand Giridharadas, »Exploring New York, Unplugged and on Foot«, *New York Times*, 24. Januar 2013, www.nytimes.com/2013/01/25/nyregion/exploring-red-hook-brooklyn-unplugged-and-with-friends.html; Kostadin Kushlev, Ryan Dwyer und Elizabeth Dunn, »The Social Price of Constant Connectivity: Smartphones Impose Subtle Costs on Well-Being«, *Current Directions in Psychological Science* 28, Nr. 4 (2019): 347–352.

14 Alex Vadukul, »›Luddite‹ Teens Don't Want Your Likes«, *New York Times*, 15. Dezember 2022, www.nytimes.com/2022/12/15/style/teens-social-media.html.

15 https://seattleatheist.church/.

16 Nellie Bowles, »God Is Dead. So Is the Office. These People Want to Save Both«, *New York Times*, 28. August 2020, www.nytimes.com/2020/08/28/business/remote-work-spiritual-consultants.html.

17 Elizabeth Dunn und Michael I. Norton, *Happy Money: So verwandeln Sie Geld in Glück* (Kulmbach: Book4Success, 2014).

18 Michael I. Norton und George R. Goethals, »Spin (and Pitch) Doctors: Campaign Strategies in Televised Political Debates«, *Political Behavior* 26, Nr. 3 (2004): 227–248.

19 Malia F. Mason et al., »Wandering Minds: The Default Network and Stimulus-Independent Thought«, *Science* 315, Nr. 5810 (2007): 393 –395.

20 Sheryl Gay Stolberg, Benjamin Mueller und Carl Zimmer, »The Origins of the COVID Pandemic: What We Know and Don't Know«, *New York Times*, 17. März 2023, www.nytimes.com/article/covid-origin-lab-leak-china.html.

21 Lisa Guernsey, »M.I.T. Media Lab at 15: Big Ideas, Big Money«, *New York Times*, 9. November 2000, www.nytimes.com/2000/11/09/technology/mit-media-lab-at-15-big-ideas-big-money.html.

22 Ann Swidler, *Talk of Love: How Culture Matters* (Chicago: University of Chicago Press, 2013).

23 Lynn Hirschberg, »Strange Love: The Story of Kurt Cobain and Courtney Love«, *Vanity Fair*, 1. September 1992, www.vanityfair.com/hollywood/2016/03/love-story-of-kurt-cobain-courtney-love.

24 Nicholas M. Hobson et al., »When Novel Rituals Lead to Intergroup Bias: Evidence from Economic Games and Neurophysiology«, *Psychological Science* 28, Nr. 6 (2017): 733–750.

25 B. F. Skinner, »Operant Behavior«, *American Psychologist* 18, Nr. 8 (1963): 503.

26 Charles Duhigg, *Die Macht der Gewohnheit: Warum wir tun, was wir tun* (München/Zürich: Piper, 2014).

27 Richard H. Thaler und Cass R. Sunstein, *Nudge: Wie man kluge Entscheidungen anstößt* (Berlin: Ullstein, 2011).

28 Tom Ellison, »I've Optimized My Health to Make My Life as Long and Unpleasant as Possible«, *McSweeney's*, 3. März 2023, www.mcsweeneys.net/articles/ive-optimized-my-health-to-make-my-life-as-long-and-unpleasant-as-possible.

29 Aaron C. Weidman und Ethan Kross, »Examining Emotional Tool Use in Daily Life«, *Journal of Personality and Social Psychology* 120, Nr. 5 (2021): 1344.

30 Jordi Quoidbach et al., »Emodiversity and the Emotional Ecosystem«, *Journal of Experimental Psychology: General* 143, Nr. 6 (2014): 2057.

31 »Pablo Picasso's Blue Period—1901 to 1904«, www.pablopicasso.org/blue-period.jsp.

32 Nicole Laporte, »How Hollywood Is Embracing the World's Blackest Black Paint«, *Fast Company*, 21. September 2021, www.fastcompany.com/90677635/blackest-black-vantablack-hollywood.

33 Paul Ekman, »Basic Emotions«, *Handbook of Cognition and Emotion* 98, Nr. 45–60 (1999): 16.

34 Alan S. Cowen und Dacher Keltner, »Self-Report Captures 27 Distinct Categories of Emotion Bridged by Continuous Gradients«, *Proceedings of the National Academy of Sciences* 114, Nr. 38 (2017): E7900–E7909; Carroll E. Izard, *Die Emotionen des Menschen* (Weinheim: Beltz, 1994).

35 Ximena Garcia-Rada, Övül Sezer und Michael I. Norton, »Rituals and Nuptials: The Emotional and Relational Consequences of Relationship Rituals«, *Journal of the Association for Consumer Research* 4, Nr. 2 (2019): 185–197; Övül Sezer et al., »Family Rituals Improve the Holidays«, *Journal of the Association for Consumer Research* 1, Nr. 4 (2016): 509–526; Tami Kim et al., »Work Group Rituals Enhance the Meaning of Work«, *Organizational Behavior and Human Decision Processes* 165 (2021): 197–212; Benjamin A. Rogers et al., »After-Work Rituals and Well-Being«, Arbeitspapier.

36 Somini Sengupta, »To Celebrate Diwali Is to Celebrate the Light«, *New York Times*, 14. November 2020, www.nytimes.com/2020/11/14/us/diwali-celebration.html.

37 Oscar Lopez, »What Is the Day of the Dead, the Mexican Holiday?«, *New York Times*, 27. Oktober 2022, www.nytimes.com/article/day-of-thedead-mexico.html.

38 Elizabeth Dias, »›This Is What We Do‹: The Power of Passover and Tradition across Generations«, *New York Times*, 9. April 2020, www.nytimes.com/2020/04/08/us/passover-seder-plagues-coronavirus.html.

39 Andrew D. Brown, »Identity Work and Organizational Identification«, *International Journal of Management Reviews* 19, Nr. 3 (2017): 296–317.

Kapitel 2: Je mehr du hineinsteckst, desto mehr bekommst du heraus

1 Daniel Kahneman, Jack L. Knetsch und Richard H. Thaler, »Anomalies: The Endowment Effect, Loss Aversion, and Status Quo Bias«, *Journal of Economic Perspectives* 5, Nr. 1 (1991): 193–206.

2 *Living* (New York: Street & Smith, 1956).

3 Laura Shapiro, *Something from the Oven: Reinventing Dinner in 1950s America* (London: Penguin Books, 2005); Emma Dill, »Betty Crocker Cake Mix«, Mnopedia, 23. Januar 2019, www.mnopedia.org/thing/betty-crocker-cake-mix.

4 Mark Tadajewski, »Focus Groups: History, Epistemology and Non-individualistic Consumer Research«, *Consumption Markets & Culture* 19, Nr. 4 (2016): 319–345.

5 Liza Featherstone, »Talk Is Cheap: The Myth of the Focus Group«, *Guardian*, 6. Februar 2018, www.theguardian.com/news/2018/feb/06/talk-is-cheap-the-myth-of-the-focus-group.

6 Emma Dill, »Betty Crocker Cake Mix«.

7 Ximena Garcia-Rada et al., »Consumers Value Effort over Ease When Caring for Close Others«, *Journal of Consumer Research* 48, Nr. 6 (2022): 970–990.

8 Michael I. Norton et al., »The IKEA Effect: When Labor Leads to Love«, *Journal of Consumer Psychology* 22, Nr. 3 (Juli 2012): 453–460.

9 Andy Saunders, »Today's Final Jeopardy—Wednesday, March 24, 2021«, Jeopardy! Fan, 24. März 2021, https://thejeopardyfan.com/2021/03/final-jeopardy-3-24-2021.html.

10 Lauren Marsh, Patricia Kanngiesser und Bruce Hood, »When and How Does Labour Lead to Love? The Ontogeny and Mechanisms of the IKEA Effect«, *Cognition* 170 (2018): 245–253.

Kapitel 3: Rituale, die dein Leben verändern

1 Kurt Streeter, »GOATs Are Everywhere in Sports. So, What Really Defines Greatness?«, *New York Times*, 3. Juli 2023, www.nytimes.com/2023/07/03/sports/tennis/greatest-athlete-of-all-time.html.

2 Ashley Fetters, »Catching Up with Noted Underwear Model (and Tennis Player) Rafael Nadal«, *GQ*, 20. September 2016, www.gq.com/story/rafael-nadal-underwear-model-interview#:~:text=Not%20only%20is%20Nadal%20a,chronic%20underwear%20adjuster%20in%20history.

3 Sinngemäß nach: Rafael Nadal, *Rafa. Mein Weg an die Spitze* (Hamburg: Edel Sports, 2021).

4 B. F. Skinner, »Operant Conditioning«, *Encyclopedia of Education* 7 (1971): 29–33.

5 B. F. Skinner, »›Superstition‹ in the Pigeon«, *Journal of Experimental Psychology* 38, Nr. 2 (1948): 168–172.

6 Ebd.

7 Bronislaw Malinowski, *Magic, Science and Religion* (Redditch, England: Read Books, 2014).

8 W. Norton Jones Jr., »Thousands Gather to Entreat Their Gods for Water to Bring a Good Harvest to the Dry Mesas«, *New York Times*, 26. Juli 1942, https://timesmachine.nytimes.com/timesmachine/1942/07/26/223791632.html?pageNumber=72.

9 »›Cat People‹ Parade in Uttaradit in Prayer for Rains«, *Nation*, 7. Mai 2019, www.nationthailand.com/in-focus/30368970.

10 George Gmelch, »Baseball Magic«, *Transaction* 8 (1971): 39–41.

11 Eric Hamerman und Gita Johar, »Conditioned Superstition: Desire for Control and Consumer Brand Preferences«, *Journal of Consumer Research* 40, Nr. 3 (2013): 428–443.

12 Rohan Kapitány und Mark Nielsen, »Adopting the Ritual Stance: The Role of Opacity and Context in Ritual and Everyday Actions«, *Cognition* 145 (2015): 13–29.

13 Robin Vallacher und Daniel Wegner, »What Do People Think They're Doing? Action Identification and Human Behavior«, *Psychological Review* 94, Nr. 1 (1987): 3–15.

14 Derek E. Lyons, Andrew G. Young und Frank C. Keil, »The Hidden Structure of Overimitation«, *Proceedings of the National Academy of Sciences* 104, Nr. 50 (2007): 19751–19756.

15 Vanessa Friedman, »Ruth Bader Ginsburg's Lace Collar Wasn't an Accessory, It Was a Gauntlet«, *New York Times*, 20. September 2020, www.nytimes.com/2020/09/20/style/rbg-style.html.

16 Marleide da Mota Gomes und Antonio E. Nardi, »Charles Dickens' Hypnagogia, Dreams, and Creativity«, *Frontiers in Psychology* 12 (2021): 700–882.

17 Bess Liebenson, »The Traditions and Superstitions That Rule at the Wedding«, *New York Times*, 27. Juli 1997, www.nytimes.com/1997/07/27/nyregion/the-traditions-and-superstitions-that-rule-at-the-wedding.html.

18 B. F. Skinner, »›Superstition‹ in the Pigeon«.

Kapitel 4: Für eine gute Performance

1 The Band/Richard Danko, »Stage Fright«, Genius, 1971, https://genius.com/Rick-danko-stage-fright-lyrics.

2 Errol Morris, »The Pianist and the Lobster«, *New York Times*, 21. Juni 2019, www.nytimes.com/interactive/2019/06/21/opinion/editorials/errol-morris-lobster-sviatoslav-richter.html.

3 Serena Williams, »Mastering the Serve«, MasterClass, www.masterclass.com/classes/serena-williams-teaches-tennis/chapters/the-serveclass-info.

4 Jon Boon, »Very Superstitious Ronaldo, Messi, Bale and Their Bizarre Superstitions Including Sitting in Same Bus Seat and Drinking Port«, *U.S. Sun*, 25. November 2022, www.the-sun.com/sport/349126/football-superstitions-messi-ronaldo/.

5 Martin Miller, »Batter Up! Not So Fast …«, *Los Angeles Times*, 20. September 2006, www.latimes.com/archives/la-xpm-2006-sep-30-et-nomar30-story.html.

6 T. Ciborowski, »›Superstition‹ in the Collegiate Baseball Player«, *Sport Psychologist* 11 (1997): 305–317.
7 Suzanne Farrell und Toni Bentley, *Holding On to the Air* (New York: Penguin Books, 1990).
8 Paul Sehgal, »Joan Didion Chronicled American Disorder with Her Own Unmistakable Style«, *New York Times*, 23. Dezember 2021, www.nytimes.com/2021/12/23/books/death-of-joan-didion.html.
9 Walter Isaacson, »Grace Hopper, Computing Pioneer«, *Harvard Gazette*, 3. Dezember 2014, https://news.harvard.edu/gazette/story/2014/12/grace-hopper-computing-pioneer/.
10 Errol Morris, »The Pianist and the Lobster«.
11 Martin Lang et al., »Effects of Anxiety on Spontaneous Ritualized Behavior«, *Current Biology* 25 (2015): 1–6.
12 Stephanie Clifford, »Calming Sign of Troubled Past Appears in Modern Offices«, *New York Times*, 22. November 2009, www.nytimes.com/2009/11/23/business/media/23slogan.html.
13 Daniel M. Wegner et al., »Paradoxical Effects of Thought Suppression«, *Journal of Personality and Social Psychology* 53, Nr. 1 (1987): 5.
14 C. D. Spielberger und R. L. Rickman, »Assessment of State and Trait Anxiety«, *Anxiety: Psychobiological and Clinical Perspectives* (1990): 69–83.
15 Alison Wood Brooks, »Get Excited: Reappraising Pre-performance Anxiety as Excitement«, *Journal of Experimental Psychology: General 143*, Nr. 3 (2014): 1144–1158
16 Marlou Nadine Perquin et al., »Inability to Improve Performance with Control Shows Limited Access to Inner States«, *Journal of Experimental Psychology: General 149*, Nr. 2 (2020): 249–274.
17 Jules Opplert und Nicolas Babault, »Acute Effects of Dynamic Stretching on Muscle Flexibility and Performance: An Analysis of the Current Literature«, *Sports Medicine* 48, Nr. 2 (2018): 299–325.
18 Marlou Nadine Perquin et al., »Inability to Improve Performance with Control Shows Limited Access to Inner States«, *Journal of Experimental Psychology: General 149*, Nr. 2 (2020): 249–274.
19 Peter L. Broadhurst, »Emotionality and the Yerkes-Dodson Law«, *Journal of Experimental Psychology* 54, Nr. 5 (1957): 345.
20 Jeff Benedict, »To Bill Belichick, Tom Brady Beat Out Drew Bledsoe for QB Job in Summer 2001«, *Athletic*, 2. September 2020, https://theathletic.com/2034943/2020/09/02/tom-brady-drew-bledsoe-the-dynasty-excerpt/.
21 Arthur R. Jensen und William D. Rohwer Jr., »The Stroop Color-Word Test: A Review«, *Acta Psychologica* 25 (1966): 36–93.
22 Nick Hobson, Devin Bonk und Mickey Inzlicht, »Rituals Decrease the Neural Response to Performance Failure«, *PeerJ* 5 (2017): e3363.
23 Jim Bouton, *Ball Four* (New York: Rosetta Books, 2012).
24 Joe Posnanski, »The Baseball 100: No. 47, Wade Boggs«, *Athletic*, 9. Februar 2020, https://theathletic.com/1578298/2020/02/09/the-baseball-100-no-47-wade-boggs/.
25 Joe Posnanski, »60 Moments: No. 43, Jim Palmer Outduels Sandy Koufax in the 1966 World Series«, *Athletic*, 17. Mai 2020, https://theathletic.com/1818540/2020/05/17/60-moments-no-43-jim-palmer-outduels-sandy-koufax-in-the-1966-world-series/.
26 Eric Longenhagen und Kiley McDaniel, »Top 42 Prospects: Minnesota Twins«, FanGraphs, 16. Dezember 2019, https://blogs.fangraphs.com/top-43-prospects-minnesota-twins/.

Kapitel 5: Wie Genuss geht

1 »How to Pour Perfection«, Stella Artois, www.stellaartois.com/en/the-ritual.html.
2 David Nikel, »Swedish Fika: Sweden's ›Premium Coffee Break‹ Explained«, *Forbes*, 3. Januar 2023, www.forbes.com/sites/davidnikel/2023/01/03/swedish-fika-swedens-premium-coffee-break-explained/?sh=556cb6be5ec1.

3 Rajyasree Sen, »How to Make the Perfect Chai«, *Wall Street Journal*, www.wsj.com/articles/BL-IRTB-19020.

4 Elisabetta Povoledo, »Italians Celebrate Their Coffee and Want the World to Do So, Too«, *New York Times*, 3. Dezember 2019, www.nytimes.com/2019/12/03/world/europe/italy-coffee-world-heritage.html.

5 Tom Parker, »Milk and Graham Crackers Being Served to Nursery School Children in a Block Recreation Hall«, UC Berkeley, Bancroft Library, 11. Dezember 1942, https://oac.cdlib.org/ark:/13030/ft2k4003np/?order=2&brand=oac4.

6 Patricia Wells, »Food: Time for Snacks«, *New York Times*, 25. September 1988, www.nytimes.com/1988/09/25/magazine/food-time-for-snacks.html.

7 Claude Fischler, »Food, Self and Identity«, *Social Science Information* 27, Nr. 2 (1988): 275–292.

8 Lizzie Widdicombe, »The End of Food«, *New Yorker*, 5. Mai 2014, www.newyorker.com/magazine/2014/05/12/the-end-of-food.

9 Bruce Schoenfeld, »The Wrath of Grapes«, *New York Times*, 28. Mai 2015, www.nytimes.com/2015/05/31/magazine/the-wrath-of-grapes.html.

10 *Sideways*, Regie: Alexander Payne (Searchlight Pictures, Michael London Productions, 2004).

11 Kathryn Latour und John Deighton, »Learning to Become a Taste Expert«, *Journal of Consumer Research* 46, Nr. 1 (2019): 1–19.

12 Ryan Buell, Tami Kim und Chia-Jung Tsay, »Creating Reciprocal Value through Operational Transparency«, *Management Science* 63, Nr. 6 (2017): 1673–1695.

13 Clotilde Dusoulier, »Dinner at El Bulli«, *Chocolate & Zucchini*, 18. August 2006, https://cnz.to/travels/dinner-at-el-bulli/.

14 T. S. Eliot, *Werke* Bd. IV (Berlin: Suhrkamp, 1988).

15 Jenny Joseph, »Warnung!«, dt. von Claudia Schumann, www.plausus.de/tin/websites/theaternetz/frauentheaterpurpur/seite15.htm.

16 Associated Press, »Marketers Flocking to Network for Older Women«, *Deseret News*, 20. Februar 2005.

17 Emily Moscato und Julie Ozanne, »Rebellious Eating: Older Women Misbehaving through Indulgence«, *Qualitative Market Research: An International Journal*, 2019.

18 Sue Ellen Cooper, *The Red Hat Society: Fun and Friendship after Fifty* (New York: Grand Central Publishing, 2004); Careen Yarnal, Julie Son und Toni Liechty, »›She Was Buried in Her Purple Dress and Her Red Hat and All of Our Members Wore Full ›Red Hat Regalia‹ to Celebrate her Life‹: Dress, Embodiment and Older Women's Leisure: Reconfiguring the Ageing Process«, *Journal of Aging Studies* 25, Nr. 1 (2011): 52–61; https://redhatsociety.com/.

19 Setareh Baig, »The Radical Act of Eating with Strangers«, *New York Times*, 11. März 2023, www.nytimes.com/2023/03/11/style/optimism-friendship-dinner.html.

20 Balazs Kovacs et al., »Social Networks and Loneliness during the COVID-19 Pandemic«, *Socius* 7 (2021): 2378023120985254.

21 Francine Maroukian, »An Ode to a Classic Grandma-Style Chicken Noodle Soup«, *Oprah Daily*, 15. April 2022, www.oprahdaily.com/life/food/a39587412/chicken-soup-recipe-essay/.

22 Jordi Quoidbach et al., »Positive Emotion Regulation and Well-Being: Comparing the Impact of Eight Savoring and Dampening Strategies«, *Personality and Individual Differences* 49, Nr. 5 (2010): 368–373.

23 Ting Zhang et al., »A ›Present‹ for the Future: The Unexpected Value of Rediscovery«, *Psychological Science* 25, Nr. 10 (2014): 1851–1860.

24 Tim Wildschut et al., »Nostalgia: Content, Triggers, Functions«, *Journal of Personality and Social Psychology* 91, Nr. 5 (2006): 975.

25 Ronda Kaysen, »How to Discover the Life-Affirming Comforts of ›Death Cleaning‹«, *New York Times*, 25. Februar 2022, www.nytimes.com/2022/02/25/realestate/how-to-discover-the-life-affirming-comforts-of-death-cleaning.html.

26 Tina Lovgreen, »Celebrating Renewal at Nowruz«, CBS News, 20. März 2021, https://newsinteractives.cbc.ca/longform/nowruz-rebirth-and-regrowth/.

27 Margareta Magnusson, *Frau Magnussons Kunst, die letzten Dinge des Lebens zu ordnen* (Frankfurt am Main: S. Fischer, 2018).

28 Jayne Merkel, »When Less Was More«, *New York Times*, 1. Juli 2010, https://archive.nytimes.com/opinionator.blogs.nytimes.com/2010/07/01/when-less-was-more/.

29 J.K., »Spring Cleaning Is Based on Practices from Generations Ago«, *Washington Post*, 25. März 2010, www.washingtonpost.com/wp-dyn/content/article/2010/03/23/AR2010032303492.html.

30 Derrick Bryson Tyler, »Spring Cleaning Was Once Backbreaking Work. For Many, It Still Is«, *New York Times*, 11. April 2023, www.nytimes.com/2023/04/11/realestate/spring-cleaning-tradition.html#:~:text=The%20number%20of%20Americans%20who,from%2069%20percent%20in%202021.

31 Joanna Moorhead, »Marie Kondo: How to Clear Out Sentimental Clutter«, *Guardian*, 14. Januar 2017, www.theguardian.com/lifeandstyle/2017/jan/14/how-to-declutter-your-life-marie-kondo-spark-joy. Deutsche Übersetzung aus Marie Kondo: *Das große Magic-Cleaning-Buch. Über das Glück des Aufräumens* (Reinbek bei Hamburg: Rowohlt Taschenbuch Verlag, 3. Auflage 2019).

32 Mondelez International, »OREO Puts New Spin on Iconic Dunking Ritual with Launch of OREO Dunk Challenge«, Cision PR Newswire, 8. Februar 2017, www.prnewswire.com/news-releases/oreo-puts-new-spin-on-iconic-dunking-ritual-with-launch-of-oreo-dunk-challenge-300404389.html.

33 »Ujji—a Liquid Ritual«, ujji, www.ujji.co/.

34 Joe Posnanski, »What the Constitution Means to Me«, JoeBlogs, 24. Juni 2019, https://joeposnanski.substack.com/p/what-the-constitution-means-to-me.

Kapitel 6: Dranbleiben

1 Gillian Welch, »Look at Miss Ohio«, Genius, https://genius.com/Gillian-welch-look-at-miss-ohio-lyrics.

2 Wilhelm Hofmann et al., »Everyday Temptations: An Experience Sampling Study of Desire, Conflict, and Self-Control«, *Journal of Personality and Social Psychology* 102, Nr. 6 (2012): 1318.

3 David Neal et al., »The Pull of the Past: When Do Habits Persist despite Conflict with Motives?«, *Personality and Social Psychology Bulletin* 37, Nr. 11 (2011): 1428–1437.

4 Michael Walzer, *The Revolution of the Saints: A Study in the Origins of Radical Politics* (Cambridge, MA: Harvard University Press, 1982).

5 Zeve Marcus und Michael McCullough, »Does Religion Make People More Self-Controlled? A Review of Research from the Lab and Life«, *Current Opinion in Psychology* 40 (2021): 167–170.

6 Ken Jeremiah, *Living Buddhas: The Self-Mummified Monks of Yamagata, Japan* (Jefferson, NC: McFarland, 2010).

7 Simon Critchley, »Athens in Pieces: The Happiest Man I've Ever Met«, *New York Times*, 3. April 2019, www.nytimes.com/2019/04/03/opinion/mount-athos-monks.html.

8 Sander Koole et al., »Why Religion's Burdens Are Light: From Religiosity to Implicit Self-Regulation«, *Personality and Social Psychology Review* 14, Nr. 1 (2010): 95–107.

9 Walter Mischel, *Der Marshmallow-Test: Willensstärke, Belohnungsaufschub und die Entwicklung der Persönlichkeit* (München: Siedler, 2015).

10 Veronika Rybanska et al., »Rituals Improve Children's Ability to Delay Gratification«, *Child Development* 89, Nr. 2 (2018): 349–359.

11 Shauna Tominey und Megan McClelland, »Red Light, Purple Light: Findings from a Randomized Trial Using Circle Time Games to Improve Behavioral Self-Regulation in Preschool«, *Early Education & Development* 22, Nr. 3 (2011): 489–519.

12 David Sedaris, »A Plague of Tics«, *This American Life*, 31. Januar 1997, www.thisamericanlife.org/52/edge-of-sanity/act-three-0.

13 Orna Reuven-Magril, Reuven Dar und Nira Liberman, »Illusion of Control and Behavioral Control Attempts in Obsessive-Compulsive Disorder«, *Journal of Abnormal Psychology* 117, Nr. 2 (2008): 334; American Psychiatric Association, *Diagnostic and Statistical Manual of Mental Disorders*, 5. Aufl. (Washington, DC: American Psychiatric Association Publishing, 2013): 591–643.

14 Richard Moulding et al., »Desire for Control, Sense of Control and Obsessive-Compulsive Checking: An Extension to Clinical Samples«, *Journal of Anxiety Disorders* 22, Nr. 8 (2008): 1472–1479.

15 Kara Gavin, »Stuck in a Loop of ›Wrongness‹: Brain Study Shows Roots of OCD«, University of Michigan Health Lab, 29. November 2018, https://labblog.uofmhealth.org/lab-report/stuck-a-loop-of-wrongness-brain-study-shows-rootsof-ocd.

16 Siri Dulaney und Alan Page Fiske, »Cultural Rituals and Obsessive-Compulsive Disorder: Is There a Common Psychological Mechanism?«, *Ethos* 22, Nr. 3 (1994): 243–283.

17 David Sedaris, »A Plague of Tics«.

18 Deborah Glasofer und Joanna Steinglass, »Disrupting the Habits of Anorexia: How a Patient Learned to Escape the Rigid Routines of an Eating Disorder«, *Scientific American*, 1. September 2016, www.scientificamerican.com/article/disrupting-the-habits-of-anorexia/.

19 Edward Selby und Kathryn A. Coniglio, »Positive Emotion and Motivational Dynamics in Anorexia Nervosa: A Positive Emotion Amplification Model (PE-AMP)«, *Psychological Review* 127, Nr. 5 (2020): 853.

20 N. H. Azrin und R. G. Nunn, »Habit-Reversal: A Method of Eliminating Nervous Habits and Tics«, *Behaviour Research and Therapy* 11, Nr. 4 (1973): 619–628.

21 Michael Winkelman, »Complementary Therapy for Addiction: ›Drumming Out Drugs‹«, *American Journal of Public Health* 93, Nr. 4 (2003): 647–651.

Kapitel 7: Werden

1 Ben Folds »Still Fighting It«, Genius, 11. September 2001, https://genius.com/Ben-folds-still-fighting-it-lyrics.

2 Andrew Juniper, *Wabi Sabi. Edle Einfachheit als höchste Tugend* (München: Lotos, 2003). Hier heißt es auf S. 89: »Die Begriffe Wabi und Sabi […] vermitteln […] das Wechselspiel von Jugend und Alter, Schönheit und Hässlichkeit, Leben und Tod …«

3 Arnold van Gennep, *Übergangsriten (Les Rites de Passage)* (Frankfurt am Main/New York: Campus-Verlag, 2005).

4 Tom Shachtman, *Rumspringa: To Be or Not to Be Amish* (New York: Macmillan, 2006).

5 Rachel Nuwer, »When Becoming a Man Means Sticking Your Hand into a Glove of Ants«, *Smithsonian Magazine*, 27. Oktober 2014, www.smithsonianmag.com/smart-news/brazilian-tribe-becoming-man-requires-sticking-your-hand-glove-full-angry-ants-180953156/.

6 Michael Hilton, *Bar Mitzvah: A History* (Lincoln: University of Nebraska Press, 2014).

7 William A. Corsaro und Berit O. Johannesen, »Collective Identity, Intergenerational Relations, and Civic Society: Transition Rituals among Norwegian Russ«, *Journal of Contemporary Ethnography* 43, Nr. 3 (2014): 331–360.

8 Patrick Olivelle, *Dharmasutras: The Law Codes of Apastamba, Gautama, Baudhayana and Vasistha* (New Delhi: Motilal Banarsidass, 2000).

9 Victor Turner, »Betwixt and Between: The Liminal Period in Rites de Passage«, in *The Forest of Symbols: Aspects of Ndembu Ritual* (Ithaca, NY: Cornell University Press, 1970).

10 Jeffrey Kluger, »Here's the Russian Ritual That Ensures a Safe Space Flight«, *Time*, 26. Februar 2016, https://time.com/4238910/gagarin-red-square-ritual/.

11 Nissan Rubin, Carmella Shmilovitz und Meira Weiss, »From Fat to Thin: Informal Rites Affirming Identity Change«, *Symbolic Interaction* 16, Nr. 1 (1993): 1–17.

12 Associated Press, »Norwegian Church Holds Name Change Ceremony for a Transgender Woman«, NBC News, 20. Juli 2021, www.nbcnews.com/nbc-out/out-news/norwegian-church-holds-name-change-ceremony-transgender-woman-rcna1466.

13 Tim Fitzsimons, »News Sites Backtrack after ›Deadnaming‹ Transgender Woman in Obituary«, NBC News, 15. Mai 2020, www.nbcnews.com/feature/nbc-out/news-sites-backtrack-after-deadnaming-transgender-woman-obituary-n1207851.

14 Ari Kristan, »Opening Up the Mikvah«, *Tikkun* 21, Nr. 3 (2006): 55–57.

15 Amy Oringel, »Why 83 Is the New 13 for Bar Mitzvahs«, *Forward*, 19. Oktober 2017, https://forward.com/culture/jewishness/384977/why-83-is-the-new-13-for-bar-mitzvahs/.

16 Elodie Gentina, Kay Palan und Marie-Helene Fosse-Gomez, »The Practice of Using Makeup: A Consumption Ritual of Adolescent Girls«, *Journal of Consumer Behaviour* 11, Nr. 2 (2012): 115–123.

17 Sara Lawrence-Lightfoot, *Exit: The Endings That Set Us Free* (New York: Macmillan, 2012).

18 Suzanne Garfinkle-Crowell, »Taylor Swift Has Rocked My Psychiatric Practice«, *New York Times*, 17. Juni 2023, www.nytimes.com/2023/06/17/opinion/taylor-swift-mental-health.html.

19 Bret Stetka, »Extended Adolescence: When 25 Is the New 18«, *Scientific American*,19. September 2017, www.scientificamerican.com/article/extended-adolescence-when-25-is-the-new-181/.

20 Michael I. Norton et al., »The IKEA Effect: When Labor Leads to Love«, *Journal of Consumer Psychology* 22, Nr. 3 (Juli 2012): 453–460.

21 Ronald Grimes, *Deeply into the Bone: Re-inventing Rites of Passage* (Berkeley: University of California Press, 2000).

22 Samuel P. Jacobs, »After Fumbled Oath, Roberts and Obama Leave Little to Chance«, Reuters, 18. Januar 2013, www.reuters.com/article/us-usa-inauguration-roberts/after-fumbled-oath-roberts-and-obama-leave-little-to-chance-idUSBRE90H16L20130118; deutsche Variante nach www.sueddeutsche.de/politik/panne-bei-der-vereidigung-zwei-mann-ein-versprecher-1.480352.

23 Arnold van Gennep in einem Artikel von 1914 über *The Golden Bough*, zitiert in Nicole Belmont, *Arnold van Gennep: The Creator of French Ethnography* (Chicago: University of Chicago Press, 1979), 58.

Kapitel 8: Wie man in Übereinstimmung bleibt

1 *This Is Us – Das ist Leben*, Staffel 1 Folge 14, »Überraschungen« (Original »I Call Marriage«), Regie: George Tillman Jr., Skript: Dan Fogelman, Kay Oyegun und Aurin Squire, mit Milo Ventimiglia et al., dt. Erstausstrahlung 20. September 2016.

2 Ximena Garcia-Rada, Michael I. Norton und Rebecca K. Ratner, »A Desire to Create Shared Memories Increases Consumers' Willingness to Sacrifice Experience Quality for Togetherness«, *Journal of Consumer Psychology*, April 2023.

3 Ximena Garcia-Rada, Övül Sezer und Michael Norton, »Rituals and Nuptials: The Emotional and Relational Consequences of Relationship Rituals«, *Journal of the Association for Consumer Research* 4, Nr. 2 (2019): 185–97.

4 Kaitlin Woolley und Ayelet Fishbach, »Shared Plates, Shared Minds: Consuming from a Shared Plate Promotes Cooperation«, *Psychological Science* 30, Nr. 4 (2019): 541–552.

5 Kaitlin Woolley, Ayelet Fishbach und Ronghan Michelle Wang, »Food Restriction and the Experience of Social Isolation«, *Journal of Personality and Social Psychology* 119, Nr. 3 (2020): 657.

6 Lisa Diamond, Angela Hicks und Kimberly Otter-Henderson, »Every Time You Go Away: Changes in Affect, Behavior, and Physiology Associated with Travel-Related Separations from Romantic Partners«, *Journal of Personality and Social Psychology* 95, Nr. 2 (2008): 385.

7 Arlie Russell Hochschild, *The Outsourced Self: What Happens When We Pay Others to Live Our Lives for Us* (New York: Metropolitan Books, 2012).

8 Tami Kim, Ting Zhang und Michael I. Norton, »Pettiness in Social Exchange«, *Journal of Experimental Psychology: General* 148, Nr. 2 (2019): 361.

9 Maya Rossignac-Milon et al., »Merged Minds: Generalized Shared Reality in Dyadic Relationships«, *Journal of Personality and Social Psychology* 120, Nr. 4 (2021): 882.

10 Drew Magary, »›We Treat Our Stuffed Animal like a Real Child. Is That Whackadoodle Stuff?‹« *Vice*, 3. März 2020, www.vice.com/en_us/article/wxe499/we-treat-our-stuffed-animal-like-areal-child-is-that-whackadoodle-stuff-drew-magary-funbag.

11 Joshua Pashman, »Norman Rush, the Art of Fiction no. 205«, *Paris Review* 194 (Herbst 2010), www.theparisreview.org/interviews/6039/the-art-of-fiction-no-205-norman-rush.

12 Marina Abramović, *Durch Mauern gehen* (München: Luchterhand, 2016).

13 David Bramwell, »The Bittersweet Story of Marina Abramović's Epic Walk on the Great Wall of China«, *Guardian*, 25. April 2020, www.theguardian.com/travel/2020/apr/25/marina-abramovic-ulay-walk-the-great-wall-of-china; Marina Abramović, *Durch Mauern gehen.*

14 »Stand By Your Man«, *New Yorker*, 18. September 2005, www.newyorker.com/magazine/2005/09/26/stand-by-your-man.

15 Carolyn Twersky, »Olivia Wilde Gives the People What They Want: Her Salad Dressing Recipe«, *W*, 19. Oktober 2022, www.wmagazine.com/culture/olivia-wilde-special-salad-dressing-recipe-jason-sudeikis-nanny.

16 Lalin Anik und Ryan Hauser, »One of a Kind: The Strong and Complex Preference for Unique Treatment from Romantic Partners«, *Journal of Experimental Social Psychology* 86 (2020): 103 899.

17 Kennon M. Sheldon und Sonja Lyubomirsky, »The Challenge of Staying Happier: Testing the Hedonic Adaptation Prevention Model«, *Personality and Social Psychology Bulletin* 38, Nr. 5 (2012): 670–680.

18 Ximena Garcia-Rada und Tami Kim, »Shared Time Scarcity and the Pursuit of Extraordinary Experiences«, *Psychological Science* 32, Nr. 12 (2021): 1871–1883.

19 Charity Yoro, »Why I Had a Closing Ceremony Ritual instead of a Breakup« *Huffington Post*, 28. September 2018, www.huffpost.com/entry/closing-ceremony-breakup_n_5b9bef57e4b046313fbad43f.

20 Paul Simon, »Hearts and Bones«, Genius, 4. November 1983, https://genius.com/Paul-simon-hearts-and-bones-lyrics.

21 Marina Abramović, *Durch Mauern gehen.*

22 Colleen Leahy Johnson, »Socially Controlled Civility: The Functioning of Rituals in the Divorce Process«, *American Behavioral Scientist* 31, Nr. 6 (1988): 685–701.

23 Ardean Goertzen, »Falling Rings: Group and Ritual Process in a Divorce«, *Journal of Religion and Health* 26, Nr. 3 (1987): 219–239.

24 Rachel Aviv, »Agnes Callard's Marriage of the Minds«, *New Yorker*, 6. März 2023, www.newyorker.com/magazine/2023/03/13/agnes-callard-profile-marriage-philosophy.

25 »Happy Annivorcery! The New Singles Parties«, *Evening Standard*, 19. Juli 2010, www.standard.co.uk/lifestyle/happy-annivorcery-the-new-singles-parties-6493345.html.

Kapitel 9: Wie Sie die Feiertage überstehen

1 Övül Sezer et al., »Family Rituals Improve the Holidays«, Special Issue on the Science of Hedonistic Consumption, *Journal of the Association for Consumer Research* 1, Nr. 4 (2016): 509–526.

2 Jeremy Frimer und Linda Skitka, »Political Diversity Reduces Thanksgiving Dinners by 4–11 Minutes, not 30–50«, Leserbrief, *Science* 360, Nr. 6392 (2019).

3 Michelle Slatalla, »The Art of Cramming People around Your Thanksgiving Table«, *Wall Street Journal*, 12. November 2019, www.wsj.com/articles/the-art-of-cramming-people-around-your-thanksgiving-table-11573579298.

4 Harriet Lerner, *The Dance of Anger: A Woman's Guide to Changing the Pattern of Intimate Relationships* (New York: Harper & Row, 1985): 206

5 Barbara Fiese et al., »A Review of 50 Years of Research on Naturally Occurring Family Routines and Rituals: Cause for Celebration?«, *Journal of Family Psychology* 16, Nr. 4 (2002): 381.

6 Jenny Rosenstrach, *How to Celebrate Everything: Recipes and Rituals for Birthdays, Holidays, Family Dinners, and Every Day in Between: A Cookbook* (New York: Ballantine, 2016).

7 Carolyn Rosenthal, »Kinkeeping in the Familial Division of Labor«, *Journal of Marriage and the Family* 47, Nr. 4 (1985): 965–974.

8 Carolyn Rosenthal und Victor Marshall, »Generational Transmission of Family Ritual«, *American Behavioral Scientist* 31, Nr. 6 (1988): 669 –684.

9 Rembert Brown, »Thank You God, for Black Thanksgiving«, *Bon Appétit*, 1. November 2017, www.bonappetit.com/story/rembert-browne-thanksgiving.

10 Julie Beck, Saahil Desai und Natalie Escobar, »Families' Weird Holiday Traditions, Illustrated«, *Atlantic*, 24. Dezember 2018, www.theatlantic.com/family/archive/2018/12/families-weird-holiday-traditions-illustrated/578731/.

11 Rosenthal und Marshall, »Generational Transmission«, 669–684.

12 Tara Parker-Pope, »How to Have Better Family Meals«, *New York Times*, 3. August 2018, www.nytimes.com/guides/well/make-most-of-family-table.

13 Jill Anderson, »The Benefit of Family Mealtime«, *Harvard Graduate School of Education*, 1. April 2020, www.gse.harvard.edu/ideas/edcast/20/04/benefit-family-mealtime.

14 Mary Spagnola und Barbara H. Fiese, »Family Routines and Rituals: A Context for Development in the Lives of Young Children«, *Infants & Young Children* 20, Nr. 4 (2007): 284–299; »The Importance of Family Dinners VII«, Columbia University Report, September 2011.

15 Yesel Yoon, Katie Newkirk und Maureen Perry-Jenkins, »Parenting Stress, Dinnertime Rituals, and Child Well-Being in Working-Class Families«, *Family Relations* 64, Nr. 1 (2015): 93–107.

16 Family Dinner Project, https://thefamilydinnerproject.org/.

10 Kapitel: Richtig trauern

1 Willie Nelson, »Something You Get Through«, Genius, 6. April 2018, https://genius.com/Willie-nelson-something-you-get-through-lyrics.

2 Drew Gilpin Faust, *This Republic of Suffering: Death and the American Civil War* (New York: Vintage, 2009).

3 Irwin W. Kidorf, »The Shiva: A Form of Group Psychotherapy«, *Journal of Religion and Health* 5, Nr. 1 (1966): 43–46.

4 »Colours in Culture«, Information Is Beautiful, https://informationisbeautiful.net/visualizations/colours-in-cultures/.

5 Corina Sas und Alina Coman, »Designing Personal Grief Rituals: An Analysis of Symbolic Objects and Actions«, *Death Studies* 40, Nr. 9 (2016): 558–569.

6 William L. Hamilton, »A Consolation of Voices: At the Park Avenue Armory, Mourning the World Over«, *New York Times*, 11. September 2016, www.nytimes.com/2016/09/12/arts/music/mourning-installation-taryn-simon-park-avenue-armory.html; Sarah Hucal, »Professional Mourners Still Exist in Greece«, *DW*, 15. November 2020, www.dw.com/en/professional-mourners-keep-an-ancient-tradition-alive-in-greece/a-55572864.

7 Evan V. Symon, »I'm Paid to Mourn at Funerals (and It's a Growing Industry)«, *Cracked*, 21. März 2016, www.cracked.com/personal-experiences-1994-i-am-professional-mourner-6-realities-my-job.html.

8 John Ismay, »Edward Gallagher, the SEALs and Why the Trident Pin Matters«, *New York Times*, 21. November 2019, www.nytimes.com/2019/11/21/us/navy-seal-trident-insignia.html.

9 Tim Lahey, »Rituals of Honor in Hospital Hallways«, *New York Times*, 2. April 2019, www.nytimes.com/2019/04/02/well/live/rituals-of-honor-in-hospital-hallways.html.

10 Philippe Ariès, *Studien zur Geschichte des Todes im Abendland* (München/Wien: Hanser Verlag, 1976).

11 Michel de Montaigne, »Philosophieren heißt sterben lernen«, in Héctor Wittwer (Hrsg.) *Der Tod. Philosophische Texte von der Antike bis zur Gegenwart* (Stuttgart: Reclam, 2014).

12 Dane Schiller, »Michael Brick, Songwriter and Journalist, Remembered«, *Chron*, 9. Februar 2016, www.chron.com/news/houston-texas/texas/article/Michael-Brick-6815603.php; Bob Tedeschi, »A Beloved Songwriter Wanted a Wake. He Got One Before He Was Gone«, *Stat*, 25. Juli 2016, www.statenews.com/2016/07/25/michael-brick-author-living-wake/.

13 Richard Harris, »Discussing Death Over Dinner«, *Atlantic*, 16. April 2016, www.theatlantic.com/health/archive/2016/04/discussing-death-over-dinner/478452/.

14 Paul Clements et al., »Cultural Perspectives of Death, Grief, and Bereavement«, *Journal of Psychosocial Nursing and Mental Health Services* 41, Nr. 7 (2003): 18–26; Charles Kemp und Sonal Bhungalia, »Culture and the End of Life: A Review of Major World Religions«, *Journal of Hospice & Palliative Nursing* 4, Nr. 4 (2002): 235–242.

15 Mary Fristad et al., »The Role of Ritual in Children's Bereavement«, *Omega—Journal of Death and Dying* 42, Nr. 4 (2001): 321–339.

16 Kirsty Ryninks et al., »Mothers' Experience of Their Contact with Their Stillborn Infant: An Interpretative Phenomenological Analysis«, *BMC Pregnancy and Childbirth* 14, Nr. 1 (2014): 1–10.

17 Anne Allison, *Being Dead Otherwise* (Durham, NC: Duke University Press, 2023).

18 Lisa Belkin, »A Time to Grieve, and to Forge a Bond«, *New York Times*, 14. Januar 2007, www.nytimes.com/2007/01/14/jobs/14wcol.html.

19 Elisabeth Kübler-Ross, *Interviews mit Sterbenden* (Gütersloh: Gütersloher Verlagshaus Mohn, 1986).

20 Jason Castle und William Phillips, »Grief Rituals: Aspects That Facilitate Adjustment to Bereavement«, *Journal of Loss & Trauma* 8, Nr. 1 (2003): 41–71.

21 Nancy Hogan, Daryl Greenfield und Lee Schmidt, »Development and Validation of the Hogan Grief Reaction Checklist«, *Death Studies* 25, Nr. 1 (2001): 1–32.

22 Joan Didion, *Das Jahr magischen Denkens* (Berlin: List, 8. Auflage 2019).

23 Jenee Desmond-Harris, »Help! I Never Got to Properly Mourn My Father's Death«, *Slate*, 3. März 2023, https://slate.com/human-interest/2023/03/pandemic-mourning-dear-prudence-advice.html.

24 Elizabeth Diaz, »The Last Anointing«, *New York Times*, 6. Juni 2020, www.nytimes.com/interactive/2020/06/06/us/coronavirus-priests-last-rites.html; Rachel Wolfe, »One Way to Say Good Riddance to 2020? Light Your Planner on Fire«, *Wall Street Journal*, 18. Dezember 2020, www.wsj.com/articles/one-way-to-say-good-riddance-to-2020-light-your-planner-on-fire-11608306802?mod=mhp.

25 Alix, »About«, Dinner Party, www.thedinnerparty.org/about.

26 »Why Traditions?: Healthy Grieving Isn't about Forgetting, It's about Remembering. Traditions Help Kids Maintain a Healthy Connection with the Parent Who Died«, Family Lives On Foundation, www.familyliveson.org/tradition_stories/.

27 Greta Rybus, »Cold-Plunging with Maine's ›Ice Mermaids,‹« *New York Times*, 1. August 2022, www.nytimes.com/2022/08/01/travel/cold-plunge-maine.html.

28 David Brooks, »What's Ripping Apart American Families?«, *New York Times*, 29. Juli 2021, www.nytimes.com/2021/07/29/opinion/estranged-american-families.html#comments Container.

29 Holly Prigerson et al., »Inventory of Complicated Grief: A Scale to Measure Maladaptive Symptoms of Loss«, *Psychiatry Research* 59, Nr. 1–2 (1995): 65–79.

30 Pauline Boss, *Leben mit ungelöstem Leid: ein psychologischer Ratgeber* (München, Beck, 2000).

31 Rikke Madsen und Regner Birkelund, »›The Path through the Unknown‹: The Experience of Being a Relative of a Dementia-Suffering Spouse or Parent«, *Journal of Clinical Nursing* 22, Nr. 21–22 (2013): 3024–3031.

32 Anna Sale, *Let's Talk about Hard Things* (New York: Simon & Schuster, 2021).
33 Ruth La Ferla, »Outing Death«, *New York Times*, 10. Januar 2018, www.nytimes.com/2018/01/10/style/death-app-we-croak.html.
34 Bethan Bell, »Taken from Life: The Unsettling Art of Death Photography«, BBC News, 5. Juni 2016, www.bbc.com/news/uk-england-36389581.
35 Terry Gross, »Maurice Sendak: On Life, Death, and Children's Lit«, NPR, 29. Dezember 2011, www.npr.org/transcripts/144077273.

Kapitel 11: Wie man Sinn in der Arbeit findet

1 Tim Olaveson, »Collective Effervescence and Communitas: Processual Models of Ritual and Society in Emile Durkheim and Victor Turner«, *Dialectical Anthropology* 26 (2001): 89–124.
2 Émile Durkheim, *Die elementaren Formen des religiösen Lebens* (Frankfurt am Main; Leipzig: Verlag der Weltreligionen, 1981).
3 Zoe Liberman, Katherine Kinzler und Amanda Woodward, »The Early Social Significance of Shared Ritual Actions«, *Cognition* 171 (2018): 42–51.
4 Telegraph Sport, »How to Do the Haka: Master the Fearsome Maori Dance in 11 Steps (with Pictures)«, *Telegraph*, 6. November 2014, www.telegraph.co.uk/sport/rugbyunion/international/newzealand/11214585/How-to-do-the-Haka-Master-the-fearsome-Maori-dance-in-11-Steps-with-pictures.html.
5 Gregg Rosenthal, »Brees Reveals Text of Pre-game Chant«, NBC Sports, 10. Februar 2010, www.nbcsports.com/nfl/profootballtalk/rumor-mill/news/brees-reveals-text-of-pre-game-chant.
6 Richard Metzger, »America circa 2013 in a Nutshell: The ›Wal-Mart Cheer‹ Is the Most Depressing Thing You'll Ever See«, *Dangerous Minds*, 3. Juli 2013,https://dangerousminds.net/comments/america_circa_2013_in_a_nutshell_the_wal_mart_cheer_is_the_most_depressing.
7 Stephanie Rosenbloom, »My Initiation at Store 5476«, *New York Times*, 19. Dezember 2009, www.nytimes.com/2009/12/20/business/20walmart.html.
8 Soren Kaplan, »Zipcar Doesn't Just Ask Employees to Innovate – It Shows Them How«, *Harvard Business Review*, 1. Februar 2017, https://hbr.org/2017/02/zipcar-doesnt-just-ask-employees-to-innovate-it-shows-them-how.
9 Rachel Emma Silverman, »Companies Try to Make the First Day for New Hires More Fun«, *Wall Street Journal*, 28. Mai 2013, www.wsj.com/articles/SB10001424127887323336104578501631475934850.
10 »Complete Coverage of Starbucks 2018 Annual Meeting of Shareholders«, *Starbucks Stories & News*, 21. März 2018, https://stories.starbucks.com/stories/2018/annual-meeting-of-shareholders-2018/.
11 Jing Hu und Jacob Hirsh, »Accepting Lower Salaries for Meaningful Work«, *Frontiers in Psychology* 8 (2017): 1649.
12 Tammy Erickson, »Meaning Is the New Money«, *Harvard Business Review*, 23. März 2011, https://hbr.org/2011/03/challenging-our-deeply-held-as.
13 Tami Kim et al., »Work Group Rituals Enhance the Meaning of Work«, *Organizational Behavior and Human Decision Processes* 165 (2021): 197–212.
14 Douglas A. Lepisto, »Ritual Work and the Formation of a Shared Sense of Meaningfulness«, *Academy of Management Journal* 65, Nr. 4 (2022): 1327–1352.
15 Katie Morell, »CEOs Explain Their Most Awkward Team-Building Experiences«, Bloomberg, 5. April 2017, www.bloomberg.com/news/articles/2017-04-05/what-s-your-most-awkward-team-building-experience.
16 Eric Arnould und Linda Price, »River Magic: Extraordinary Experience and the Extended Service Encounter«, *Journal of Consumer Research* 20, Nr. 1 (1993): 24–45.

17 Oliver Burkeman, »Open-Plan Offices Were Devised by Satan in the Deepest Caverns of Hell«, *Guardian*, 18. November 2013, www.theguardian.com/news/2013/nov/18/open-plan-offices-bad-harvard-business-review.

18 Farhad Manjoo, »Open Offices Are a Capitalist Dead End«, *New York Times*, 25. September 2019, www.nytimes.com/2019/09/25/opinion/wework-adam-neumann.html.

19 »Retail Employee Has Little Daily Ritual Where He Drinks Dr Pepper in Quiet Corner of Stock Room and Doesn't Kill Himself«, *Onion*, 19. September 2019, www.theonion.com/retail-employee-has-little-daily-ritual-where-he-drinks-1838234948.

20 Ethan Bernstein und Ben Waber, »The Truth about Open Offices«, *Harvard Business Review*, November–Dezember 2019, https://hbr.org/2019/11/the-truth-about-open-offices.

21 Ethan Bernstein, »Privacy and Productivity«, *Harvard Business School Newsroom*, 25. März 2014, www.hbs.edu/news/articles/Pages/privacy-and-productivity-ethan-bernstein.aspx.

22 Nellie Bowles, »God Is Dead. So Is the Office. These People Want to Save Both«, *New York Times*, 28. August 2020, www.nytimes.com/2020/08/28/business/remote-work-spiritual-consultants.html.

23 Benjamin A. Rogers et al., »After-Work Rituals and Well-Being«, Arbeitspapier.

24 »Why Are You Not Already Doing This: 41 Things You Need to Be Doing Every Day to Avoid Burnout«, ClickHole, 1. September 2021, https://clickhole.com/why-are-you-not-already-doing-this-41-things-you-need-to-be-doing-every-day-to-avoid-burnout/.

Kapitel 12: Wie man spaltet

1 *The Office*, Staffel 2, Folge 22 »Casino Night«, Regie: Ken Kwapis, Skript: Steve Carell, mit Steve Carell et al., Erstausstrahlung 11. Mai 2006.

2 Karl Smallwood, »What Is the Correct Way to Hang Toilet Paper?«, *Today I Found Out*, 25. April 2020, www.todayifoundout.com/index.php/2020/04/what-is-the-correct-way-to-hang-toilet-paper/.

3 David Rambo, *The Lady with All the Answers* (New York: Dramatists Play Service, 2006).

4 »The Straw Hat Riot of 1922«, B Unique Millinery, www.buniquemillinery.com/pages/the-straw-hat-riot-of-1922.

5 Henri Tajfel, »Social Identity and Intergroup Behaviour«, *Social Science Information* 13, Nr. 2 (1974): 65–93.

6 Joyce Berg, John Dickhaut und Kevin McCabe, »Trust, Reciprocity, and Social History«, *Games and Economic Behavior* 10, Nr. 1 (1995): 122–142.

7 Nicholas M. Hobson et al., »When Novel Rituals Lead to Intergroup Bias: Evidence from Economic Games and Neurophysiology«, *Psychological Science* 28, Nr. 6 (2017): 733–750.

8 Yuan Zhang et al., »Brain Responses in Evaluating Feedback Stimuli with a Social Dimension«, *Frontiers in Human Neuroscience* 6 (2012): 29.

9 Dimitris Xygalatas et al., »Extreme Rituals Promote Prosociality«, *Psychological Science* 24, Nr. 8 (2013): 1602–1605.

10 José Marques, Vincent Yzerbyt und Jacques-Philippe Leyens, »The ›Black Sheep Effect‹: Extremity of Judgments towards Ingroup Members as a Function of Group Identification«, *European Journal of Social Psychology* 18, Nr. 1 (1988): 1–16.

11 José Marques, Vincent Yzerbyt und Jacques-Philippe Leyens, »The ›Black Sheep Effect‹: Extremity of Judgments towards Ingroup Members as a Function of Group Identification«, *European Journal of Social Psychology* 18, Nr. 1 (1988): 1–16.

12 Daniel Stein et al., »When Alterations Are Violations: Moral Outrage and Punishment in Response to (Even Minor) Alterations to Rituals«, *Journal of Personality and Social Psychology* 123, Nr. 1 (2021).

13 Frank Kachanoff et al., »Determining Our Destiny: Do Restrictions to Collective Autonomy Fuel Collective Action?«, *Journal of Personality and Social Psychology* 119, Nr. 3 (2020): 600.

14 Liam Stack, »How the ›War on Christmas‹ Controversy Was Created«, *New York Times*, 19. Dezember 2016, www.nytimes.com/2016/12/19/us/war-on-christmas-controversy.html.

15 »Thirty Years' War«, History, 21. August 2018, www.history.com/topics/european-history/thirty-years-war.

16 Marilynn Brewer, »The Psychology of Prejudice: Ingroup Love or Outgroup Hate?«, *Journal of Social Issues* 55 (1999): 429–444.

17 Emilio Depetris-Chauvin, Ruben Durante und Filipe Campante, »Building Nations through Shared Experiences: Evidence from African Football«, *American Economic Review* 110, Nr. 5 (2020): 1572–1602.

18 Lindsay Zoladz, »Is There Anything We Can All Agree On? Yes: Dolly Parton«, *New York Times*, 21. November 2019, www.nytimes.com/2019/11/21/arts/music/dolly-parton.html.

Kapitel 13: Heilen

1 Antjie Krog, »The Truth and Reconciliation Commission: A National Ritual?«, *Missionalia: Southern African Journal of Mission Studies* 26, Nr. 1 (1998): 5–16.

2 Rosalind Shaw, »Memory Frictions: Localizing the Truth and Reconciliation Commission in Sierra Leone«, *International Journal of Transitional Justice* 1, Nr. 2 (2007): 183–207.

3 Johanna Kirchhoff, Ulrich Wagner und Micha Strack, »Apologies: Words of Magic? The Role of Verbal Components, Anger Reduction, and Offence Severity«, *Peace and Conflict: Journal of Peace Psychology* 18, Nr. 2 (2012): 109.

4 Peter Coleman, »Redefining Ripeness: A Social-Psychological Perspective«, *Peace and Conflict* 3, Nr. 1 (1997): 81–103.

5 Cynthia McPherson Frantz und Courtney Bennigson, »Better Late than Early: The Influence of Timing on Apology Effectiveness«, *Journal of Experimental Social Psychology* 41, Nr. 2 (2005): 201–207.

6 Mark Landler, »Obama and Iranian Leader Miss Each Other, Diplomatically«, *New York Times*, 25. September 2013, www.nytimes.com/2013/09/25/world/middleeast/obama-and-iranian-leader-miss-each-other-diplomatically.html.

7 Martin Fackler, »For Japan, Small Gesture Holds Great Importance«, *New York Times*, 18. Oktober 2014, www.nytimes.com/2014/10/19/world/asia/for-japan-and-china-small-gesture-holds-great-importance.html.

8 Margaret Atwood, *Der blinde Mörder* (Berlin: Berlin Verlag, 2000).

9 Evan Andrews, »The History of the Handshake«, History, 9. August 2016, www.history.com/news/what-is-the-origin-of-the-handshake.

10 Greg Stewart et al., »Exploring the Handshake in Employment Interviews«, *Journal of Applied Psychology* 93, Nr. 5 (2008): 1139.

11 Kelly Cohen, »Has the Coronavirus Ruined the High-Five?«, ESPN, 22. Mai 2020, www.espn.com/mlb/story/_/id/29200202/has-coronavirus-ruined-high-five.

12 Sabine Koch und Helena Rautner, »Psychology of the Embrace: How Body Rhythms Communicate the Need to Indulge or Separate«, *Behavioral Sciences* 7, Nr. 4 (2017): 80.

13 Christine Webb, Maya Rossignac-Milon und E. Tory Higgins, »Stepping Forward Together: Could Walking Facilitate Interpersonal Conflict Resolution?«, *American Psychologist* 72, Nr. 4 (2017): 374.

14 Roberto Weber und Colin Camerer, »Cultural Conflict and Merger Failure: An Experimental Approach«, *Management Science* 49, Nr. 4 (2003): 400–415.

15 Janetta Lun, Selin Kesebir und Shigehiro Oishi, »On Feeling Understood and Feeling Well: The Role of Interdependence«, *Journal of Research in Personality* 42, Nr. 6 (2008): 1623–1628.

16 Dawn Braithwaite, Leslie Baxter und Anneliese Harper, »The Role of Rituals in the Management of the Dialectical Tension of ›Old‹ and ›New‹ in Blended Families«, *Communication Studies* 49, Nr. 2 (1998): 101–120.

17 Rikard Larsson und Michael Lubatkin, »Achieving Acculturation in Mergers and Acquisitions: An International Case Survey«, *Human Relations* 54, Nr. 12 (2001): 1573–1607.

18 Brian Gorman, »Ritual and Celebration in the Workplace«, *Forbes*, 14. Januar 2020, www.forbes.com/sites/forbescoachescouncil/2020/01/14/ritual-and-celebration-in-the-workplace.

19 Lotten Gustafsson Reinius, »The Ritual Labor of Reconciliation: An Autoethnography of a Return of Human Remains«, *Museum Worlds: Advances in Research* 5, Nr. 1 (2017): 74–87.

20 Andrew Livingstone, Lucia Fernandez Rodriguez und Adrian Rothers, »›They Just Don't Understand Us‹: The Role of Felt Understanding in Intergroup Relations«, *Journal of Personality and Social Psychology* 119, Nr. 3 (2020): 633.

21 Roger Fisher, William L. Ury und Bruce Patton, *Das Harvard-Konzept: Die unschlagbare Methode für beste Verhandlungsergebnisse* (erweiterte und neu übersetzte Ausgabe; München: Deutsche Verlags-Anstalt, 2019).

22 Abby Ellin, »You Married Them Once, but What about Twice?«, *New York Times*, 3. März 2016, www.nytimes.com/2016/03/06/fashion/weddings/remarriage-divorce.html.